Frau Ames

EF Benson

Writat

Diese Ausgabe erschien im Jahr 2024

ISBN: 9789359943640

Herausgegeben von
Writat
E-Mail: info@writat.com

Inhalt

KAPITEL I

SICHERLICH hatte die Frühstückszunge, die es an diesem Morgen zum ersten Mal gab, nicht den angenehmen rötlichen Farbton, den Mrs. Altham zu Recht erwartet hatte, wenn man bedenkt, dass es sich bei der fraglichen Delikatesse nicht um eine gewöhnliche Dosenzunge handelte (man musste die Dinge so nehmen, wie man sie vorfand). (wenn Ihr falscher Sinn für Sparsamkeit Sie dazu veranlasste, Konserven zu bestellen), sondern eines, das aus einem schönen Glasgefäß mit einem edlen Etikett darauf kam. Es hatte eher die Farbe von kaltem Hammelfleisch und war für das Auge unattraktiv, wenn nicht sogar absolut unangenehm, während es für den Gaumen äußerst geschmacklos war. Alles in allem war es eine große Enttäuschung, und das aus gutem Grund, als Mr. Altham sich um Viertel nach zwölf auf den Weg machte, um zum örtlichen Club in der Queensgate Street zu schlendern, angeblich mit der Absicht, nachzusehen, ob es ein neues Telegramm über die Unruhen in Marokko gab , seine Frau begleitete ihn zur Tür dieses begehrenswerten Herrenhauses, um das sich eine Vielzahl angeketteter Hunde in verschiedenen Zuständen der Langeweile und Verärgerung gruppierten, und ging weiter in die Hauptstraße, um persönlich eine berechtigte Beschwerde bei ihr einzureichen Lebensmittelgeschäft. Es würde ihr leidtun, wenn sie ihren Zoll woanders hinbringen müsste, aber wenn Mr. Pritchard sich nicht dazu durchringen würde, ihr eine andere Zunge zu schicken (natürlich ohne weitere Kosten), wäre sie ihm dankbar ...

Heute Morgen gab es also einen besonderen und zwingenden Grund, warum Frau Altham vor dem Mittagessen in die High Street gehen sollte und warum ihr Mann morgens dem Club einen Besuch abstatten sollte. Um jedoch Missverständnissen vorzubeugen, sei gleich darauf hingewiesen, dass es an jedem Tag der Woche außer am Sonntag einen gleichermaßen zwingenden Grund für diese Expeditionen gab. Wenn es sehr nass wäre, würde Mrs. Altham vielleicht nicht in die High Street gehen, aber nass oder nass ging ihr Mann in seinen Club. Und genau das Gleiche geschah bei den meisten ihrer Freunde und Bekannten, so dass Herr Altham sicher war, General Fortescue, Herrn Brodie, Major Ames und andere im Raucherzimmer zu treffen, während Frau Altham ihnen begegnete Ehefrauen und Schwestern, die wie sie Besorgungen in der High Street machten. Sie gab oft zu, dass sie eine große Abneigung gegen Klatsch verspürte, aber wenn sie ihre Freunde traf, die in Geschäfte ein- und ausgingen, war es nur höflich und vernünftig, dass sie sich ein paar Minuten mit ihnen unterhielt. Wenn also seit dem Vornachmittag irgendwelche auffälligen Ereignisse stattgefunden hatten, erfuhren sie alle davon. Gleichzeitig fand im Raucherzimmer des Clubs ein ähnlicher Gedanken- und Nachrichtenaustausch statt, so dass es wahrscheinlich wenig Wichtiges gab, als Mr. Altham sein Glas Sherry getrunken hatte und um halb eins zum Mittagessen nach Hause kam Interesse, das ihm oder seiner Frau nicht zu Ohren gekommen war. Beim Essen könnte dann darüber gesprochen werden.

Die Queensgate Street verlief im rechten Winkel zur High Street und mündete am Ende ihres steilen Abhangs in diese Durchgangsstraße, während sich am oberen Ende der Lebensmittelladen befand. Der Morgen war ein heißer Tag Anfang Juni, aber für eine Frau von Mrs. Althams dürrem Körperbau und aktiven Gliedmaßen war der Aufstieg nicht mehr als eine vergnügliche Übung, und die lebhafte Farbe ihres Gesichts (so anders als die entmutigenden Farbtöne des Frühstücks). Zunge) war nicht das Ergebnis ihrer Anstrengungen. Es war immer da, und auch wenn dies und die Unruhe ihrer dunklen, eher perlmuttartigen Augen einen Arzt bei flüchtigem Hinsehen (besonders, wenn es sich um eine Grippe handelte) hätte vermuten lassen, dass sie unter einem leichten Temperaturanstieg litt, hätte er es getan im Irrtum gewesen. Ihre Symptome deuteten nicht auf eine unnatürliche Wärme des Blutes hin, sondern waren das sichtbare Zeichen ihres eifrigen und leicht ungeduldigen Geistes. Wie die Bewohner des antiken Athens war sie immer auf der Hut, etwas Neues zu hören (obwohl sie Klatsch nicht mochte), aber ihr Verstand schätzte das Unendliche mehr als das Wichtige. Je kleiner eine Neuigkeit war, desto lebhafter war ihre Wahrnehmung davon und desto fester war ihr Griff: Große Fragen hinterließen bei ihr nur einen vagen Eindruck.

Ihr Mann, ein pensionierter Anwalt, war besonders gut geeignet, der Partner ihres Lebens zu sein, da er den ihrigen sehr ähnlich war und sein Appetit auf Neuigkeiten nicht weniger gierig war. Tatsächlich bestand der Hauptunterschied zwischen ihnen in dieser Hinsicht darin, dass sie wie ein Wolf im Winter nach ihrem Futter schnappte, während er es ruhig annahm, wie eine gemächliche Boa constrictor. Aber seine Fähigkeiten standen ihr in nichts nach. Ebenso praktizierten sie untereinander dieselben harmlosen Heucheleien und verzichteten höflich darauf, die Aufrichtigkeit des anderen in Frage zu stellen. Es wurde bereits über einen Fall berichtet, in dem sich ein solcher Mangel an Vertrauen manifestiert haben könnte, aber es kam Frau Altham nie in den Sinn, ihrem Mann gerade jetzt zu sagen, dass ihm die Unruhen in Marokko überhaupt nichts bedeuteten, während sie dieses Verhalten für sehr merkwürdig gehalten hätte Wenn er seinerseits Mr. Pritchard eine scharf formulierte Nachricht vorschlug, würde ihr das den Weg bergauf an diesem heißen Morgen ersparen. Aber es war nur vernünftig, sich auf die Suche zu machen; Hätten sie nicht erfahren, ob es Neuigkeiten gab, hätten sie beim Mittagessen nichts zu besprechen gehabt. So wie es war, ließen sie die Konversation nie nach, denn diese kleine Stadt Riseborough war voll von Interesse und Ereignissen für alle, denen die Angelegenheiten anderer Menschen gebührend am Herzen lagen.

Die Hauptstraße war heute Morgen sehr voll, denn es war Markttag, und Mrs. Altham kam weniger schnell voran als gewöhnlich. Schubkarren von umherziehenden Händlern drängten sich vom Rand des Bürgersteigs auf die Straße und hinterließen einen engen Kanal für den Verkehr, der von Bauernkarren und gelegentlichen Scharen staubiger und ratlos aussehender Rinder, die aus der Umgebung getrieben wurden, anschwoll. Mehr als einmal musste Mrs. Altham in die Tür eines Ladens treten, um dem zufälligen Umherirren einer Gruppe Schweine oder Schafe zu entgehen, die auf den Bürgersteig stürmten. Aber es war interessant, in einer solchen erzwungenen Pause zu beobachten, wie der Motor von Sir James Westbourne behindert wurde , während der Besitzer mit breitem Gesicht und guter Laune selbst fuhr, und Vermutungen darüber anzustellen, welches Geschäft ihn in die Stadt führte. Dann sah sie, dass sein Diener im Wagenkasten saß, während auf der Gepäckschiene dahinter zwei Koffer lagen. Es bestand kein Grund für weitere Vermutungen: Offensichtlich kam er vom südöstlichen Bahnhof oben auf dem Hügel und fuhr zu seinem vier Meilen entfernten Ort entlang der Maidstone Road. Dann erblickte er auf dem Bürgersteig jemanden, den er kannte, und als er den Wagen anhielt, begann er ein Gespräch.

Im Moment konnte Mrs. Altham nicht erkennen, wer es war; Dann, als das Auto weiterfuhr, erschien hinter ihm die große Gestalt von Dr. Evans. Mrs. Altham war nicht so dumm anzunehmen, dass ihr Gespräch unbedingt etwas mit medizinischen Angelegenheiten zu tun hatte; Sie kam nicht zu dem Schluss, dass Lady Westbourne oder eines der Kinder sicherlich krank sein müssten. Für eine Person mit ihrem geistigen Verständnis reichte es aus, sich daran zu erinnern, dass Mrs. Evans die erste Cousine von Sir James war. Sie hörte auch die fröhliche Stimme des Baronets, als die beiden sich trennten und sagte: „Also Samstag, der achtundzwanzigste. Ich werde es meiner Frau sagen." Damit war die Sache natürlich geklärt; Es bedurfte nur eines kurzen Einsatzes ihrer Schlussfolgerung, um sie zu der Überzeugung zu bringen, dass Samstag, der 28., der Termin für Mrs. Evans' Gartenparty sein würde. Damals gab es in Riseborough ziemlich viele Gartenpartys, denn man konnte davon ausgehen, dass Erdbeeren einigermaßen günstig waren. Wahrscheinlich stand der Termin erst heute Morgen fest; Sie könnte sich darauf freuen, die „At-Home"-Karte (vier bis sieben) bis zur Nachmittagspost zu erhalten.

Die Wohnviertel von Riseborough lagen sowohl oben auf dem Hügel, auf dem die Stadt lag, und gruppierten sich um die schöne alte normannische Kirche, als auch unten entlang der Queensgate Street, die in die größere Weite der St. Barnabas Road überging. Im Großen und Ganzen könnte man davon ausgehen, dass es sich dabei um die Park Lane des Ortes handelte, die

die höchsten Mieten erzielte; Jedes Haus dort war nicht nur völlig freistehend, sondern verfügte auch über einen kleinen Vorgarten mit einer Kutschenauffahrt, die lang genug war, um drei Kutschen gleichzeitig aufzunehmen, sofern jedes Pferd nichts dagegen hatte, seine Nase in Berührungsnähe mit der Kutsche vor ihm zu bringen, während die ... vor allem wieder ein wenig in die Straße hineinragt. Aber es gab auch gute Häuser auf der Spitze des Hügels, wo Dr. Evans lebte, und diejenigen, die unten wohnten, fühlten sich natürlich in einer vorteilhaften Lage, da sie vor den trüben Ostwinden geschützt waren, die im Frühling oft vorherrschten, während diejenigen oben, die sich umhersahen, umherwanderten An schwülen Sommertagen konnten sie sich nicht vorstellen, wie es möglich war, in der luftleeren Atmosphäre unter ihnen zu überleben. Der mittlere Teil der Stadt war Handelsstadt, und hier trafen sich die Damen des Ortes, sowohl von oben als auch von unten, in den Stunden vor dem Mittagessen mit ausnahmsloser Zufälligkeit. Heute jedoch war die Straße, obwohl sie so voll war, zum Zwecke der Nachrichtenbeschaffung merkwürdig verlassen, und abgesehen von dem Umstand, dass sie zufällig das Datum von Mrs. Evans' Gartenparty erfuhr, fand Mrs. Altham nichts, was sie aufhalten konnte sie, bis sie die Tür von Mr. Pritchards Lebensmittelgeschäft erreicht hatte. Aber dort wurde ihr langes Fasten gebrochen; Mrs. Taverner war bereit zu geben und zu empfangen, und nachdem das Geschäft mit der farblosen Zunge auf eine Art und Weise abgeschlossen worden war, die Mr. Pritchard durchaus zugute kommen konnte, zogen die beiden Damen ihren Weg zurück (denn Mrs. Taverner stammte aus der St. Barnabas Road). wieder den Berg hinunter.

Mrs. Taverner stimmte völlig zu, dass die Gartenparty von Mrs. Evans höchstwahrscheinlich am 28. stattfinden würde; und fuhr fort, sich mit weitaus sensationelleren Informationen zu versorgen. Sie redete eher langsam, aber ohne jemals von selbst aufzuhören, so dass sie sich genauso sehr auf eine vorgegebene Zeitspanne einließ wie die meisten Menschen. Auch wenn sie durch eine Unterbrechung vorübergehend aufgehalten wurde, hielt sie den Mund offen, um so schnell wie möglich fortfahren zu können.

„Ja, drei Wochen sind, wie Sie sagen, eine lange Frist, nicht wahr?" Sie sagte; „Aber ich bin mir sicher, dass die Leute gut beraten sind, lange anzumelden, sonst werden sie feststellen, dass alle ihre Gäste bereits verlobt sind, so viele Partys wie in diesem Sommer. Mir wurde gesagt, dass Mrs. Ames für genau denselben Tag Essenskarten verschickt hat. Ich vermute mal, dass sie sich darauf geeinigt hatten, einen Tag voller Fröhlichkeit zu verbringen. Vielleicht werden Sie gebeten, am 28. dort zu speisen, Mrs. Altham?"

„Nein, derzeit nicht."

„Nun, dann wird es für Sie eine Neuigkeit sein", sagte Mrs. Taverner, „wenn das, was ich gehört habe, wahr ist und es Mrs. Fortescues Gouvernante war, die mir erzählte, wen ich traf, als sie eines der Kinder zum Zahnarzt brachte."

„Das wäre Edward", sagte Mrs. Altham zielsicher. „Mir ist oft aufgefallen, dass seine Zähne sehr unregelmäßig sind: einer hier, der andere dort."

Sie sprach, als wäre es bei Kindern üblicher, alle Zähne an der gleichen Stelle zu haben, aber Mrs. Taverner verstand.

"Sehr wahrscheinlich; Tatsächlich glaube ich, dass ich es selbst bemerkt habe. Nun, was ich Ihnen zu sagen habe, scheint auch sehr unregelmäßig; Edwards Zähne sind nichts dagegen. Es wurde darüber gesprochen, also Miss – ich kann mich nie an ihren Namen erinnern, und soweit ich gehört habe, glaube ich nicht, dass Mrs. Fortescue sie sehr zufriedenstellend findet – es wurde darüber gesprochen, so erzählte mir Mrs. Fortescues Gouvernante beim Frühstück , und es wurde vereinbart, dass General Fortescue annehmen sollte, denn wenn Sie drei Wochen im Voraus gefragt werden, hat es keinen Sinn zu sagen, dass Sie verlobt sind. Zweifellos hat Mrs. Ames genau aus diesem Grund so lange gekündigt."

„Aber was ist so unregelmäßig?" fragte Frau Altham und tanzte bei diesen Umschweifen fast vor Ungeduld.

„Habe ich es dir nicht gesagt? Ah, da ist Frau Evans; Mir wurde gesagt, dass sie auch ohne ihren Mann gefragt wurde. Wie langsam sie geht; Es würde mich nicht wundern, wenn ihr Mann ihr gesagt hätte, sie solle sich nie beeilen. Sie hat uns nicht gesehen; sonst hätten wir vielleicht mehr erfahren."

"Worüber?" fragte die Märtyrerin Frau Altham.

„Warum, was ich sage. Mrs. Ames hat General Fortescue gebeten, an diesem Abend zu speisen, ohne Mrs. Fortescue zu fragen, und hat Mrs. Evans gebeten, zu speisen, ohne Dr. Evans zu fragen. Ich weiß nicht, wer der Rest der Gruppe ist. Ich muss versuchen, heute Nachmittag Zeit zu finden, Mrs. Ames aufzusuchen und zu sehen, ob sie etwas darüber verrät. Es erscheint sehr seltsam, einen Ehemann ohne seine Frau und eine Frau ohne ihren Ehemann zu fragen. Und wir wissen noch nicht, ob Dr. Evans seiner Frau erlauben wird, ohne ihn dorthin zu gehen."

Mrs. Altham war entsprechend erstaunt.

„Aber so etwas habe ich noch nie gehört", sagte sie, „und ich gehe davon aus, dass mein Gedächtnis so" (sie hätte fast „lang" gesagt, hielt aber mit der Zeit inne) „so klar und prägnant ist wie das der meisten Menschen." Es scheint sehr seltsam: Es wird so aussehen, als ob General Fortescue und seine Frau kein gutes Verhältnis zueinander hätten, und soweit ich weiß, gibt es keinen Grund, das anzunehmen. Es geht mich jedoch nichts an und ich bin dankbar sagen zu können, dass ich mich nicht um Dinge kümmere, die mich nichts angehen. Hätte Mrs. Ames meinen Rat gewollt, ob es wünschenswert sei, einen Mann ohne Frau oder eine Frau ohne Mann zu fragen, hätte ich ihn ihr gerne gegeben. Aber da sie nicht danach gefragt hat, muss ich annehmen, dass sie es nicht will, und ich bin sicher sehr dankbar, dass ich meine Meinung für mich behalten kann. Aber wenn sie mich fragen würde, was ich davon halte, müsste ich gezwungen sein, ihr die Wahrheit zu sagen. Ich bin sehr froh, dass mir solche Unannehmlichkeiten erspart bleiben. Mein Lieber, hier bin ich wieder zu Hause. Ich hatte keine Ahnung, dass wir den ganzen Weg hierher gekommen waren."

Mrs. Taverner schien geneigt zu sein, zu verweilen, aber die andere hatte das Gesicht ihres Mannes gesehen, der aus dem Fenster blickte, das als sein Arbeitszimmer bekannt war, wo er es gewohnt war, morgens die Zeitung zu lesen und abends zu schlafen. Auch das war sehr unregelmäßig, denn die Uhr an ihrem Handgelenk verriet ihr, dass es noch nicht Viertel nach eins war, die Stunde, zu der er im Club immer ein Glas Sherry bestellte, um sich für den Heimweg zu stärken. Möglicherweise hatte er im Club etwas von diesem revolutionären Gesellschaftsplan gehört und seine Rückkehr beschleunigt, um die Sache unverzüglich mit ihr besprechen zu können. Einen Moment lang kam ihr der Gedanke, Mrs. Taverner zum Mittagessen einzuladen, aber schließlich hatte sie gehört, was diese Dame zu erzählen hatte, und eines der kleineren Spargelbündel konnte nicht als ausreichend für mehr als zwei angesehen werden . Also unterdrückte sie den gastfreundlichen Drang und eilte in sein Arbeitszimmer, wachsam angesichts der unterdrückten Informationen, obwohl sie nicht vorhatte, sie sofort explodieren zu lassen, denn die Methode von beiden bestand darin, Nachrichten wie zufällig durchsickern zu lassen. Und während sie den Saal durchquerte, kam ihr eine Idee in den Sinn, den Wahrheitsgehalt dessen, was sie gehört hatte, zu überprüfen, was sowohl einfach als auch genial war. Sie verachtete den Plan der armen Mrs. Taverner, Mrs. Ames aufzusuchen, in der Hoffnung, dass sie etwas fallen ließe, denn Mrs. Ames ließ die Dinge nie auf diese Weise fallen, obwohl sie eine geschickte Meisterin darin war, sie aufzuheben. Ihr eigener Plan war weitaus effektiver. Auch harmonierte es gut mit dem System der gegenseitigen Unaufrichtigkeit.

„Ich habe darüber nachgedacht, meine Liebe", sagte sie energisch, als sie sein Arbeitszimmer betrat, „dass es an der Zeit ist, Major und Mrs. Ames wieder zum Abendessen einzuladen." Ja: Pritchard war vernünftig und wird mir eine andere Zunge schicken und die alte zurücknehmen, worüber ich sicher sehr froh bin, dass er das getan hat, obwohl es sehr praktisch für Leckerbissen gewesen wäre. Dennoch hat er durchaus seine Rechte, da er dafür keine

Gebühren verlangt, und ich würde nicht daran denken, mit ihm zu streiten, weil er sie in Anspruch nimmt."

Herr Altham war ein ebenso eifriger Haushälter wie seine Frau.

„Seine Farbe hätte bei einem herzhaften Gericht keine Rolle gespielt", sagte er.

„Nein, aber da Pritchard eine neue Zunge kostenlos zur Verfügung stellt, können wir uns nicht beschweren. Nun zu Mrs. Ames. Wir haben vor einem ganzen Monat mit ihnen gegessen. Ich möchte nicht, dass sie denkt, dass es uns an dem Austausch von Gastfreundschaften mangelt, die sicherlich auf beiden Seiten so angenehm sind."

Mr. Altham dachte über diese Frage nach und streichelte sein Gesicht. Es bestand kein Zweifel, dass er einen kurzen Spitzbart am Kinn hatte, aber etwa auf halber Höhe des Kieferknochens wurden die Haare immer kürzer und er war ziemlich glatt rasiert, bevor sie ihm bis zum Ohr reichten. Tatsächlich war es unter den jüngeren und weniger respektvollen Mitgliedern des Clubs immer eine Frage, ob der alte Altham einen Schnurrbart hatte oder nicht. Die allgemeine Meinung war, dass er Schnurrhaare hatte, sich dessen aber nicht bewusst war.

„Es ist seltsam, dass Sie heute auf die Idee gekommen sind, Mrs. Ames zum Abendessen einzuladen", sagte er, „denn ich habe mich auch gefragt, ob wir ihr nicht etwas Gastfreundschaft schuldig sind. Und natürlich Major Ames", fügte er hinzu.

Mrs. Altham lächelte ein strahlendes Detektivlächeln.

„Nächste Woche ist unmöglich, das weiß ich", sagte sie, „und die Woche danach auch, denn dann herrscht ein wahrer Ansturm an Verabredungen." Aber danach finden wir vielleicht einen freien Abend. Wie würde es Ihnen passen, wenn ich Frau Ames und ein paar Freunde einladen würde, am Samstag dieser Woche zu Abend zu essen? Lass mich zählen – sieben, vierzehn, einundzwanzig, ja; am achtundzwanzigsten. Ich denke, dass Mrs. Evans an diesem Tag wahrscheinlich ihre Gartenparty veranstalten wird. Es wäre ein angenehmer Abschluss eines solchen Nachmittags. Und es wäre für uns beide weniger störend, wenn wir diesen Tag aufgeben würden. Es wäre besser, als die Woche dadurch durcheinander zu bringen, dass man einen weiteren Abend opfert."

Herr Altham klingelte, bevor er antwortete.

„Es ist kaum wahrscheinlich, dass Major und Mrs. Ames so lange vor einer Verlobung stehen würden", sagte er. „Ich denke, wir werden sie sicher sichern."

Die Glocke wurde beantwortet.

„Ein Glas Sherry“, sagte er. „Ich habe vergessen, meine Liebe, mein Glas Sherry im Club zu trinken. Der junge Morton hat mit mir gesprochen, obwohl ich nicht weiß, warum ich ihn jung nenne, und ich habe meinen Sherry vergessen. Ja, ich denke, der achtundzwanzigste wäre sehr passend.“

Mrs. Altham wartete, bis das Stubenmädchen das Glas Sherry abgestellt und das Zimmer mit geschlossener Tür hinter sich vollständig verlassen hatte.

„Ich habe heute eine sehr außergewöhnliche Geschichte gehört“, sagte sie, „obwohl ich keinen Moment glaube, dass sie wahr ist. Wenn ja, werden wir feststellen, dass Mrs. Ames am 28. nicht bei uns speisen kann, aber wir werden sie rechtzeitig darum gebeten haben, damit es zählt. Aber man weiß nie, wie wenig Wahrheit in dem steckt, was Frau Taverner sagt, denn es war Frau Taverner, die es mir erzählt hat. Sie sagte, dass Frau Ames General Fortescue gebeten habe, an diesem Abend mit ihr zu speisen, ohne Frau Fortescue zu fragen, und dass sie Frau Evans auch ohne ihren Ehemann eingeladen habe. Man glaubt es nicht einen Moment, aber wenn wir Mrs. Ames für denselben Abend fragen würden, würden wir höchstwahrscheinlich davon erfahren. Wurde im Club etwas darüber gesagt?“

Herr Altham zeigte eine Nachlässigkeit, die er bei Weitem nicht spürte.

„Der junge Morton hat so etwas gesagt“, sagte er. „Ich habe nicht besonders zugehört, da ich, wie Sie wissen, dorthin gegangen bin, um zu sehen, ob es etwas über Marokko zu erfahren gibt, und sein Geschwätz ist mir langweilig geworden. Aber er hat etwas in der Art erwähnt. Da ist die Mittagsglocke, meine Liebe. Sie könnten Ihre Nachricht sofort schreiben und handschriftlich verschicken, denn James wird inzwischen von seinem Abendessen zurück sein und ihm sagen, er solle auf eine Antwort warten.“

Frau Altham nahm diesen Vorschlag sofort auf. Sie wusste natürlich ganz genau, dass die aufregende Nachricht ihren Mann nach Hause gebracht hatte, ohne darauf zu warten, im Club sein Glas Sherry zu trinken, was seit jenem Morgen vor einem Jahr, als er das erfahren hatte, nicht mehr geschehen war Mrs. Fortescue hatte ihren Koch charakterlos entlassen, aber sie dachte nicht daran, ihn der Doppelzüngigkeit zu bezichtigen. Schließlich war es der liebenswürdige Wunsch, diese Dinge ohne Verlust eines Augenblicks mit ihr zu besprechen, der dem Motiv zugrunde lag, und ein so lobenswertes Motiv überdeckte alles andere. So ließ sie ihre Notiz mit erstaunlicher Schnelligkeit und Herzlichkeit schreiben, und der Stiefel-und-Messer-Junge, der auch die Funktion des Gärtners ausübte, wurde angewiesen, sich die Hände zu waschen und seinen Auftrag zu erledigen.

Die Kritik an Mrs. Ames' Vorgehen, die auf der Hypothese beruhte, dass die Nachricht wahr sei, reichte aus, um eine lebhafte Unterhaltung zu ermöglichen, bis der Bote zurückkam und Mrs. Altham ihre erste Spargelstange wieder auf ihren Teller legte und den Zettel aufriss . Ein Blick genügte.

„Es ist alles völlig wahr", sagte sie. "Frau. Ames schreibt: „Es tut uns so leid, Ihre freundliche Einladung ablehnen zu müssen, aber General Fortescue und Millicent Evans essen heute Abend mit einigen anderen Freunden bei uns." Nun, ich bin mir sicher! Also hatte Frau Taverner schließlich recht. Ich habe das Gefühl, ich schulde ihr eine Entschuldigung dafür, dass sie an der Wahrheit gezweifelt hat, und ich werde nach dem Mittagessen vorbeikommen, um ihr zu sagen, dass sie Mrs. Ames nicht aufsuchen muss, was sie zu tun gedachte. Diesen Ärger kann ich ihr ersparen."

Herr Altham überlegte und verurteilte die Weisheit dieses Ausrutschers.

„Das könnte dir Unannehmlichkeiten bescheren, meine Liebe", sagte er. "Frau. Taverner könnte Sie fragen, wieso Sie sich dessen sicher waren. Sie möchten nicht sagen, dass Sie die Ames am selben Abend zum Abendessen eingeladen haben, um das herauszufinden."

„Nein, das stimmt. Du siehst die Dinge sehr schnell, Henry. Aber andererseits, wenn Mrs. Taverner tatsächlich vorbeikommt, könnte Mrs. Ames die Tatsache außer Acht lassen, dass sie diese Einladung von uns erhalten hat. Ich würde es Mrs. Taverner lieber selbst mitteilen, als dass es ihr auf Umwegen zu Ohren kommt. Ich werde darüber nachdenken; Ich habe keinen Zweifel daran, dass ich mir etwas ausdenken kann. Nun zum neuen Weggang von Mrs. Ames. Ich muss sagen, dass es mir ein sehr seltsames Werk vorkommt. Wenn sie dich ohne mich und ich ohne dich fragen soll, soll die andere dann allein zu Hause zum Abendessen sitzen? Denn es ist nicht zu erwarten, dass jemand anderes immer in derselben Nacht den anderen von uns fragt. Wenn es für denselben Abend eine weitere Einladung gibt, ist die Wahrscheinlichkeit groß, dass sie für uns beide gilt, denn ich gehe nicht davon aus, dass wir alle dem Beispiel von Mrs. Ames folgen und unsere Gastfreundschaft nach ihrem Vorbild gestalten werden."

Mrs. Altham hielt einen Moment inne, um ihren Spargel zu essen, der langsam kalt wurde.

„Tatsächlich, meine Liebe, folgen wir normalerweise dem Beispiel von Mrs. Ames", sagte er. „Man könnte sagen, dass sie hier die Anführerin unserer Gesellschaft ist."

„Und wenn Sie mir hundertmal raten würden, warum wir ihrem Beispiel folgen", sagte Frau Altham ziemlich aufgeregt und hob einen Spargelkopf auf, der auf ihre Serviette gefallen war, „konnte ich Ihnen sicher nicht eine

Antwort geben, dass Sie würde es für sinnvoll halten. Es gibt ein Dutzend unserer Freunde in Riseborough, die genauso gut geboren sind wie sie, und ebenso vielen anderen geht es viel besser; nicht, dass ich sage, dass Geld irgendetwas mit der Stellung zu tun haben sollte, obwohl du genauso gut wie ich weißt, dass du ihr Haus über ihren Köpfen kaufen und es dir leisten könntest, es leer stehen zu lassen, während ich die ganze Zeit über … Erstens, glauben Sie nicht, dass sie zusammen dreihundert Dollar im Jahr bekommen, die über seinem Gehalt liegen. Und was die Erziehung angeht: Wenn Ihnen die Manieren von Mrs. Ames so nachahmenswert erscheinen, kann ich nicht verstehen, was Sie daran bewundern können, außer dass sie ein Zimmer betritt, als ob alles ihr gehörte, und schaut über alle Köpfe hinweg, was sehr lächerlich ist, da sie nicht größer als fünf Fuß sein darf, und ich bezweifle, dass sie das auch ist. Ich konnte nie verstehen und glaube auch nicht, dass ich jemals verstehen werde, warum keiner von uns in Riseborough etwas tun kann, ohne Mrs. Ames um Erlaubnis zu bitten. Vielleicht liegt es an meiner Dummheit, obwohl ich nicht weiß, dass ich dümmer bin als die meisten.“

Henry Altham fühlte sich für diese aufgeregte Ansprache verantwortlich. Es war fahrlässig von ihm, auf Mrs. Ames' Führung anzuspielen, denn wenn es ein Thema auf dieser Welt gab, das bei seiner Frau eine Art Raserei und einen völligen Mangel an Punkten hervorrief, dann war es dieses. Schon zuvor hatte sie verzweifelt versucht, Mrs. Ames das Zepter aus den dicken kleinen Händen zu entreißen und die Krone von ihrem auffallend kleinen Kopf abzuschlagen. Bei ihrem ersten Besuch in Riseborough hatte sie Partys veranstaltet, die in ihrer Pracht geradezu lukulanisch waren; Die Regimentskapelle (zumindest ein Teil davon) hatte anlässlich einer bloßen Nachmittagsparty unter der Ulme in ihrem Garten gespielt, während bei einem Tanz, den sie gegeben hatte (was in Riseborough fast unbekannt war), eine … Cotillion, bei dem die Geschenke bis zu fünf und sechs Pence pro Stück kosteten, ganz zu schweigen vom Ärger. Sie hatte eine Party für Kinder veranstaltet, bei der es nicht nur einen Weihnachtsbaum, sondern auch einen Zauberer gab, und als einst ein berühmter Schauspieler bei ihr wohnte, hatte sie es getan, anstatt ihn für sich zu behalten, was Mrs. Ames damals geplant hatte Prominente Personen waren ihre Gäste und luden praktisch ganz Riseborough zum Mittagessen, Tee und Abendessen ein. Zu all diesen großen Partys hatte sie Mrs. Ames eingeladen (im Hinblick auf ihre Aussage), und bei einer Gelegenheit – der Cotillion – hatte sie hinterher unanfechtbare Beweise dafür gehört, dass diese Dame die Bemerkung gemacht hatte, sie sehe keinen Grund dafür für eine solche Anzeige. Deshalb erlebte sie bis zum heutigen Tag gelegentlich Ausbrüche vulkanischer Verwunderung über die unbestrittene Überlegenheit von Mrs. Ames und unternahm gelegentlich verzweifelte Versuche, sie ihres Throns zu berauben. Es gab keine Angriffsmethode, die sie nicht angewendet hätte; Sie hatte Mrs. Ames offen von Angesicht zu Angesicht geschmeichelt und bewundert, mit der Absicht, den Thron teilen zu dürfen; sie hatte sie misshandelt und verunglimpft, um sie davon abzubringen; Sie hatte es sechs Monate lang unterlassen, sie in ihr eigenes Haus einzuladen, und sechs Monate lang hatte sie sich geweigert, auch nur eine von Mrs. Ames' Einladungen anzunehmen. Aber es hatte alles keinen Zweck; Sie hatte sicher gewusst, dass die Verleumdungen gegenüber Mrs. Ames wiederholt worden waren, die sie jedoch nicht im Geringsten beachtete und auch nicht ein bisschen von ihrer eher herablassenden Herzlichkeit nachließ, und das, obwohl Mrs. Altham sich geweigert hatte, zu sich zu kommen Ihr Haus hatte ihr weiterhin Einladungen im gewohnten Maß an Gastfreundschaft geschickt. Tatsächlich hatte Mrs. Altham in den letzten ein oder zwei Jahren wirklich jeden Gedanken daran aufgegeben, sie jemals abzusetzen, und ihr Mann, obwohl er sich bei dieser Gelegenheit für diesen Krampf verantwortlich fühlte, hatte auch das Gefühl, dass er vernünftigerweise den Vulkan hätte annehmen können ausgestorben sein. Doch das ist die beunruhigende Angewohnheit dieser unterschwelligen Kräfte; Sie brechen mit neuer Energie genau dann aus, wenn Menschen mit gerade mal durchschnittlicher Vorsicht meinen, dass in ihnen kein Leben mehr steckt.

Er beeilte sich, seinen Fehler wiedergutzumachen und den Sturm durch überschwängliche Zustimmung zu beruhigen.

„Nun, meine Liebe", sagte er, „in dem, was Sie sagen, ist sicherlich viel dran, denn wir haben keinen Grund anzunehmen, dass jeder Mann und Frau einzeln fragen wird oder dass immer zwei dieser neuen Einladungen kommen werden." für dieselbe Nacht. Dann ist da noch die Frage der Kutschenvermietung, die für uns zwar keine große Bedeutung hat, für andere jedoch ein wichtiges Thema sein wird. Denn jedes Mal, wenn Mann und Frau auswärts essen, werden zwei Kutschen statt einer benötigt. Ich frage mich, ob Mrs. Ames daran gedacht hat."

„Sie nicht", sagte Mrs. Altham, deren Empörung immer noch hervorquoll. „Warum, so oft wie nicht, kommt sie zu Fuß, mit ihren großen Goloshen über ihren Abendschuhen. Ah, ich habe es!"

Ihr kam eine brillante Idee, die viel dazu beitrug, ihren Gleichmut wiederherzustellen.

„Sie können sich darauf verlassen", sagte sie, „dass Mrs. Ames nur den Mann oder die Frau fragen will, je nach Fall, und dass das zählt." Das wird ihr die Hälfte der Kosten für ihr Abendessen ersparen, und wenn ich jetzt darüber nachdenke, sollte es mich sicher nicht überraschen, zu erfahren, dass sie in letzter Zeit Geld verloren haben. Major Ames hat vielleicht spekuliert, denn als ich das letzte Mal dort war, sah ich die *Finanznachrichten* auf dem Tisch liegen. Ich wage zu behaupten, dass es das ist. Das würde auch das sehr schlechte Abendessen erklären, das wir bekamen. Ich erinnere mich, dass Lachs Saison hatte, aber wir hatten nur Scholle oder etwas Gewöhnliches und die gewöhnliche Winterwüste, nur Orangen und Äpfel. Du hast es auch bemerkt, Henry. Du hast mir erzählt, dass du Rotwein hattest, der nicht mehr als achtzehn Pence pro Flasche gekostet hätte, und danach nur ein Glas Portwein. Und beim Abendessen davor gab es zwar Champagner, aber nur Schaum. Armes Ding! Ich erkläre, dass es mir leid tut, wenn das der Grund ist, und ich bin überzeugt, dass es so ist."

Mrs. Altham fühlte sich durch diese Erklärung erheblich erholt und stand zügig auf.

„Ich denke, ich werde einfach zu Mrs. Taverner laufen", sagte sie, „um ihr zu sagen, dass es keinen Grund für sie gibt, Mrs. Ames aufzusuchen, da Sie die gleiche Geschichte im Club gehört haben, damit wir beruhigt sein können." dass es wahr ist. Das wird bekanntlich reichen; es wird alles erklären. Und da steht Pritchards Karren am Tor. Das wird die Zunge sein. Ich frage mich, ob er seinem Mann gesagt hat, er solle den Blassen wegnehmen. Wenn nicht, wird es, wie Sie sagen, als Leckerbissen dienen."

Der Sommer war wirklich ernst geworden, und als Mr. Altham auf die schattige Veranda östlich des Hauses ging, um seine Zigarre zu rauchen, bevor er zu den Golfplätzen ging, stellte er fest, dass das Thermometer achtzig Grad anzeigte im Schatten. Deshalb ging er, bevor er die Zeit der Ruhe genoss, die auf seine Mahlzeiten folgte und der er die Ruhe seiner Gesundheit größtenteils zu verdanken hatte, nach oben, um seinen Stoffmantel gegen die leichte Alpakajacke zu tauschen, die er immer trug, wenn das Wetter sehr heiß war . Er erinnerte sich, dass er es letztes Jahr erst Ende Juli überhaupt angezogen hatte, außer dass er es einmal über seinem gewöhnlichen Mantel trug (denn er war locker gearbeitet), als er eine Fahrt über eine extrem staubige Straße machte. Aber die heutige Hitze verlangte zweifellos nach der Alpakajacke, und er ließ sich in seinem Stuhl nieder (nachdem er auf das Barometer getippt und mit Befriedigung festgestellt hatte, dass die Gehirnerschütterung ein Aufwärtszittern der Nadel hervorrief, die bereits auf „Set Fair" eingestellt war). viel cooler und bequemer.

Das Leben im Allgemeinen war für diesen zufriedenen Herrn eine sehr kühle und angenehme Angelegenheit. Selbst in seiner Jugend war er nicht besonders vital und hatte seine frühen Jahre überstanden, ohne sich oder seinen Eltern auch nur einen Augenblick Sorgen zu machen. Wie ein gutes Kind, das isst und verdaut, was ihm gegeben wird, so hatte Herr Altham schon in jungen Jahren das Leben genau so akzeptiert, wie er es vorfand, und sich selten gefragt, worum es ging oder woraus es bestand. Seine Emotionen waren aufgewühlt, als er seine Frau kennengelernt hatte, und er hatte einmal versucht, ihr ein Gedicht zu schreiben – hatte es aber bald wieder aufgegeben, weil es in der englischen Sprache offensichtlich kaum Reime gab, und seitdem war sein emotionaler Rekord praktisch leer. Wenn Glück die Kraft zu wollen und zu streben impliziert, muss ihm diese Eigenschaft verweigert werden, aber sein Inhalt war so tiefgründig, dass er nicht wegen des Mangels an überschäumenderen Emotionen bemitleidet werden musste. Alles, worum es ihm ging, gehörte völlig ihm: Nach dem Frühstück konnte er die *Times* lesen, vor dem Mittagessen konnte er sich im Club über Neuigkeiten informieren, nachmittags Golf spielen und vor dem Abendessen ein wenig wohlverdiente Ruhe genießen. während er in seltsamen Momenten auf das Thermometer schaute und auf das Aneroid tippte. Er war von Natur aus ausgesprochen freundlich und hätte sich zweifellos gerne kleine Unannehmlichkeiten zu Herzen genommen, um die Sorgen anderer zu lindern, aber er hielt es kaum jemals für nötig, Unannehmlichkeiten zu üben, da diejenigen, mit denen er Umgang hatte, in genau das Gleiche versunken waren Lethargie des Inhalts wie er selbst. Da er nahezu völlig frei von Vorstellungskraft war, stellten sich ihm keine Bedenken oder Fragen über den Sinn der Dramen des Lebens in den Weg, und seine jährlichen Abonnements für das örtliche Krankenhaus und bestimmte Pfarrfonds bedeuteten für ihn nicht mehr als das Geld, das er im Krankenhaus bezahlte Bahnhof für sein Bahnticket. Er war in der Tat ein typisches Beispiel für die Gesellschaft von Riseborough, die größtenteils aus Männern bestand, die sich aus ihren Berufen zurückgezogen hatten und ihre Tage, mit unbedeutenden Abweichungen, auf genau die gleiche Weise verbrachten wie er. Notwendigerweise waren sie sich der erstaunlichen Leere ihres Lebens nicht bewusst, denn wenn sie es gewesen wären, hätten sie das Leben wahrscheinlich als sehr langweilig empfunden und versucht, es mit irgendeiner Art von Interesse zu füllen. Ohnehin ließen Golf, Gartenarbeit und Klatsch die Tage so reibungslos und schnell vergehen, dass es wirklich gefährlich gewesen wäre, ihnen Leben einzuhauchen, denn das hätte zu Unruhe und Gärung führen können. Aber diese Chroniken würden einen sehr falschen Eindruck vermitteln, wenn sie den Eindruck erwecken würden, das Leben in Riseborough sei langweilig oder leer . Die Angelegenheiten anderer Menschen waren eine so ständige Quelle des Interesses, dass es nur ein distanzierter oder träger Geist wäre, der nicht ständig angeregt würde. Und dieser Reiz war weder alkoholischer Natur, noch löste er nach übermäßigem Genuss eine Reaktion und Kopfschmerzen aus. Herr Altham wachte jeden Morgen sozusagen mit einem sauberen Gaumen und einem Appetit und einer völlig unbeeinträchtigten Verdauung auf. Noch musste er nicht versuchen, die Stunden des Tages mit Gartenarbeit zu füllen, wie Major Ames, oder mit ständigem Bridgespielen im Kartenraum des Clubs; seine Tage waren ohne diese zusätzlichen Ablenkungen, die er insgeheim eher als Anzeichen von Senilität verachtete, ausgefüllt, und er wunderte sich, dass Major Ames, der, wie er annahm, immer noch nicht viel älter als fünfundvierzig war, sich so schnell einem Hobby widmen konnte, das ihn zu sehr verachtete war besser für Damen und Siebzigjährige geeignet. Es war nicht so, dass er Blumen nicht mochte; Er fand sie hübsch genug an ihrem Platz und freute sich, als er morgens aus dem Badezimmerfenster schaute und die ordentliche Reihe roter Geranien sah, die entlang der Grenze an der Wand zwischen Calceolarias und Lobelien verliefen. Wenn er älter wäre und andere Interessen nachgelassen hätten, würde er sich höchstwahrscheinlich auch der Gartenarbeit zuwenden; Im Moment zog er es vor, dass der angeheuerte Mann zwei Tage in der Woche damit verbrachte, die Geschäfte von James zu überwachen. Sicherlich wäre es sinnvoll, einen Gemüsegarten zu pflegen, denn dort war ein verständliches Ziel im Auge – nämlich die Produktion von Früherbsen und riesigem Spargel für den Tisch, aber da der Garten im Cambridge House nicht über eine größere Kapazität verfügte als Da er mit einem Krocket-Rasen und ein paar Blumenrabatten beschäftigt war, war es unmöglich, Gemüse anzubauen, und die Produktion einer neuen roten Wicke, mit der sich Major Ames letzten Sommer wirklich beschäftigt hatte, war für ihn völlig uninteressant , zumal es vorher noch viele andere rote Blumen gab.

Seine Zigarre war bereits zur Hälfte geraucht, als er sich aus dieser angenehmen geistigen Leere, die auf die sommerliche Wiederaufnahme seiner Alpakajacke folgte, und aus den zehn Minuten zurückrief, die ihm noch blieben, bevor das Taxi von den Pferdeställen kam Als ihm der Aufstieg zum langen Hügel zu den Golfplätzen angekündigt wurde, regte er sich zu größerer Gehirnaktivität an. Es war natürlich, dass sein Spiel mit Mr. Turner heute Nachmittag seine Gedanken zuerst beschäftigte. Er war sich sicher, dass er ihn schlagen könnte, wenn er dem Spiel nur eine sehr genaue Aufmerksamkeit schenkte und seine Gedanken nicht schweifen ließe. Vor ein paar Tagen hatte Mr. Turner nur deshalb gewonnen, weil er selbst ziemlich spät im Clubhaus angekommen war und mit dem Gefühl der Eile losgefahren war. Aber heute hatte er das Taxi um zehn Minuten vor drei bestellt, statt zur vollen Stunde. So konnte er sowohl von hier aus starten als auch dort ankommen, ohne dieses Gefühl der Aufregung. Die verabredete Stunde war erst Viertel nach drei, und die Fahrt nach oben dauerte gerade einmal fünfzehn Minuten. Außerdem hatte er seine Alpakajacke an; er würde nicht, wie beim letzten Mal ihrer Begegnung, unangenehm heiß sein. Wie üblich spielte er seinen Gegner um die Summe einer halben Krone; Das sollte sich sowohl für Taxi als auch für Caddy lohnen.

Seine Gedanken erstreckten sich über einen größeren Bereich. Sicherlich war es seltsam, dass Mrs. Ames Ehemänner ohne ihre Ehefrauen und Ehefrauen ohne ihre Ehemänner fragte. Natürlich war es weniger bemerkenswert, Mrs. Evans ohne den Arzt zu fragen, als General Fortescue ohne seine Frau zu fragen, denn manchmal kam es vor, dass Dr. Evans mitten beim Abendessen gerufen wurde, um sich um einen Patienten zu kümmern, und einmal, als er Als er in seinem eigenen Haus eine Party gab, hatte er eine Nachricht erhalten, die ihn dazu veranlasste, sofort aufzustehen und zu der Dame zu seiner Rechten zu sagen: „Ich fürchte, ich muss gehen; Mutterschaftsfall", was natürlich ein sehr schmerzhaftes Gefühl der Verlegenheit hervorgerufen hatte, gefolgt von einem Gewirr fieberhafter und willkürlicher Gespräche. Aber General Fortescue ohne seine Frau zu fragen, war eine ganz andere Sache; Es war nicht möglich, dass Mrs. Fortescue mitten beim Abendessen gerufen wurde und dadurch Unruhe in der Gesellschaft verursachte. Er hatte das Gefühl, dass, wenn eine Gastgeberin außer Mrs. Ames eine so verblüffende Neuerung versucht hätte, sie trotz ihrer dreiwöchigen Kündigungsfrist erschreckende Ablehnungen gepaart mit ehrlich gesagt unglaublichen Gründen für die Ablehnung erhalten hätte. Mit wachsendem Gedankenradius beschäftigte er sich mit der unbestrittenen Vormachtstellung von Mrs. Ames in der Riseborough-Welt.

Das meiste, was seine Frau in ihrer aufgeregten Ansprache gesagt hatte, war vollkommen begründet. Mrs. Ames war nicht reich, und bei der Bestellung ihrer Abendessen schien oft eine ausgeprägte Sparsamkeit vorherrschend gewesen zu sein; während, was die Geburt anbelangt, mindestens zwei weitere Bewohner hier ebenso eng mit Baronetten verwandt waren wie sie; Mrs. Evans zum Beispiel war die Cousine ersten Grades des jetzigen Sir James Westbourne, während Mrs. Ames von demselben glücklichen Herrn um eine Entfernung weiter entfernt war. Das heißt, ihre Mutter war die älteste Schwester des vorletzten Baronets und älter als er gewesen, so dass es außer Frage stand, ob Mrs. Ames' Mutter ein Junge gewesen wäre, und sie wäre auch ein Junge gewesen , wäre sie jetzt selbst eine Baronin gewesen, anstelle des fröhlichen Mannes, den Mrs. Altham an diesem Morgen mit seinem Auto die High Street entlangfahren sah. Was General Fortescue betrifft, so war er tatsächlich der Bruder eines Baronets, und damit war die Sache erledigt. Obwohl Riseborough im Allgemeinen die Ehrerbietung aufgrund der Geburt sehr gut einschätzte, war Herr Altham der Ansicht, dass die Vormachtstellung von Frau Ames nicht wirklich auf einer so umfassenden Neuordnung der Eltern und Geschlechter beruhte. Auch ihre Manieren und ihr Benehmen waren nicht wie eine erzwungene Huldigung; Sie schien ihre Position als selbstverständlich zu betrachten und dankte ihrer Gastgeberin nur sehr selten für „einen sehr angenehmen Abend", wenn sie wegging. Sie zeichnete sich auch nicht durch ihr gutes Aussehen aus; Tatsächlich war sie eher dadurch bemerkenswert, dass sie nicht vorhanden waren. Doch irgendwie konnte sich Herr Altham, vielleicht aufgrund seiner mangelnden Vorstellungskraft, nicht vorstellen, dass jemand anderes, nicht einmal seine eigene Frau, die Position von Frau Ames einnehmen würde. Es war eine gewisse Kraft in ihr, die sie dahin brachte, wo sie war. Sie haben ihre Effizienz gespürt; Sie haben vermutet, dass Mrs. Ames mit solchen

Situationen umgehen kann, wenn sie auftreten. Sie verfügte über ein größeres Maß an Realität als die Mehrheit von Mr. Althams Bekannten. Sie schien sich in keiner Weise anzustrengen oder die Aufmerksamkeit auf das zu lenken, was sie tat, und doch war es sicher, dass alle anderen auch anrufen würden, wenn Mrs. Ames einen leicht zweifelnden Neuankömmling in Riseborough besuchte. Und einen Defekt hatte sie, der eklatanteste Natur war. Sie schien sich nur lauwarm für das zu interessieren, was jeder über jeden anderen sagte. Einmal, vor nicht allzu langer Zeit, hatte Mrs. Altham sich mehr als bereit gezeigt, aus bester Quelle die Geburt und Erziehung von Mrs. Turner in Frage zu stellen, deren Wahl in den Club so viele Mitglieder dazu veranlasst hatte, mit dem Rücktritt zu drohen. Aber alles, was Mrs. Ames gesagt hatte, als klar war, dass ihr sozusagen die zwielichtigsten Vorgeschichten zur Durchsicht vorgelegt wurden, war: „Ich habe sie immer als eine sehr angenehme Frau empfunden." Sie isst am Dienstag mit uns." Oder wiederum, als er selbst voll des Lobes für Mrs. Taverner war, der Mrs. Ames gegenüber etwas kühl eingestellt war – (obwohl diese Dame dreimal angerufen hatte und vielleicht heute Nachmittag wieder anrief, hatte Mrs. Ames kein einziges Mal danach gefragt Sie hatte sie zum Mittag- oder Abendessen eingeladen, und es wurde angenommen, dass sie Karten hinterlassen hatte, ohne sich überhaupt zu erkundigen, ob sie da war) – Mrs. Ames hatte seine Lobeshymnen nur mit den Worten beantwortet: „Mir wurde gesagt, sie sei eine sehr gutmütige Frau."

Als Mr. Altham das Anhalten eines Taxis vor seiner Haustür hörte, stand er auf. Es war immer noch dreizehn Minuten vor drei, aber er war bereit zum Start. Tatsächlich hatte er das Gefühl, dass Bewegung und Ablenkung sehr willkommen wären, denn eine seltsam beunruhigende Idee hatte sich in sein Gehirn geschlichen. Es war höchstwahrscheinlich ziemlich unbegründet und unbegründet, aber ihm kam der Gedanke, dass dieser Mangel von Mrs. Ames hinsichtlich ihrer Gleichgültigkeit gegenüber den kleinen Angelegenheiten anderer Leute irgendwie mit ihrer Überlegenheit zusammenhing. Er hatte es so oft für einen Mangel gehalten, dass es ein ziemlicher Schock war, sich zu fragen, ob es sich dabei um eine Eigenschaft handelte. Auf jeden Fall war es eine Eigenschaft, auf die er gerne verzichten konnte. Der Besitz davon hätte ihn um ganze neun Punkte der Gesetze gebracht, die seine Natur beherrschten. Er hätte wie Major Ames eine Leidenschaft für die Gartenarbeit entwickeln müssen. Wenn man eine Frau heiratete, die weit über zehn Jahre älter war als man selbst, musste man natürlich etwas trinken, und zum Glück hatte Major Ames nicht Alkohol getrunken.

Er fühlte sich ziemlich zynisch und verlor die ersten vier Löcher. Später, aber zu spät, riss er sich zusammen. Aber es war ein schwacher Trost, nur das Freilos zu gewinnen.

KAPITEL II

MRS. AMES stellte ihren schwarz-weißen Sonnenschirm auf, als sie am Abend des 28. Juni gegen halb sieben auf die heiße Straße vor Dr. Evans' Haus trat und zu Fuß an dem halben Dutzend Häusern vorbeiging lag zwischen ihm und der High Street. Von ihrem Aussehen her glich sie einer kleinen, hübschen Kröte in halber Trauer; oder um den Vergleich präziser zu formulieren: Sie war klein für eine Frau, sah aber gut aus für eine Kröte. Ihr Gesicht hatte etwas von dem mürrischen und gesättigten Ausdruck dieses harmlosen Reptils, und sie trauerte um ihren Bruder, der vor etwa sechs Monaten gnädigerweise an Delirium tremens gestorben war. Diese kaum respektable Art des Sterbens schmälerte nicht die Beachtung dieser Tatsache durch seine Schwester, und sie schlug vor, für weitere drei Monate Trauer zu tragen.

Sie hatte ihn in den letzten Jahren nicht oft gesehen, und tatsächlich fand sie es viel besser, dass seine unrühmliche Karriere, da er ein hoffnungsloser Trunkenbold war, zu Ende gebracht worden war, aber sie trauerte trotzdem Dies war ein treues Symbol ihres Bedauerns. Er hatte das gute Aussehen und die Gebrechlichkeit ihrer Familie gehabt, während sie über deren komplementäre Schlichtheit und Stärke verfügte, aber selbst in ihrem fünfundfünfzigsten Lebensjahr erinnerte sie sich mit bemerkenswerter Eindringlichkeit an die Vogelnistexpeditionen mit ihm und die Verlockungen von Fischen in menschenleeren Gewässern. Auch sie hatten als Kinder ihr Taschengeld miteinander geteilt, und sie war dadurch nicht die Gewinnerin gewesen. Deshalb dachte sie mit besonderer Zärtlichkeit an ihn.

Es wäre müßig zu leugnen, dass sie sich nicht für die Riseborough-Sicht auf seine Schwärze interessierte. Es war allgemein bekannt, dass er ein Trunkenbold war, aber sie hatte die Nachfrage mit der Aussage unterdrückt, dass er an „Versagen" gestorben sei. Welches Organ ausgefallen war, konnte nicht untersucht werden: Jeder mit dem geringsten richtigen Gefühl – und sie war sich bewusst, dass Riseborough fast einen Schlaganfall hatte – würde annehmen, dass es sich um ein Organ handelte, das nicht allgemein erwähnt wird. Sie hatte das Gefühl, dass sie nicht dazu berufen war, eine eventuell überhandnehmende Neugier zu befriedigen. Sie hatte auch das Gefühl, dass die größte Freude am Besitz eines Sinns für Humor darin liegt, dass andere ihn nicht vermuten. Riseborough hätte es sicherlich für sehr herzlos von ihr gehalten, sich über Dinge zu amüsieren, die auch nur entfernt mit dem Tod ihres Bruders zusammenhingen; Riseborough wäre ihr auch nicht in der Lage gewesen, ihr eine zarte Erinnerung zuzuschreiben, wenn sie gewusst hätte, dass er tatsächlich an einem Delirium tremens gestorben war.

Bei diesem drückenden Wetter beneidete sie fast diejenigen, die wie Dr. Evans oben in der Stadt lebten, wo in der Castle Street das bezaubernde georgianische Haus stand, in dessen Garten er und seine Frau nur für kurze Zeit wohnten Drei Stunden lang hatten sie ihre Freunde und Kritiker auf der Gartenparty unterhalten. Obwohl das Haus in einer „Straße" und nicht in einer „Straße" lag, hatte es einen Garten, von dem jeder erwarten würde, dass er zu einer „Straße", wenn nicht sogar zu einem „Ort" gehörte. Straßen schienen kleine Hinterhöfe zu bedeuten, die auf die Rückseite anderer Häuser blickten, während Dr. Evans' Haus auf der Rückseite überhaupt nicht auf andere Häuser blickte, sondern sich ganze hundert Meter erstreckte und dann über die Eisenbahnlinie blickte Südostlinie, auf offenem Feld. Sollten Sie sich unfreundlich fühlen, könnte man leicht fragen, ob der Lärm der vorbeifahrenden Züge nicht sehr unangenehm sei, und tatsächlich, Frau Taverner, in einem Moment der Verärgerung, die sich aus der Tatsache ergab, dass das, was sie für einen Champagnerbecher hielt, nur ein Haferlbecher war, hatte Millicent Evans heute Nachmittag bei der Anhörung von Frau Ames genau diese Frage gestellt. Aber Millicent hatte auf ihre zuversichtlichste und kindlichste Art eine Antwort gegeben, die Mrs. Ames für eine absolut bewundernswerte und passende Antwort hielt. „Das tun wir tatsächlich", hatte sie gesagt, „und wir beneiden Sie oft um Ihren schönen großen Rasen." Denn jeder wusste natürlich, dass Mrs. Taverners wunderschöner großer Rasen ein kleines Stück schwarzer Erde war, das mit Kochbananen abwechslungsreich gestaltet war und durch das neue Gaswerk übersehen und übelriechend wirkte. Mrs. Taverner war, was nicht unnatürlich war, nach dieser seidenen Rede rot geworden, bis sie fast so rot aussah wie Mrs. Altham. Was sie selbst betrifft, hätte Mrs. Ames selbst auf diese Provokation keine so bösartige Antwort gegeben, obwohl sie ziemlich froh war, dass Millicent dies getan hatte, und um ihr unwillkürliches Lächeln zu erklären, lud sie Mrs. Altham sofort zum Mittagessen ein ihr nächster Tag. Tatsächlich lächelte sie, als sie jetzt die High Street entlangging, erneut bei dem Gedanken, und Mr. Pritchard, der vor seinem Lebensmittelladen stand, glaubte, sie lächelte ihn an und lüftete seinen Hut. Und Mrs. Ames hoffte eher, dass er sah, was für ein ganz anderes Lächeln sie sozusagen für Lebensmittelhändler bereithielt.

Mrs. Ames kannte die Art der Reden, die Mrs. Altham in den letzten drei Wochen über die kleine Dinnerparty gehalten hatte, die sie heute Abend gab, sehr gut, denn sie war indiskret genug gewesen, Millicent Evans Exemplare davon zu geben , die sie ihr umgehend wiederholt hatte, und es ist unmöglich angemessen zu vermitteln, wie unwichtig sie irgendetwas von dem, was Mrs. Altham sagte, für wichtig hielt. Aber die Tatsache, dass sie so viel gesagt hatte, hing indirekt damit zusammen, dass sie Mrs. Altham („und natürlich Ihren Mann", wie sie ziemlich pointiert hinzugefügt hatte) zum Mittagessen für morgen einlud, denn sie wusste, dass Mrs. Altham kommen würde Sie platzte vor Neugier auf den Erfolg des neuen Experiments und wollte es platzen lassen. Sie mochte Mrs. Altham nicht, aber die Selbstfeindlichkeit dieser Dame amüsierte sie nur. Natürlich konnte Mrs. Altham ihre Einladung nicht ablehnen, denn in Riseborough war es eine Ehrensache, dass jeder, der am Tag nach einer Dinnerparty zum Mittagessen einlud, selbst bei mäßigen Unannehmlichkeiten annehmen musste, sonst war es nicht anders Sind die Reste von Lachs und Gelee zu schwach, um in ihrer ursprünglichen Form serviert zu werden, wenn auch unberührt, aber immer noch hervorragend, wenn man sie aus Gelee-Gläsern isst? Mrs. Ames muss also so viel Bosheit zugeschrieben werden, dass sie die fieberhaften Symptome von Mrs. Althams Neugier beobachten und sie nicht beruhigen, sondern noch mehr erregen wollte.

Mrs. Ames wäre natürlich nicht aus gesellschaftlichen Gründen in das Haus ihres Arztes gegangen, wenn er nicht Millicent geheiratet hätte, dessen Vater ihr Cousin ersten Grades war und der selbst Baron geworden wäre, wenn er das älteste und nicht das jüngste Kind gewesen wäre. So wie die Lage war, befand sich Dr. Evans in einer ganz anderen Situation als ein gewöhnlicher Arzt, denn durch Heirat war er, wie sie durch Geburt, mit „County" verbunden, das natürlich die Krone und Elite der Riseborough-Gesellschaft war. Mrs. Ames war sich durchaus bewusst, dass der Beruf eines Arztes ein edler und aufopferungsvoller Beruf war, aber irgendwo mussten Grenzen gezogen werden, und es war unmöglich, darüber nachzudenken, Dr. Holmes aufzusuchen. Der Beruf eines Zahnarztes war ebenfalls aufopferungsvoll, aber Sie aßen nicht bei Ihrem Zahnarzt, obwohl seine Manipulationen es Ihnen ermöglichten, anderswo bequem und mit einem selbstbewussten Lächeln zu speisen. Linien wie diese zeichnete sie mit Präzision, aber automatischer Festigkeit, und der scheinbar seltsame Fall von Mr. Turner, den sie ihren Mann überredet hatte, für die Wahl im Club vorzuschlagen, den sie selbst mit seiner Frau zum Abendessen einlud, war wirklich keine Ausnahme. Denn nicht Mr. Turner war jemals als Schreibwarenhändler in Riseborough tätig gewesen, sondern sein Vater und er selbst hatten eine öffentliche Schule und eine Universität besucht und seitdem durch zwanzigjährige Unparteilichkeit als Schriftsteller jeglichen Makel des Briefpapiers beseitigt Polizeirichter in London. Zwar hatte er seinen Namen nicht geändert, als er nach Riseborough zurückkehrte, was eine größere Feinfühligkeit des Geistes gezeigt hätte, und die aktuelle Inschrift über dem Schreibwarengeschäft „Burrows, verstorbener Turner" war abstoßend, aber Mrs. Ames war alles gegen das Unglück der Väter, die ihre Kinder besuchten, und Riseborough hatte, mit Ausnahme von Mrs. Altham, Mr. und Mrs. Turner durchaus akzeptiert, die bemerkenswert gute Abendessen gaben, die den besten Bemühungen von durchaus ebenbürtig waren der (schottische) Koch im Club. Mrs. Altham sagte, die Turners hätten sich in das Herz der Riseborough-Gesellschaft gefressen, was fast witzig klang, bis Mrs. Ames darauf hinwies, dass es Riseborough und nicht die Turners gewesen sei, die gefressen hätten. Daraufhin erlosch der Witz in Mrs. Althams *Mot wie eine Kerze im Wind*. Es kann vielleicht fraglich sein, ob Mrs. Althams tiefsitzende Feindseligkeit gegenüber den Turners Mrs. Ames nicht dazu veranlasste, sie zu akzeptieren, bevor ihre stille Liebenswürdigkeit sie dazu veranlasste, dies zu tun, denn sie war weder geneigt noch prädisponiert, Mrs. Altham zu mögen.

Mrs. Ames' Weg führte durch die Queensgate Street, und sie musste ihren schwarzen Rock ziemlich hoch halten, als sie die Straße gegenüber dem Club überquerte, denn der Staub war dick. Sie hielt es für klüger, auch ihr kleines Gesicht zu einem festen Knoten zusammenzuziehen, um nicht den stinkenden blauen Rauch eines überschmierten Autos einzuatmen, das sehr unsanft direkt vor ihr vorbeiraste. Sie hatte keine Vorliebe für Motoren, da es finanzielle Gründe gab, deren Gültigkeit unanfechtbar war, weshalb sie einen solchen nicht behalten konnte; In der Tat war Riseborough im Allgemeinen der Ansicht, dass gemietete Fliegen eine elegantere und sicherlich gemächlichere Form der Fahrzeugbeförderung seien, teilweise zweifellos aufgrund ihrer ausdrücklichen Missbilligung, vor allem aber aufgrund ähnlicher finanzieller Hindernisse. Frau Altham erhob wie immer eine ablehnende Stimme und sagte, dass sie und ihr Mann sich nicht zwischen einem Daimler und einem Rolles-Royce entscheiden könnten. Dies deutete auf eine durchaus berechtigte Zurückhaltung hin, da sie derzeit über keinerlei Daten zu beidem verfügten.

Mrs. Ames erlaubte sich einen kurzen Blick auf das Erkerfenster des Clubs, als sie nach dieser staubigen Passage wieder auf dem Bürgersteig ankam, und schaute dann schnell wieder direkt vor sich hin, da man durch das Fenster nicht ganz *hineinsehen* konnte eines Männerclubs. Aber sie hatte mehrere Dinge gesehen: Ihr Mann stand mit verzerrtem Gesicht da, weil er bald niesen musste, was zeigte, dass sein Heuschnupfen noch nicht vorüber war, wie er gehofft hatte. Da war General Fortescue mit einer großen Zigarre im Mund und einem Glas, wahrscheinlich Sherry, in der Hand; Außerdem blickte die Spitze einer Glatze über die Geranien im Fenster wie ein rosafarbener Vollmond. Das war zweifellos Mr. Turner (denn niemand war so kahlköpfig wie er), der das Privileg genoss, zu dessen Sicherung sie maßgeblich beigetragen hatte. Dann kam Mrs. Altham an ihrem Wagen vorbei, und Mrs. Ames winkte und küsste ihr ihre schwarz behandschuhte Hand, während sie darüber nachdachte, wie eckig die Neugier der Menschen ist, während Mrs. Altham zurückwinkte und dachte, dass es keinen Sinn hätte, wichtig auszusehen, wenn man es wäre nur 1,70 Meter groß, so dass die Ehren verteilt waren. Schließlich, kurz bevor sie in ihr eigenes Tor einbog, sah sie die Straße entlangkommen, wie es seine Gewohnheit war, sehr schnell gehend, den Mann, den sie respektierte und sogar mehr verehrte als jeden anderen in Riseborough. Am liebsten hätte sie ihm auch zugewinkt, nur Reverend Thomas Pettit hätte ein solches Vorgehen sicherlich für ein sehr merkwürdiges Verhalten gehalten. Auch er gehörte zum County – sehr zum County, obwohl er Geistlicher war –, da er der Sohn des wohlhabenden und benachteiligten Adligen Lord Evesham war, der gelegentlich aus geschäftlichen Gründen nach Riseborough kam. Bei diesen Gelegenheiten aß er im Club zu Mittag, anstatt zum Haus seines Sohnes zu gehen, aß aber nicht das Club-Mittagessen, sondern verschlang lieber im Raucherzimmer wie ein Menschenfresser mit falschen Zähnen Sandwiches, die aus Fisch zu bestehen schienen ihr Niedergang. Mrs. Ames, die man zwar nicht als religiöse Frau bezeichnen konnte, aber sicherlich einer sehr hohen Kirche angehörte, war die bemerkenswerteste von Mr. Pettits Bewunderern und hatte es in der Tat durchaus in Mode gebracht, zu den Gottesdiensten in St. Barnabas zu gehen. die reichlich mit Bannern, Gewändern und Weihrauch geschmückt waren. Tatsächlich ging sie nicht nur aus anderen Gründen, sondern auch aus Verehrung dorthin, denn er schien ihr ein vollkommener Apostel zu sein. Er war reich und spendete weit mehr als die Hälfte seines Besitzes, um die Armen zu ernähren; Er war eloquent und (sie hätte einen so gebräuchlichen Ausdruck nicht verwendet) ließ sie alle von seiner Kanzel „haben", und sie war sich sicher, dass er sich durch die Arbeit schnell erschöpfte. Und wie aufregend wäre es, ihre ziemlich häufigen Notizen an ihn mit dem Titel „Der Reverend The Lord Evesham!" zu richten ... Sie seufzte schwer und beschloss, ihre dicke Hand zur Begrüßung in seine Richtung zu bewegen, als sie sich umdrehte in ihr Tor.

Das kleine Abendessen, das Riseborough in den letzten drei Wochen so aufgeregt hatte, bereitete Mrs. Ames keinerlei Bedenken. Was auch immer in ihrem Haus passierte, war richtig, und sie hatte nie einen Grund, sich wie kleinere Essensspender zu fragen, ob alles gut laufen würde, da sie und niemand anderes für das Fest verantwortlich war; Es war die Dinnerparty von Mrs. Ames. Sie wurde für Viertel vor acht einberufen, und um halb elf wurde jemandes Kutsche angekündigt, und sie sagte: „Ich hoffe, noch denkt niemand daran, wegzugehen", woraufhin alle zwanzig Minuten vor weggingen stattdessen elf. Wenn jemand erwartete, im Salon Karten zu spielen oder zu rauchen, wäre er enttäuscht, denn diese Zerstreuungen gehörten nicht zum Lehrplan. Die Herren rauchten nach dem Wein und dem Kaffee noch eine Zigarette im Speisesaal, dann folgten sie den Damen und genossen die Freuden der Unterhaltung. Mrs. Ames saß immer auf einem Stuhl am Fenster, und jedes Mal, wenn die Uhr zehn schlug, ordnete sie ihre Gesprächspartner neu. Das war (ohne Respektlosigkeit) ein Salontrick der erhabensten und unergründlichsten Art. Es gab immer einen natürlichen Grund, warum sie aufstehen sollte, und ganz natürlich standen auch zwei oder drei Leute auf. Dann erfolgte eine Art unfreiwilliger Generalposten. Mrs. Ames schloss sich dem Sitz der auferstandenen Frau an, mit deren Partnerin sie sprechen wollte, und sagte sofort: „Erzählen Sie es mir, denn ich bin so sehr interessiert ...", woraufhin sich ihr neuer Partner wieder setzte. Die ausgestoßene Frau schlenderte dann trostlos weiter, bis sie sich dabei ertappte, wie sie mit einem Mann sprach, der ebenfalls aufgestanden war. Deshalb setzten sie sich noch einmal zusammen. Aber niemand in Riseborough konnte den Trick so gut machen wie Mrs. Ames. Mrs. Altham hatte es oft versucht, und ihre Bemühungen endeten immer damit, dass sich alle wieder genau dort hinsetzten, wo sie zuvor gesessen hatten, nachdem sie einen Moment lang da gestanden hatten, als würde ein unhörbares Gnadengebet gesprochen. Aber obwohl Mrs. Ames nicht gesellschaftlich eifersüchtig war (denn da sie die Königin der Riseborough-Gesellschaft war, hatte sie niemanden, auf den sie eifersüchtig sein konnte), neigte sie ein wenig dazu, diesen Salontrick zu verderben, wenn sie in anderen Häusern speiste, indem sie plötzlich eine ... ernsthaftes Gespräch mit ihrem bereits bestehenden Partner, als sie sah, dass ihre Gastgeberin über eine Kopie ihres berühmten Manövers nachdachte. Doch schließlich hatte sie ihre Rechte, denn der Salontrick war ihr eigenes Patent, und es war völlig angemessen, den Versuch, ihn zu verletzen, zu vereiteln.

Nachdem sie mit der Hand in Richtung Mr. Pettit geschwenkt hatte, ging sie direkt ins Esszimmer, wo der Esstisch gedeckt wurde. Heute Abend sollte eine Gruppe von acht Personen anwesend sein, und dementsprechend holte sie drei kleine Pappzettel aus der oberen linken Schublade ihres Schreibtisches, auf denen jeweils Folgendes stand:

BITTE NEHMEN SIE IN
. . . . .ZUM ABENDESSEN.

Diese wurden den Männern vor dem Abendessen im Saal überreicht (es war unnötig, eine für ihren Mann zu schreiben), jeweils gefaltet, wobei auf der Rückseite der Name des betreffenden Gastes und der Name der Frau, die er mitnehmen sollte, geschrieben waren füllte die zweite Zeile aus. Daher mussten im Salon keine gesonderten und eiligen Gespräche geführt werden, da alles bereits arrangiert war. Das war nicht so originell wie der andere Salontrick, aber bisher hatte es niemand sonst in Riseborough versucht. Dann aus derselben Schublade, die sie genommen hat — was sie genommen hat, erfordert einen neuen Absatz.

Gedruckte Menükarten. Es gab ein Dutzend Packungen davon, jede Packung bewarb ein anderes Abendessen: ein erstaunlicher Trick, der einer ausführlicheren Erklärung bedarf. Sie entdeckte sie zufällig in den Militärläden in London, wählte ein Dutzend Päckchen mit jeweils fünfzig Exemplaren aus und behielt das Geheimnis für sich. Die Stubenmädchen hatten den Befehl, sie wegzuzwicken, sobald der letzte Gang serviert war, damit kein Menüsammler, wenn es in Riseborough so einen retrospektiven Vielfraß gab, sie sich aneignen und so vielleicht letztendlich einen Hinweis darauf bekommen konnte, was das könnte Führe ihn zur Lösung. Denn durch ein Vorzeichen von Unglück könnte es dann vorkommen, dass ein bestimmter Gast zum dritten oder vierten Mal aufgefordert wird, genau dasselbe Abendessen zu sich zu nehmen, das er laut seiner verhassten Sammlung sechs Monate zuvor gegessen hatte. Aber die geschickten Stubenmädchen verhinderten dieses Risiko, und wenn die Menükarten noch völlig „unbeschmutzt" waren, benutzte Mrs. Ames sie erneut. Unter den Zwölfen gab es ein sehr üppiges Abendessen, es gab neun Abendessen, die für jeden gut genug waren, und es gab zwei Abendessen, die man als „schlecht" bezeichnen könnte. Es war wahrscheinlich eines davon, das Mrs. Altham im Kopf hatte, als sie so rücksichtslos gegenüber Mrs. Ames' Essen war. Aber ob arm oder üppig, der unschuldigen Welt von Riseborough kam es so vor, als hätte Mrs. Ames ihre Menükarten nach Bedarf drucken lassen; Nachdem sie ihr Abendessen zubereitet hatte, schickte sie eine Kopie davon an die Druckerei, um sie in Druckform zu drucken. Wahrscheinlich hat sie auch die Korrekturabzüge korrigiert. Sie machte nie auf diese Menüs aufmerksam und schien sie als Selbstverständlichkeit zu betrachten. Mrs. Altham hatte sie einmal direkt danach gefragt, ob sie nicht eine große Ausgabe seien. Aber Mrs. Ames hatte nur ein Armband an ihrem Handgelenk verschoben und gesagt: „Ich bin es gewohnt, sie zu benutzen."

Mrs. Ames nahm vier Exemplare eines dieser Abendessen, die für jeden gut waren, und stellte sie auf, zwei auf jede der Längsseiten des Tisches. Natürlich wollte sie selbst keins, und ihr Mann sagte, ebenfalls natürlich, manchmal: „Was wirst du uns heute Abend schenken, Amy?" In diesem Fall wurde ihm einer von ihnen übergeben. Aber er hatte ein gutes Erinnerungsvermögen, wenn es ums Essen ging, und mit ein wenig Mühe konnte er sich daran erinnern, wie der Rest des Abendessens aussehen würde, wenn ihm die Beschaffenheit der Suppe den Hinweis gegeben hatte. Gelegentlich kritisierte er und sagte mit seiner herzlichen Stimme (das war im Herbst oder Winter): „Was, was? Schon wieder Rebhuhn? *Perdrix repetita* , nicht wahr, General, wenn Sie Ihr Latein nicht vergessen haben?" Und Amy vom anderen Ende des Tisches antwortete: „Nun, Lyndhurst, wir müssen das Spiel essen, das unsere Freunde so freundlich sind, uns zu schicken." Und doch erklärte Mrs. Altham, sie habe Rebhühner von den Geflügelhändlern gesehen, die bei Mrs. Ames angeliefert wurden! „Aber sie werden jetzt billig", fügte sie zu ihrem Mann hinzu, „besonders die alten Vögel." Ich habe ein Bein, Henry, und der Vogel muss jahrelang darauf geschlafen haben, bevor Mrs. Ames' Freunde so freundlich waren, es ihr zu schicken."

Also legte Mrs. Ames die gedruckten Menükarten hoch und sagte ein humorvolles Wort zu ihrem ersten Stubenmädchen.

„Ich habe dir oft gesagt, Parker, du sollst Handschuhe tragen, wenn du das Silber ausgibst. Ich bin kein Detektiv: Ich möchte Sie nicht anhand Ihrer Fingerabdrücke aufspüren."

Parker kicherte diskret. Irgendwie vergötterten die Bediensteten von Mrs. Ames ihre recht anspruchsvolle Geliebte und blieben jahrelang bei ihr. Sie erhielten keinen sehr hohen Lohn und es wurde viel von ihnen verlangt, aber Mrs. Ames behandelte sie wie Menschen und nicht wie Maschinen. Vielleicht lag es nur daran, dass sie sozial so weit von ihr entfernt waren; aber es könnte sein, dass in ihr eine wesentliche und angeborene Freundlichkeit steckte, die sich wie ein Sonnenschirm verschloss, wenn sie es mit so dummen und schwierigen Leuten wie Mrs. Altham zu tun hatte. Tatsächlich hatte Mrs. Altham versucht, Parker mit einer erheblichen Gehaltserhöhung und der Aussicht auf einen weniger anstrengenden Dienst abzuwerben. Aber dieses bewundernswerte Dienstmädchen hatte sich der Versuchung widersetzt. Außerdem hatte sie den Vorfall ihrer Herrin gemeldet. Es bestätigte nur, was Mrs. Ames bereits über die Verführerin dachte. Sie hat keinen weiteren schwarzen Fleck hinzugefügt.

Der Tisch war derzeit frei von jeglicher Blumendekoration, aber das gehörte nicht zu Mrs. Ames' Zuständigkeit. Ihr Mann, dieser frühreife Gärtner, war für Blumen und Wein verantwortlich, wenn Mrs. Ames eine Party gab, und kam immer eine halbe Stunde früher nach Hause, um solche Schätze von ihm zu pflücken, die aussahen, als würden sie gleich losgehen … Morgen werde ich mit einer Kerze und dem Weinbuch einen unterirdischen Ausflug in seinen Keller machen. In der Hauswirtschaft des Hauses bezahlte er die Miete, die Steuern und Abgaben, die Pflege des Gartens, die Weinrechnungen und die Kosten für ihre jährlichen Sommerferien, während Mrs. Ames' Haushalt für Kohle, elektrisches Licht, Dienstbotenlöhne und Catering-Rechnungen. Aus dieser Anordnung entstanden gelegentlich Wolken (wenn auch nicht größer als Mrs. Ames' eigene Hand), die den Glanz ihrer häuslichen Gelassenheit trübten. Gelegentlich – nicht oft – Mrs. Ames war scharfsinnig, wenn es darum ging, beim Verlassen eines Zimmers das elektrische Licht auszuschalten, denn gelegentlich hatte ihr Mann zur Mittagszeit seinen Mantel holen lassen, um die Wärme zu ergänzen, die ein zu sparsamer Herd abgab. Aber solche Wolken wurden nie von anderen Augen gesehen als von ihnen: Die Anwesenheit von Gästen veranlasste Major Ames, von der Exzellenz der Köchin seiner Frau zu sprechen und zu sagen: „ Mein Wort, ich schmecke nie besser als zu Hause." und schlug seiner Frau vor, zu Mrs. Fortescue zu sagen: „Mein Mann genießt es so sehr, den General zum Abendessen zu haben, denn er kennt sich mit einem guten Glas

Wein aus." Sie hätte wahrheitsgetreu sagen können, dass er eine Menge Brillen kannte.

Schließlich teilten sich die beiden zu gleichen Teilen den Unterhalt eines ziemlich seltsamen Jugendlichen, der der einzige Nachkomme ihrer Ehe war und fälschlicherweise Harry genannt wurde, denn der Name passte besonders schlecht zu ihm. Er hatte glattes Haar, hervorstehende Augen und eine Tendenz, Gedichte zu schreiben. Gerade war er aus Cambridge zu Hause und hatte seine Mutter an diesem Nachmittag ziemlich aufgeregt, indem er auf der Gartenparty verträumt auf sie zukam und sagte: „Mutter, Mrs. Evans ist das wunderbarste Geschöpf, das ich je gesehen habe!" Das schien ihr eine so wilde Übertreibung zu sein, dass sie völlig sinnlos war und Poesie vermuten ließ. Auch Harry bereitete seinem Vater Unbehagen, indem er mit einer ganz gewöhnlichen Rose in der Hand umherging und so tat, als ob der Duft für ihn wie Fleisch und Trinken sei. Außerdem hatte er seltsame Ansichten über Vegetarismus und sagte, dass ein Stück Schwarzbrot, ein Teller Bohnen und ein Stück Käse mehr Nährstoffe enthielten als große Mengen Hammelkoteletts. Obwohl er sich nicht besonders gut mit Lebensmitteln auskannte, ließ er sich von dem inspirieren, was er „gelben Wein" nannte, und er und ein paar ähnlich gesinnte Freunde gehörten einem geheimen Omar Khayyam Club in Cambridge an, dessen Veranstaltungen hinter verschlossenen Türen stattfanden , nicht aus Angst vor den Juden, sondern aus Angst vor den Philistern. Eine große Salatschüssel aus Glas, gefüllt mit gelbem Wein und bestreut mit Rosenblättern, war der Auslöser dieser milden Orgien, und jeder Omarit musste im Laufe des Abends ein kurzes Gedicht schreiben und vorlesen. Es war eine Ehrensache unter den Mitgliedern, immer unsterblich in eine normalerweise bewusstlose Dame verliebt zu sein, und Leidenschaftsanfälle wurden von byronischem Zynismus unterbrochen. Gerade jetzt schien es wahrscheinlich, dass Mrs. Evans bald die Quelle des Strebens und der Verzweiflung sein würde. Das würde beim nächsten Treffen des Omar-Clubs für Aufsehen sorgen: Noch nie war es so gewagt, sich in eine verheiratete Frau zu verlieben. Aber es besteht kein Zweifel, dass dieses Phänomen in der Geschichte der menschlichen Leidenschaft vorgekommen ist. Warum sollte es also einem Omariten nicht in den Sinn kommen?

Der Wein auf den Partys von Mrs. Ames wurde von ihrem Mann in einer Größenordnung arrangiert, die zum Essen passte. Bei jedem der beiden „armen" Abendessen wurde beispielsweise ein Glas Marsala zur Suppe serviert, ein leichter (wenn auch gesunder) Rotwein befeuchtete den Rest der Mahlzeit und zum Nachtisch wurde ein einzelnes Glas Portwein angeboten. Der Ablauf der neun Abendessen, die für jedermann reichten, wurde durch den Ersatz von Sherry anstelle von Marsala, Champagner anstelle von

Rotwein und Likören zum Kaffee belebt, während bei den viel selteneren Gelegenheiten des einen üppigen Abendessens (zu dem immer ein Eis gehörte) Likör zubereitet wurde Sein erster Auftritt mit dem Eis, und ein Glas Haferflocken begleiteten den Fisch. An diesem Abend wurde daher Sherry angeboten, und als Mrs. Ames sich, nachdem das Abendessen schon recht begonnen hatte, zum ersten Mal unaufmerksam umsah, bemerkte sie mit einer gewissen Verärgerung, die bei einer Gastgeberin gerechtfertigt, ja sogar lobenswert ist, dass Harry redete in die falsche Richtung. Tatsächlich widmete er seine Aufmerksamkeit Mrs. Evans, die zwischen ihm und seinem Vater saß, anstatt Elsie, ihre Tochter, zu unterhalten, die er aufgenommen hatte und die jetzt isoliert und schweigend saß, seit General Fortescue anwesend war Ihre andere Seite unterhielt sich natürlich mit seiner Gastgeberin. Sicherlich war es Unsinn, Mrs. Evans als ein wundervolles Geschöpf zu bezeichnen; An ihr war nichts Wunderbares. Sie war blond, hatte hübsches gelbes Haar (ein Enthusiast hätte es golden nennen können), sie hatte kleine, regelmäßige Gesichtszüge und diesen vornehmen Ausdruck, den Mrs. Ames (die sich ein wenig aufrichtete, als sie darüber nachdachte) für untrennbar mit ihr verbunden hielt Jeder, in dessen Adern das berühmte Westbourne-Blut floss. Sie hatte auch diese schlanke, große Figur, die, obwohl sie für die gleiche Rasse charakteristisch ist, leider nicht ganz untrennbar mit ihren Angehörigen verbunden war, denn selbst wenn sie sich noch so aufraffte, hätte sie Mrs. Ames nicht verliehen, und Harry kam ihr in dieser Hinsicht nach .

Dr. Evans hatte sich noch nicht lange in Riseborough niedergelassen — tatsächlich hatte er erst letzten Winter hier seine Praxis gekauft und das entzückende Haus übernommen, in dem seine Frau an diesem Nachmittag eine so beliebte Gartenparty veranstaltet hatte. Ihr Kommen hatte man, wie von Mrs. Ames angekündigt, mit großer Erwartung erwartet, da es sich um einen neuen Mieter für das Rote Haus handelte, insbesondere wenn er als wohlhabender Mann bekannt war (obwohl er nur ein Arzt war). sollte natürlich einen neuen und exklusiven Entertainer bedeuten, während die Beziehung seiner Frau zu Sir James Westbourne eine neue Verbindung zwischen der „Stadt" und dem „Landkreis" herstellte. Bisher war Mrs. Ames die wichtigste Verbindung gewesen, und obwohl sie ohne Zweifel eine authentische Frau war (ihre Mutter war eine Westbournerin), war sie in dieser Hinsicht ein wenig enttäuschend gewesen, da sie das derzeitige Familienoberhaupt kaum kannte neigte dazu, über alte Zeiten zu sprechen, anstatt die Gegenwart durch Darstellungen der Familie, zu der sie gehörte, zu verherrlichen. Aber man hoffte, dass mit der Ankunft von Mrs. Evans eine lebendigere Intimität entstehen würde.

Mrs. Evans war die glückliche Besitzerin eines solchen Aussehens, das sich gut tragen lässt, und es war schwer zu glauben, dass Elsie mit ihren achtzehn

Jahren und ihrem älteren Auftreten ihre Tochter war. Sie war von jenem emotionslosen Temperament besessen, das dazu führt, dass die Jahre nur die leisesten Spuren ihres Vergehens hinterlassen, und sie hatten sich in ihr Gesicht nur wenig von Freuden und Sorgen eingeprägt. Ihr Mund besaß immer noch die Sanftheit eines Mädchenmunds, und in ihren azurblauen Augen, groß und blau, lag etwas von der schüchternen, unbewussten Verwunderung der Kindheit. Dem äußeren Anschein nach zu urteilen (was wir alle bis zum Ende der Zeit tun werden, obwohl wir Sprichwörter aufgestellt haben, um uns vor der Fehlfunktion solcher Schlussfolgerungen zu warnen), muss sie die zarte und unschuldige Natur eines Kindes gehabt haben, und obwohl Mrs Ames sah nichts Wunderbares an ihr, es war wirklich bemerkenswert, dass eine Frau so viel aussehen und so wenig bedeuten konnte. Sie sprach weder mit Tiefe noch mit Lautstärke, aber sie hatte sozusagen eine tiefe und voluminöse Art zuzuhören, die ungemein attraktiv war. Sie gab dem Mann, der mit ihr sprach, das Gefühl, interessant zu sein (was für das eitlere Geschlecht immer angenehm ist), und in der Folge wurde er im Allgemeinen interessiert. Das Wort „Flirten" unverblümt auf sie abzufeuern, wäre eine Brutalität gewesen, die sie verblüfft hätte – und tatsächlich war sie es nicht gewohnt, die etwas offensichtlichen Künste anzuwenden, die wir mit diesen Praktizierenden assoziieren, aber das stimmt Ohne Anstrengung knüpfte sie oft innige Beziehungen zu anderen Menschen, ohne dafür etwas von sich zu geben. Sowohl Männer als auch Frauen waren es gewohnt, sie ins Vertrauen zu ziehen; Es war so einfach, ihr von privaten Angelegenheiten zu erzählen, und ihre Augen, so groß, eifrig und mitfühlend, verliehen ihren alltäglichen Antworten eine außerordentliche Zärtlichkeit, die für sich genommen genau ihren stumpfen und emotionslosen Geist widerspiegelte. Tatsächlich verfügte sie, wie es bei unemotionalen, aber hübschen Menschen der Fall ist, über die Fähigkeit, großen Unfug zu stiften, ohne es genau zu meinen, und man kann mit Sicherheit vorhersagen, dass sie sich, sobald der Unfug angerichtet wurde, ganz sicher von jeder Absicht freisprechen würde es geschafft zu haben. Es wäre natürlich voreilig zu behaupten, dass keine Brise jemals das perlmuttartige, schlafende Meer ihres Temperaments bewegen würde: Man kann nur sagen, dass es noch nicht bewegt wurde.

Mrs. Ames konnte nicht zulassen, dass Elsies Isolation anhielt, und sie sagte mit fester Stimme zu Harry: „Erzählen Sie Miss Evans alles über Cambridge", was das Gespräch wieder in Ordnung brachte und es Mrs. Evans ermöglichte, all ihre Blicke und kleinen Sätze auf Major Ames zu richten. Wie es bei Männern üblich war, die das Privileg hatten, mit ihr zu sprechen, fühlte er sich bald als lebhafter Gesprächspartner.

„Ja, Gartenarbeit war schon immer ein Hobby von mir", sagte er gerade, „und im Regiment nannte man mich immer Adam." Der großartige alte

Gärtner, wissen Sie, wie Tennyson sagt. Nicht, dass ich jemals etwas Großartiges an mir gehabt hätte."

Mrs. Evans' Mund verzog sich zu einem kleinen Lächeln.

„Auch nicht alt, Major Ames", sagte sie.

Major Ames stellte das Glas Champagner ab, das er gerade getrunken hatte, um laut und herzlich zu lachen.

„Na ja", sagte er, „ich bin schon ziemlich kräftig und kann die schwere Gartenwalze so gut ziehen, wie es ein paar Gärtner können." Ich habe nie mehr als ein paar Tage pro Woche einen Gärtner. Ich mache die ganze Arbeit selbst. Großartige körperliche Betätigung, Rollen des Rasens, und dann mache ich eine Pause, indem ich ein bisschen Unkraut jäte oder einen Blumenstrauß für Amys Tisch pflücke. Auch Jäten –

„Eine Stunde Unkrautjäten am Tag
hält den Arzt fern."

Ich wette, dass du einen Hexenschuss bekommst, wenn du jeden Morgen ein bisschen Unkraut jätest."

Wieder huschte ein kleines schüchternes Lächeln über Millie Evans' Mund.

„Ich werde es meinem Mann sagen", sagte sie. „Ich muss sagen, du hast mir erzählt, dass du eine Stunde am Tag damit verbringst, Unkraut zu jäten, damit du ihn nie zu Gesicht bekommst. Und dann macht man hinterher Gedichte darüber."

Wieder lachte er.

„Nun, das nenne ich geradezu böse von dir", sagte er, „meine Worte auf diese Weise zu verdrehen. General, ich möchte Ihre Meinung zu diesem Glas Champagner hören. Es ist ein Wein aus dem Jahr 1996 und möchte getrunken werden."

Der General legte seinen fischähnlichen Mund an sein Glas.

„Willst du trinken, oder?" er sagte. „Nun, das wird es von mir bekommen. Lecker! Guter trockener Wein."

Major Ames wandte sich erneut an Millie Evans.

„Bitte verzeihen Sie, Mrs. Evans", sagte er, „aber General Fortescue möchte gerne wissen, was vor ihm liegt. Ja, geradezu böse von dir! Ich wünschte, Amy hätte heute Abend Dr. Evans gefragt, aber Sie wissen ja, was Amy ist. Sie ist der Meinung, dass es das Abendessen angenehmer machen würde, wenn Mann und Frau nicht immer zusammen einladen würden. Sie sagt, in

London habe sich mittlerweile viel getan. Aber solche Zuckererbsen, wie ich sie hier in meinem kleinen Garten anbaue, können sie in London nicht auf den Tisch bringen. Schauen Sie sich die vor Ihnen an. Black Michaels, das sind sie. Schauen Sie sich ihre Größe an. Hast du jemals solche Zuckererbsen gesehen? Ich frage mich, was Amy uns heute Abend zum Abendessen geben wird. Als nächstes ein Stück Lamm, oder? und eine Wachtel, die folgt. Ich hoffe, Sie machen ein Nickerchen, Mrs. Evans. Ich muss sagen, Amy hat eine berühmte Köchin. Und was halten Sie von uns allen unten in Riseborough, nachdem Sie jetzt Zeit hatten, sich niederzulassen und sich umzusehen? Ich vermute mal, dass Sie und Ihr Mann ein paar scharfe Dinge über uns sagen, hey? Finden Sie, dass wir nach London sehr im Dreck stecken?"

Sie warf ihm einen dieser schüchternen, kleinen, abfälligen Blicke zu, die ihm unwillkürlich das Gefühl gaben, er sei ein äußerst angenehmer Begleiter.

„Ah, du bist jetzt böse!" Sie sagte. „Jeder ist entzückend. So nett, so gastfreundlich. Nun, Major Ames, erzählen Sie mir mehr über Ihre Blumen. Black Michaels, das hast du gesagt. Ich muss mit der Gartenarbeit beginnen, und kannst du mir vielleicht ein wenig beibringen? Warum sind Ihre Blumen so viel schöner als die von allen anderen? Zumindest brauche ich nicht zu fragen: Es muss daran liegen, dass du sie besser verstehst als jeder andere."

Major Ames hatte das Gefühl, dass es sich um eine ungewöhnlich angenehme Frau handelte, und eine halbe Sekunde lang verglich er ihren angenehmen Eifer, etwas über seinen Garten zu hören, mit der völligen Gleichgültigkeit seiner Frau ihm gegenüber. Sie mochte Blumen auf dem Tisch, aber eine Stockrose konnte sie kaum von einer Geranie unterscheiden.

„Gut, gut", sagte er; „Ich sage nicht, dass meine Blumen, die Sie so höflich loben, meiner Fürsorge nichts zu verdanken haben. Ob es regnet oder schön ist, ich glaube nicht, dass ich Jahr für Jahr weniger als durchschnittlich vier Stunden am Tag unter ihnen verbringe. Und das ist besser, nicht wahr, als im Club zu sitzen und dem ganzen Klatsch und Geschwätz des Lokals zuzuhören?"

„Ah, du bist wie ich", sagte sie. „Ich hasse Klatsch. Es ist so langweilig. Gartenarbeit ist so viel interessanter."

Er lachte wieder.

„Nun, wie ich Amy sage", sagte er, „wenn unsere Freunde hierherkommen und erwarten, das ganze Geschwätz des Ortes zu hören, werden sie eine Enttäuschung erleben." Amy und ich bereiten unseren Freunden gerne einen herzlichen Empfang, ein gutes Abendessen und angenehme Gespräche über wirklich interessante Dinge. Ich weiß wenig über den Klatsch der Stadt; Sie würden mich seltsam unwissend finden, wenn Sie darüber sprechen wollten. Aber nun zur Politik — einer dieser abscheulichen radikalen

Parlamentsabgeordneten hat erst vorletzte Woche mit uns zu Mittag gegessen, und ich versichere Ihnen, dass Amy ihm einige Fragen gestellt hat, die er nur schwer beantworten konnte. Tatsächlich antwortete er ihnen nicht: Er bettelte um die Frage, bettelte um die Frage. Ich erinnere mich, dass es einen gab, der ihn einfach umgehauen hat. Sie sagte: „Was passiert mit den Parks des Landadels, wenn man sie den Eigentümern wegnimmt?" Nun, das hat ihn umgehauen, wie man im Cricket sagt. Schauen Sie sich zum Beispiel die Wohnung von Sir James an, die Ihres Cousins, die von Amys Cousine. Wird entlang der Gartenterrasse eine Villenreihe gepflanzt? Und wer soll in ihnen wohnen, wenn sie es tun? Gewähre, dass Lloyd George – das hat sie gesagt – gewähre, dass Lloyd George dort eine Villa haben möchte, das wird eine Villa sein. Aber die Terrasse dort wird ein Dutzend Villen beherbergen. Wer wird den Rest nehmen? Das fragte sie ihn. Sie nehmen uns unser gesamtes Eigentum weg und erwarten dann von uns, dass wir Häuser auf dem anderer Leute bauen! Sprich nicht mit mir!"

Der Schlusssatz sollte diesem angenehmen Gespräch kein Ende setzen; Es war nur die natürliche Ausrufung eines Menschen, der mit Grundbesitzern in Verbindung stand. Mrs. Evans verstand es in diesem Sinne.

„Erzähl mir alles darüber", sagte sie. „Natürlich bin ich nur eine Frau, und wir sollten doch kein Gehirn haben, nicht wahr? und nichts von Politik verstehen zu können. Aber werden sie meinem Cousin James wirklich seinen Platz wegnehmen? Ich denke, Radikale müssen böse sein."

„Mehr Dummköpfe als Schurken, sage ich immer", sagte Major Ames großmütig. „Sie sind verblendet, wie die armen Suffragetten. Suffragetten jetzt! Der Einflussbereich einer Frau liegt in ihrem Zuhause. Frauen sind die Königinnen der Erde; Das habe ich schon oft gesagt, und was wollen Königinnen mit Stimmen? Hätte Amy in Riseborough mehr Einfluss, wenn sie eine Stimme hätte? Nicht ein bisschen davon. Warum sollte man dann Polizisten ins Gesicht schlagen und sich an ein Geländer ketten? Wenn ich meinen Weg--"

Major Ames wurde leiser und selbstbewusster.

„Amy ist nicht ganz meiner Meinung", sagte er; „Und es ist eine Freude, die Angelegenheit mit jemandem wie Ihnen auszuhandeln, der vernünftige Ansichten zu diesem Thema hat. Welchen Nutzen haben Frauen in der Politik? Überhaupt keine, wie Sie gerade sagten. Es liegt an den Frauen, die Wiege zu schwingen und die Welt zu regieren. Ich sage, und ich habe es immer gesagt, dass es bedeuten würde, ihnen eine Stimme zu geben, ihren Einfluss zu zerstören, Gott segne sie. Aber Amy ist nicht meiner Meinung. Ich sage, dass ich wählen werde – sie ist natürlich eine Konservative, und ich auch – ich werde wählen, wie sie es wünscht. Aber sie sagt, es sei das Prinzip der Sache, nicht die Praxis. Aber was sie Prinzip nennt, nenne ich Prinziplosigkeit. Zuhause: Das ist die Sphäre der Frau."

Mrs. Evans seufzte leicht.

„Ich habe es noch nie so schön ausgedrückt gehört", sagte sie. „Major Ames, warum gehen Sie nicht in die Politik?"

Major Ames fühlte sich geschmeichelt; er hatte auch das Gefühl, dass er die Schmeichelei verdiente. Daher war es für ihn jetzt keine Schmeichelei mehr, sondern eine Hommage. Er wurde vertraulicher und wesentlich inhaltsloser.

„Meine liebe Dame", sagte er, „Politik ist heutzutage ein schmutziges Geschäft. Wir können unserer Sache am besten dienen, indem wir ein ruhiges und würdevolles Leben führen, ohne Protz, wie Sie sehen, sondern indem wir Gentlemen sind. Es ist der stille Protest gegen diese sozialistischen Ideen, der auf lange Sicht Wirkung zeigen wird. Was soll ich in Westminster tun? Bei meiner Seele, wenn ich diesen radikalen Lümmeln gegenübersitzen würde, würde ich meine ganze Zeit brauchen, um meine Beherrschung zu bewahren. Nein, nein; Lass mich mich um meinen Garten kümmern und meinen Freunden gutes Abendessen bereiten – Gott sei Dank, Amy lässt uns heute Abend ein Eis essen – Erdbeereis, nehme ich an; Deshalb fragte sie mich, ob es genügend Erdbeeren gäbe. *Glace de fraises* ; Sie mag ihre auf Französisch gedruckten Menükarten, obwohl ich sicher bin, dass „Erdbeereis" uns alles sagen würde, was wir wissen wollten. Was steckt eigentlich in einem Namen?"

Das Gespräch hatte sich bereits verlagert, und Major Ames wandte sich schnell an die trockenhäutige Mrs. Brooks, die zu seiner Linken saß. Sie war eine traurige hochkirchliche Witwe, die viel bestickte. Ihr Kleid war mit ihren eigenen Stickereien verziert, ebenso wie viele Altartücher in der Kirche St. Barnabas. Sie und Mrs. Ames hatten eine Art religiöse Rivalität um die Dekoration; der eine arrangierte die zahlreichen weißen Lilien, die das von dem anderen hergestellte Tuch krönten. Ihre Rivalität war nicht ohne stille Eifersucht, und es war bereits allgemein bekannt, dass Mrs. Brooks gesagt hatte, Maiglöckchen seien genauso geeignet wie Madonnenlilien, die einen hässlichen gelben Pollen auf das Altartuch warfen. Aber Madonnenlilien waren größer; Eine Dekoration erforderte weniger „Blüten". Auch in anderen Stimmungen war sie leicht sauer.

Mrs. Evans drehte sich langsam nach rechts, wo Harry saß. Man könnte fast meinen, dass sie wüsste, dass sie einen schönen Hals hatte, zumindest konnte man sich kaum vorstellen, dass sie siebenunddreißig Jahre damit gelebt hatte, ohne sich dessen bewusst zu sein. Wenn sie ihren Kopf sehr schnell bewegte, bestand lediglich der Verdacht auf lose Haut. Aber sie bewegte ihren Kopf nicht sehr schnell.

„Und jetzt lasst uns weiter reden", sagte sie. „Hast du meinem kleinen Mädchen alles über Cambridge erzählt? Erzähl mir auch alles über Cambridge. Was für ein Spaß muss man haben! Viele junge Männer zusammen, ohne dumme Frauen und Mädchen, die sie stören könnten. Spielen Sie viel Rasentennis?"

Harry überlegte noch einen Moment, wie wunderbar sie war. Es machte mir kaum Spaß, mit einem Mitglied des Omar-Clubs über Spiele und die Vorteile zu sprechen, die es mit sich bringt, keine Mädchen in der Nähe zu haben.

"NEIN; Ich spiele nicht viel", sagte er. „Das Set, in dem ich bin, kümmert sich nicht um sie."

Sie legte den Kopf ein wenig nach hinten, als wollte sie um Verzeihung für ihre Unwissenheit bitten.

„Ich wusste es nicht", sagte sie. „Ich dachte, vielleicht magst du Spiele – Fußball, Schläger und so weiter. Ich bin sicher, Sie könnten sie wunderbar spielen, wenn Sie wollten. Oder mögen Sie vielleicht Gartenarbeit? Ich hatte so ein nettes Gespräch mit deinem Vater über Blumen. Wie viel er über sie weiß!"

Blumen waren sowieso besser als Spiele; Harry legte seinen Löffel weg, ohne sein Eis ausgetrunken zu haben.

„Ist Ihnen jemals aufgefallen, was für eine wundervolle Farbe die Rosen *von La France* in der Dämmerung annehmen?" er hat gefragt. „Alle Schatten zwischen den Blütenblättern werden blau, ganz blau."

„Wirklich? Du musst es mir irgendwann zeigen. Gibt es welche in Ihrem Garten hier?"

„Ja, aber Vater kümmert sich nicht so sehr um sie, weil sie weit verbreitet sind. Ich finde das so seltsam von ihm. Sonnenuntergänge sind auch häufig, nicht wahr? Jeden Tag gibt es einen Sonnenuntergang. Aber die Tatsache, dass etwas gemeinsam ist, macht es nicht weniger schön."

Sie seufzte leicht.

„Aber was für eine schöne Idee", sagte sie. „Ich bin sicher, dass du daran gedacht hast. Reden Sie in Cambridge viel über diese Dinge?"

In diesem Moment begann Mrs. Ames, die Blicke der Damen zu sammeln, und das Gespräch musste unterbrochen werden. Millie Evans, obwohl sie etwas größer als Harry war, schaffte es, als sie auf dem Weg zur Tür an ihm vorbeiging, den Eindruck zu erwecken, als würde sie zu ihm aufschauen.

„Du musst mir alles darüber erzählen", sagte sie. „Und zeig mir diese köstlichen Rosen, die in der Dämmerung blau werden."

Das Abendessen hatte um Viertel vor acht stattgefunden, und als die Männer sich wieder zu den Frauen im Salon trafen, lag noch immer Licht am Mittsommerhimmel. Dann überredete Harry, sehr gewagt, da ein solches Vorgehen völlig im Widerspruch zu allen etablierten Präzedenzfällen stand, Frau Evans, in den Garten zu gehen und sich selbst die chamäleonischen Eigenschaften der Rosen anzusehen. Dann hatte er einen weiteren Regelverstoß gewagt, da alle Rechte zum Blumenpflücken bei seinem Vater lagen, und hatte ihr ein halbes Dutzend davon gepflückt. Aber als sie mit der Beute zurückkamen und die blaue Theorie etabliert wurde, hatte sein Vater, weit davon entfernt, diesen Eingriff in seine Privilegien zu verübeln, lediglich gesagt:

„Der Schlingel hätte für Sie vielleicht etwas Auserleseneres gefunden, Mrs. Evans. Aber wir werden sehen, was wir morgen für Sie finden können.

Sie schien wieder zu Harry aufzublicken.

„Nichts kann schöner sein als meine wunderschönen Rosen", sagte sie. „Aber es ist nett von dir, darüber nachzudenken, mir noch mehr zu schicken. Cousine Amy, sieh dir die Rosen an, die Mr. Harry mir geschenkt hat."

Wie üblich kamen an diesem Abend um halb elf die Kutschen an, und zu dieser Stunde klopfte auch ein hageres, grenadierähnliches Dienstmädchen in einem bestimmten Alter laut an die Haustür und verlangte Mrs. Brooks, die sie auf ihrem Weg beschützen sollte nach Hause, und wie üblich warteten Kutschen und der Grenadier bis zwanzig Minuten vor elf. Aber selbst um Viertel vor war aus irgendeinem Grund kein Transportmittel für Mrs. Evans eingetroffen, und trotz ihrer Proteste bestand Major Ames darauf, sie und Elsie zurück zu ihrem Haus zu begleiten. Gelegentlich, wenn solche Fehler passierten, war es Harrys Pflicht gewesen, den Unbeförderten nach Hause zu bringen, aber heute Abend, als es ihm ein Vergnügen gewesen wäre, wurde ihm das Privileg verweigert. Stattdessen ging er, nachdem er seiner Mutter gute Nacht gesagt hatte, schnell in sein Zimmer, um dort einen geheimnisvollen Brief an ein Mitglied des Omar-Clubs zu schreiben und ein kurzes Gedicht zu verfassen, das, so unwürdig es auch sein mag, an diesen verliebten Abend erinnern sollte .

Es gibt nichts auf der Welt, das zu Recht heiliger ist als die ersten Anzeichen von Liebe in einem jungen Mann, aber andererseits gibt es nichts Lächerlicheres, wenn seine Gefühle von Selbstbewusstsein und dem Gefühl von Selbstbewusstsein inspiriert oder sogar gefärbt sind Was für ein toller junger Funke er ist. Und unserem unglücklichen Harry wurde diese Absurdität vorgeworfen; Den ganzen Abend über war ihm klar geworden, wie schneidig und byronisch diese Geschichte beim nächsten Treffen des Omar Khayyam Clubs sein würde; Mit welch schöner Raserei würde er in seiner Inspirationsstunde nach dem gelben Wein das kleine Herzgeschrei von sich geben, das er jetzt verfassen wollte, sobald sein Brief an Gerald Everett geschrieben war. Und damit es nicht ungerechtfertigt erscheint, die Verzückung und Verzweiflung eines jungen Mannes lächerlich zu machen, sollte ein Auszug aus seinem Brief eine solide Rechtfertigung liefern.

„Natürlich kann ich keine Namen nennen", sagte er, „weil Sie wissen, wie so etwas abläuft; Aber mein Gott, Gerald, wie wunderbar sie ist. Ich habe sie heute Nachmittag zum ersten Mal gesehen, und sie hat heute Abend bei uns gegessen. Sie versteht alles – was auch immer ich sagte, ich sah das Spiegelbild in ihren Augen, so wie sich der Himmel im stillen Wasser spiegelt. Nach dem Abendessen ging ich mit ihr in den Garten und zeigte ihr, wie sich die Schatten der *La-France-* Rosen in der Abenddämmerung blau färben. Ich habe ihr zwei Zeilen zitiert:

„Oh, du bist schöner als die Abendluft,
gekleidet in die Schönheit von tausend Sternen."

Und ich *glaube,* sie hat gesehen, dass ich sie zitiert *habe* . Natürlich schaltete sie es aus und sagte: „Was für hübsche Zeilen!" aber ich glaube, sie hat es gesehen. Und sie trug meine Rosen nach Hause. Glücksrosen!

„Gerald, mir geht es elend! Ich habe es dir noch nicht gesagt. Denn sie ist verheiratet. Sie hat einen großartigen, dummen Ehemann, der viele Jahre älter ist als sie. Sie hat auch eine tolle dumme Tochter. Es gibt noch ein weiteres Wunder für Sie! Ehrlich und nüchtern sieht sie nicht älter als fünfundzwanzig aus. Ich werde noch einmal schreiben und Ihnen sagen, wie alles gelaufen ist. Aber ich glaube, sie mag mich; Es gibt eindeutig etwas gemeinsam zwischen uns. Es besteht kein Zweifel, dass sie unseren kleinen Spaziergang in der Dämmerung genossen hat, als die Rosen blau wurden ... Hatten Sie in letzter Zeit irgendwelche Erfolge?"

Er beendete seinen Brief, und bevor er mit dem Gedicht begann, zündete er die Kerze auf seinem Frisiertisch an und betrachtete sein kleines, alltägliches Gesicht im Glas. Es war schwierig, seine Haare zufriedenstellend zu arrangieren. Wenn er es zurückschob, zeigte sich ein Übermaß an hoher, leer wirkender Stirn; Wenn er es über seine Stirn fallen ließ, verstärkte sich zwar seine Ähnlichkeit mit Keats deutlich, aber auch seine Ähnlichkeit mit Seetang nahm zu. Das Fehlen einer klaren Augenbraue war bedauerlich, aber war da nicht Feuer in seinen eher blassen und weit auseinander liegenden Augen? Er dachte eher, dass es so wäre. Sicherlich war seine Nase ein wenig nach oben gerichtet, aber was, wenn nicht das, bedeutete, dass die Spitze geneigt war? Seine ziemlich lange Oberlippe war derzeit nur leicht behaart und der Schnurrbart war jugendlich, aber sein Kinn war deutlich kräftiger. Es stach heraus. Und nachdem er sich geübt hatte, die Stirn zu runzeln, was ihm durchaus einfiel, ging er wieder zum Tisch am Fenster zurück und las ein paar Strophen von *Dolores* , um sich auf Leidenschaft und Bitterkeit einzustimmen (denn dieses Gedicht würde weder glücklich beginnen noch enden).) und umwarb die lyrische Muse.

In der Zwischenzeit hatte Major Ames Mrs. Evans zu ihrer Tür begleitet und war bis zum Club zurückgekehrt, wo er fast daran dachte, hineinzugehen und eine Partie Billard zu spielen, was ihm Spaß machte. Er spielte laut, aufdringlich und ungeschickt , und es fiel auf, dass das ganze Glück (es sei denn, er gewann, was gelegentlich vorkam) stets auf der Seite seines Gegners lag. Doch nach einer unentschlossenen Pause ging er weiter und betrat sein eigenes Haus. Amy saß immer noch im Wohnzimmer, obwohl sie normalerweise zu Bett ging, sobald ihre Gäste gegangen waren.

„Sehr angenehmer Abend, meine Liebe", sagte er; „Und Ihr Plan war ein großer Erfolg. Mrs. Evans ist eine ungewöhnlich angenehme Frau. Auch eine hübsche Frau; man würde nie vermuten, dass sie die Mutter dieses großartigen Mädchens war."

„Als Mädchen galt sie nicht als hübsch", sagte seine Frau.

"NEIN? Dann muss ihr Aussehen hinterher besser geworden sein. Eher ein einsames Leben, die Frau eines Arztes zu sein und den Mann zu jeder Tages- und Nachtzeit abberufen zu können."

„Ich habe keinen Zweifel daran, dass Millie sich sehr gut beschäftigt", sagte Mrs. Ames. „Gute Nacht, Lyndhurst. Kommst du ins Bett?"

"Jetzt noch nicht. Ich werde mich ein wenig aufsetzen und noch eine Zigarre rauchen.

Er saß am Fenster und sagte hin und wieder halb laut: „Eine ungewöhnlich angenehme Frau." Direkt über ihm riss Harry seine Leidenschaft in Stücke (mehr oder weniger) im Stil von Swinburne.

KAPITEL III

DR. EVANS schaute aus dem Fenster seines Esszimmers, während er am nächsten Morgen auf das Frühstück wartete, klimperte mit einer angenehmen Mischung aus Geld und Schlüsseln in seinen Hosentaschen und pfiff eine Melodie, die vage klang und De Bussy- So lange, bis man merkte, dass es sich tatsächlich um einen Klang handelte, der Straßenorgeln und Drehorgeln vertraut war, und dass seine schwer fassbare Qualität nur der Tatsache verdankte, dass der Interpret ein wenig unsicher war, was den Vergleichswert von Tönen und Halbtönen anging. Aber dieses etwas entmutigende Detail wurde durch die offensichtliche Fröhlichkeit des Testamentsvollstreckers mehr als ausgeglichen; sein rundliches, kräftig gefärbtes Gesicht, seine fröhlichen Augen, der einzigartige Inhalt seines ganzen Aussehens zeugten von einer Persönlichkeit, die mit dem Leben hervorragend zurechtkam.

Seine Umgebung war ebenso gut eingerichtet und sicher komfortabel wie er selbst. Der Tisch war einladend gedeckt; Eine Urne mit Sheffield-Teller (Dr. Evans war ein Amateur in georgianischer Dekoration und Möbeln) zischte und dampfte, wobei der Deckel unter dem Druck im Inneren leicht angehoben wurde, und eine Reihe warmer Gerichte ließen auf eine englische Interpretation des Frühstücks schließen. An den Wänden hingen feine Schabkunstwerke nach den großen englischen Porträtmalern, und auf einem Chippendale-Sideboard standen Obstschalen und Dessertteller. Der Morgen war sehr heiß, aber der hohe, geräumige Raum mit seinen dicken Wänden war kühl und frisch, während seine Möglichkeiten für Wärme und Gemütlichkeit im Winter durch den großen offenen Kamin und den Stapel von Warmwasserleitungen gefördert wurden stand unter dem Sideboard. Draußen blickten die Fenster, an denen Dr. Evans stand, auf den großen und abgelegenen Rasen, der am Tag zuvor Schauplatz der Gartenparty gewesen war. Rote Backsteinmauern verliefen an beiden Seiten im rechten Winkel zum Haus. Gegenüber schirmte eine Reihe spalierförmiger Obstbäume die Gemütlichkeit des dahinter liegenden Küchengartens und die Eisenbahnlinie ab, die diesen angenehmen Ort begrenzte .

Wilfred Evans hatte das erste Dutzend Takte des „Merry Widow Waltz" etwa sechs oder sieben Mal gepfiffen, bevor er mit dem verzögerten Bewusstsein, dass es Sonntag war, zu „The Church's One Foundation" überging, und zwar mit seiner gewohnten Stimme Er hatte einen bewundernswerten Appetit, er spürte den Reiz der warmen Gerichte und wartete, immer noch pfeifend, auf das Erscheinen eines anderen Mitglieds seines Haushalts, seiner Frau oder seiner Tochter. Er war einer der geselligsten und streitlustigsten Menschen, und keine Hekatombe an eingestallten Ochsen hätte ihn zufriedengestellt, wenn er sein Rindfleisch allein hätte essen müssen. Eine feste Bindung an seinen häuslichen Kreis, verbunden mit den nicht sehr anspruchsvollen

Anforderungen seiner Praxis, aber wirklich leidenschaftlichen Untersuchungen im Labor am Ende des Gartens, über die Gewohnheiten und die Wirtschaft der Fresszellen, bequem gefüllt bis zum entferntesten Horizont, die Kulisse seiner geistigen Territorien.

Er musste nicht lange auf das Erscheinen seiner Frau warten und begrüßte sie mit seiner gewohnten Herzlichkeit.

„Morgen, kleine Frau“, sagte er. „Gut geschlafen, hoffe ich?“

Mrs. Evans übte zu Hause nicht all die Künste des Verwöhnens aus, mit denen sie in den Häusern anderer Leute so großzügig umging. Außerdem fühlte sie sich heute Morgen ziemlich verärgert, was, um ihrer Gerechtigkeit willen, bei ihr selten vorkam.

„Nicht sehr“, sagte sie. „Ich bin immer wieder aufgewacht. Es war drückend heiß.“

„Es tut mir leid, meine Liebe“, sagte er.

Mrs. Evans beschäftigte sich mit der Teezubereitung; Ihre langen, schlanken Hände bewegten sich mit außergewöhnlicher Geschicklichkeit und Stille zwischen klappernden Dingen, und ihr Mann pfiff noch ein oder zwei Mal den „Walzer der lustigen Witwe“.

„Oh, Wilfred, hör auf mit dieser abscheulichen Melodie“, sagte sie ohne den geringsten Anflug von Ungeduld in ihrer Stimme. „Es ist schon schlimm genug auf deinem Pianola, das schließlich stimmt!“

„Was ist mehr, als man von meiner Pfennigpfeife sagen kann?“ fragte er gut gelaunt. „Du hast recht, ich bin dumm. Erzähl mir von deiner Party gestern Abend.“

„Meine Liebe, warst du nicht schon oft auf Riseborough-Partys, um zu wissen, dass es über jede Party nichts zu erzählen gibt?“ Sie fragte. „Ich saß zwischen Major Ames und dem Sohn. Auf der einen Seite habe ich mit dem Vater über Gartenarbeit gesprochen, auf der anderen Seite über etwas, das, wie ich annehme, ein aufgeklärtes Cambridge-Gespräch war. Harry Ames ist ein ziemlich schrecklicher Jugendlicher. Anschließend nahm er mich mit in den Garten, um mir etwas über Rosen zu zeigen. Und die Kutsche kam nicht. Major Ames hat mich nach Hause begleitet. Wann bist du reingekommen?“

„Erst gegen drei. Sehr schwieriger Mutterschaftsfall. Aber wir werden sie beide durchziehen.“

Millie Evans schauderte leicht, was nicht ganz instinktiv geschah. Sie betonte es zum Wohle ihres Mannes. Leider hat er es nicht bemerkt.

„Willst du jetzt deinen Tee trinken?“ Sie fragte.

Er blickte sie mit einem Gesichtsausdruck an, der hauptsächlich ehelich, aber auch von Professionalität geprägt war.

„Ein bisschen verärgert über die Hitze, kleine Frau?" er hat gefragt. „Du siehst ein wenig verfärbt aus. Wir können auch nicht zulassen, dass du schlecht schläfst. Zeig mir den Mann, der jede Nacht sieben Stunden schläft, und ich zeige dir, wer neunzig Jahre alt wird."

Diese Aussicht lockte seine Frau zunächst nicht.

„Ich denke, ich würde lieber weniger schlafen und früher sterben", sagte sie mit ihrer gleichmäßigen Stimme, „obwohl ich mir sicher bin, dass Elsie bei diesem Tempo hundert Jahre alt werden wird. Du ermutigst sie, morgens faul zu sein, Wilfred. Ich bin mir sicher, dass jeder es schaffen kann, um Viertel nach neun pünktlich zum Frühstück zu sein."

Er schüttelte den Kopf.

„Nein, nein, kleine Frau", sagte er. „Lass ein heranwachsendes Mädchen so viel schlafen, wie es Lust dazu hat. Ich würde einem Mädchen eher auf das Essen als auf seinen Schlaf verzichten. Geben Sie den roten Blutkörperchen eine Chance, oder?"

Millie stand vom Tisch auf und ging zur Anrichte, um etwas Obst zu holen. Dann wurde ihr plötzlich klar, dass sich das alles kaum lohnte. Es schien eine dumme Angelegenheit zu sein, jeden Morgen herunterzukommen, zu frühstücken, den Haushalt zu führen, vielleicht spazieren zu gehen oder im Garten zu sitzen und nach Abschluss dieser alltäglichen Vergeudungen wieder zu Bett zu gehen und zu schlafen , nur um sich durch den Schlaf zu erholen und es ihr zu ermöglichen, alles noch einmal zu machen. Aber die Erdbeeren sahen kühl und feucht aus, und als sie neben der Anrichte stand, aß sie ein paar davon. Direkt darüber hing der längliche Sheraton-Spiegel, den ihr Mann so günstig bei einem örtlichen Verkauf erstanden und so triumphierend nach Hause gebracht hatte. Auch das schien ihr eine abgestandene Geschichte zu erzählen, und das Spiegelbild ihres jungen Gesichts, gekrönt vom Schimmer gelber Haare, vor dem dunklen Eichenhintergrund der Täfelung schien ohne Zweck oder Bedeutung zu sein. Sie tat nichts mit ihrer Schönheit, die ihr so lange erhalten blieb. Aber es würde nicht mehr viele Jahre bleiben: An diesem Morgen schien sogar ein Schatten darüber zu liegen und es trübe zu machen ... Bald würde es niemanden mehr interessieren, ob sie jemals hübsch gewesen war oder nicht; Tatsächlich schien Elsie auch jetzt noch durch ihre Größe und die Reife ihres Auftretens jeden daran zu erinnern, dass sie sich selbst der Barre nähern muss, die jede Frau überqueren muss, wenn sie etwa vierzig ist ... Und seltsam genug Es mag den Anschein haben, dass diese Zweifel und Fragen, die Millie aus dem Sheraton-Glas über dem Sideboard düster anstarrten, so egoistisch und elementar sie auch waren, dem „Gedanken" weitaus ähnlicher waren als die Gesamtheit dieser oberflächlichen Eindrücke, die in der Regel ihren Geist widerspiegelten . Sie waren auch ziemlich aktiv unangenehm, und im Allgemeinen fiel ihr nichts Unangenehmes ein. Die Erlebnisse eines jeden Tages können leicht berauschend oder leicht ermüdend sein. Aber was auch immer sie waren, sie war es nicht gewohnt, genau darüber nachzudenken. Für einen Moment kam es ihr so vor, als stünde ein Schatten, eine vage Präsenz vor ihr und forderte bedrohlich ihre Aufmerksamkeit.

Riseborough zeichnet sich durch die Vielzahl seiner Kirchen aus, und schon bald war die Luft voller Glocken. Normalerweise ging Millie Evans am Sonntagmorgen mit der gleichen Regelmäßigkeit in die Kirche, mit der sie zum Mittagessen heißes Roastbeef aß, aber heute Morgen ließ sie sich leicht dazu überreden, auf öffentliche Gottesdienste zu verzichten. Es schien durchaus möglich , dass sie während der Psalmen schwach werden könnte, und auf Anraten ihres Mannes beschloss sie, zu Hause zu bleiben und ließ ihn und Elsie, die überhaupt nicht wusste, wie sich Ohnmacht anfühlte, anwesend sein. Aber es war nicht die Angst vor Ohnmacht, die zu ihrer Abwesenheit führte: Sie wollte fast zum ersten Mal in ihrem Leben allein sein und nachdenken. Selbst anlässlich ihrer Hochzeit hatte sie es nicht für nötig gehalten, sich mit originellen Gedanken zu befassen: Ihre Mutter hatte die Gedanken für sie übernommen und sie, da sie sich ganz sicher fühlte, vernünftig und gut beraten. Sie brauchte auch nicht darüber nachzudenken, als sie ihr einziges Kind erwartete, denn bei dieser Gelegenheit war sie vollkommen damit zufrieden gewesen, genau das zu tun, was ihr Mann ihr gesagt hatte. Aber jetzt, im Alter von siebenunddreißig Jahren, hatte ihr der Anblick ihres eigenen Gesichts im Glas bestimmte Möglichkeiten, bestimmte Einschränkungen aufgezeigt.

An seltenen Sonntagen war sie aus gesundheitlichen Gründen davon abgehalten worden, in die Kirche zu gehen, und nun nahm sie, lediglich dem Gebot der Gewohnheit folgend, eine Bibel und ein Gebetbuch mit auf einen Korbstuhl unter dem großen Maulbeerbaum im Garten , aus dem sie vermutlich die Psalmen und Lektionen für den Tag lesen würde. Doch die Bibel blieb lange unberührt, und als sie sie schließlich zufällig aufschlug, las sie nur einen Vers. Am Ende von „Prediger" teilten sich die Blätter, und sie las: „Wenn die Sehnsucht nachlässt, weil der Mensch zu seiner alten Heimat geht."

Das genügte, denn es war, hier kurz und bündig ausgedrückt, das, was sie heute Morgen beunruhigte, wenn auch so vage, dass sie, bis sie ihre Symptome kurz und leserlich aufgeschrieben sah, kaum wusste, um welche es sich handelte. Aber sicherlich haben diese anderthalb Zeilen sie beschrieben. Zweifellos war alles sehr elementar; Nach und nach kümmerte man sich nicht mehr darum, und dann starb man. Aber ihr Fall war ganz anders, denn sie hatte das Gefühl, dass ihr Verlangen nicht gescheitert war, einfach weil sie nie Verlangen gehabt hatte. Sie war aufgewacht und hatte geschlafen, sie hatte gegessen und war spazieren gegangen, sie hatte ein Kind bekommen; aber alle diese Dinge hatten ungefähr den gleichen Wert. Einmal war ihr ein Zahn ohne Blähungen entfernt worden; Das war eine etwas lebendigere Erfahrung. Doch schon bald war es vorbei: Es hatte sie nicht wirklich gekümmert.

Aber obwohl sie sich nicht für all diese Dinge interessiert hatte, war es ihr nicht langweilig geworden, sie zu wiederholen. Es schien ganz natürlich, dass eins dem anderen folgte, dass die Tage unmerklich zu Wochen und die Wochen zu Monaten wurden. Als sich die Monate zu Jahren addierten, nahm sie dies zur Kenntnis, indem sie Geburtstag hatte, und als Wilfred ihr ein kleines Geschenk in einem Saffian-Etui schenkte, sagte er ihr, dass sie so jung aussehe wie bei ihrer ersten Begegnung, was sehr sehr sei fast wahr. Mittlerweile hatte sie eine Menge dieser Marokko-Koffer; er versäumte nie, jeden einzelnen pünktlich vorzulegen. Und plötzlich hatte ich vor meinem geistigen Auge all diese Saffiankästchen vor Augen, manche rund, manche eckig, manche länglich, und der Gedanke an ihren Inhalt – eine kleine Perlenbrosche, eine Saphirbrosche, ein Paar Smaragdohrringe, eine juwelenbesetzte Hutnadel kamen mit ihrer kumulativen Wirkung auf sie. Es war viel Zeit vergangen; es lebte jetzt hauptsächlich in ihr durch die Erinnerung an die Marokko-Fälle.

Aufgrund ihres emotionslosen Temperaments und ihrer heiteren körperlichen Gesundheit sah sie noch sehr jung aus und kam sich ganz bestimmt nicht alt vor. Aber als die Glocken der Kirche aufhörten, in der heißen, stillen Luft zu klingeln und zu klirren, und nur noch das Summen der zahlreichen Bienen in dem langen Blumenbeet zu hören war, wurde ihr klar, dass sie es tun würde, was auch immer sie fühlte und wie auch immer sie aussah bald auf der anderen Seite dieser Barriere sein, die für Frauen das Ende ihres wesentlichen und charakteristischen Lebens bedeutet. Von den Jahren, die sie so wenig nutzte, blieben ihr noch ein paar Jahre, und mit einem Krampf, dem schlimmsten, den sie vielleicht je erlebt hatte, einschließlich der Zahnextraktion ohne Gas, vergingen die Schrecken des mittleren Alters auf sie und ließ sie zittern. Ihr ganzes Leben lang hatte sie nichts gefühlt: Bald würde sie nicht mehr in der Lage sein, dieses blasse Echo dessen zu empfinden, was einst ein Gefühl gewesen sein könnte, außer insoweit, als es eine Herzensangelegenheit war. Fühlen bedeutete, das erkannte sie ohne weiteres, die Existenz von etwas oder jemandem, über den man Gefühle haben konnte. Doch sie wusste nicht, wo sie ihren Teilnehmer suchen sollte. Vor langer Zeit war ihr Mann ebenso Teil dieser toten Ebene des Lebens geworden wie ihr Frühstück oder ihr Ankleiden zum Abendessen. Nie hatte er sie aus ihrer ruhigen Passivität gerissen, sie hatte sich nie nach ihm gesehnt, in dem Sinne, wie ein durstiger Mann sich nach Wasser sehnt. Sie hatte keine Liebe zur Natur: „Die Primel am Flussufer" hätte für alles, was ihr etwas bedeutete, ein Veilchen sein können; Wohltätigkeit im eigentlichen Sinne war ihr zuwider, denn der seltsame Geruch in den Häusern der Armen weckte in ihr nur den Wunsch, wegzukommen. Es war schwer zu wissen, wohin sie sich wenden sollte, um ein Ventil für die schläfrig erwachende Erkenntnis des Lebens zu finden, die sich heute, so spät und noch so schwach, in ihr regte. Doch obwohl es sich nur schwach bewegte, gab es dort Bewegung: Es wollte noch eine Weile am Leben sein, bevor es zweifellos tot war.

Ihre Gedanken kehrten zu dem Thema zurück, über das sie ihrem Mann gesagt hatte, dass es nichts zu sagen gäbe – nämlich die Dinnerparty bei den Ames gestern Abend. Daran war sicherlich nichts Bemerkenswertes: Sie hatte sich wie immer verhalten, mit dem üblichen Ergebnis. Sie war es gewohnt, beim Abendessen denjenigen, die neben ihr saßen, ein kleines Lächeln, ehrerbietige Blicke und schmeichelhafte Reden zu schenken, weil eine milde Liebenswürdigkeit in ihr sie dazu veranlasste, sich angenehm zu machen, und weil sie es mit so wenig Mühe schaffen konnte ein Mann verhält sich so angenehm, wie er es zu tun fähig ist. Sie zog Männer sehr leicht an, könnte man kursorisch sagen, ohne Wert auf das Interesse zu legen, das sie erweckte, und ohne über den Esstisch hinaus nach den Früchten der Anziehungskraft zu suchen, die sie ausübte. Aber heute Morgen ließ diese verspätete und schläfrige Erkenntnis des Lebens, neben der sozusagen der Schatten des mittleren Alters lag, sie innehalten. Gab es dort eine gewisse Fruchtbarkeit und Entwicklung ihrer selbst, bevor die verdorrten und unfruchtbaren Jahre zu ihr kamen? Es wäre völlig übertrieben zu sagen, dass sie sich, als sie hier saß, definitiv vorgenommen hatte, zu versuchen, ihr emotionales Interesse an jemand anderem zu wecken, für den Fall, dass das dem Leben mehr Schwung verleihen könnte, aber sie dachte über die Wirkung nach, die sie so leicht hervorbrachte in anderen und fragte sich, was es bedeutete, sich so zu fühlen. Zweifellos hatte es Major Ames Spaß gemacht, sie nach Hause zu begleiten; Sicherlich hatte Harry einen Anflug von *unbeholfener* Romantik verspürt, als er ihr zeigte, wie sich die Dämmerung auf den Teint irgendeiner Rose auswirkte. Er hatte ihr einen ganzen Strauß Rosen geschenkt und dabei eine hübsche Rede gehalten. Ja, das war es – die Schatten darin sahen blassblau aus, und er hatte gesagt, dass sie nur die Farbe ihrer Augen hätten. Aber die Rosen waren hübsch: Sie hoffte, dass jemand sie ins Wasser gelegt hatte.

Sie interessierte sich bereits mehr als nur ein wenig für ihre Überlegungen: Sie hatten etwas Originelles und Aufregendes für sie, und es war ärgerlich, wenn das Stubenmädchen, das ihr aus dem Haus entgegenkam, sie unterbrach. Persönlich hielt sie es für absurd, keine männlichen Bediensteten zu behalten, aber Wilfred behauptete immer, dass ein paar gute

Stubenmädchen mehr Trost mit weniger Störung brachten, und sie gab ihm nach, so wie sie immer jedem nachgab, der eine eindeutige Meinung äußerte hatte sich mit dem Frauendienst abgefunden. Aber sie nannte das Obermädchen immer Watkins, während ihr Mann sie Mary nannte.

„Major Ames möchte wissen, ob Sie ihn sehen werden, Ma'am", sagte Watkins.

Die Zinsen kamen zurück.

„Ja, bitten Sie ihn, herauszukommen", sagte sie.

Watkins ging zurück zum Haus und kam mit Major Ames im Schlepptau zurück, der einen riesigen Strauß Edelwicken trug. Dann folgte die Schwierigkeit, sich anmutig und natürlich zu treffen und zu begrüßen, was üblich ist, wenn der Besucher von weitem sichtbar ist. Der Major setzte viel zu früh ein Lächeln auf und musste es wieder abnehmen, da Mrs. Evans noch nicht entschieden hatte, dass es Zeit war, ihn zu sehen. Dann begann sie zu lächeln, während er (ohne sein Lächeln) geistesabwesend auf die Spitze des Maulbeerbaums blickte, als erwartete er, sie dort zu finden. Er schaute einen Moment zu lange dort hin, denn einer der unteren Zweige schlug ihm plötzlich den Strohhut vom Kopf, und er sagte: „Gott segne meine Seele" und ließ die Zuckererbsen fallen. Dies war jedoch kein reines Unglück, denn die Anerkennung kam danach ganz natürlich. Sie hoffte, dass er nicht verletzt war. War er *sicher*, dass dieser dumme Ast sein Gesicht nicht getroffen hatte? Es muss abgenommen werden! *Was* für schöne Blumen! Und waren sie für sie? Sie waren.

Major Ames setzte seinen Hut ziemlich hastig wieder auf, nach einem schnellen Manöver an seinen Haaren, das Mrs. Evans nicht genau befolgte. Tatsache war (obwohl er glaubte, dass diese Tatsache nicht allgemein bekannt sei), dass der Oberkopf von Major Ames völlig frei von Haaren war und dass der glatte Haarschopf, der ihn bedeckte, von der Seite seines Kopfes stammte – knapp darüber Ohr – lang gewachsen und über den Schädel gestreift, um ihn mit scheinbar lokalem Reichtum und Geschmeidigkeit zu schmücken. Das grobe und unerwartete Entfernen seines Hutes durch den Ast des Maulbeerbaums hatte dazu geführt, dass ein beträchtlicher Teil davon fast bis zur Schulter der Seite zurückfiel, an der er tatsächlich wuchs, und sein hastiges Manöver mit seinen gerafften Locken war dazu bestimmt Sie ersetzen. Notwendigerweise setzte er seinen Hut schnell wieder zurück, wie ein Junge, der einen Schmetterling fängt.

Sein Geisteszustand und sein Zustand an diesem Sonntagmorgen würden eine kurze Analyse rechtfertigen. Für kurze Zeit hatte ihn also eine Art *Polarlicht* der Jugend heimgesucht: Sein Himmel war von unerklärlichen Lichtern durchzogen. Er hatte sich gesagt, dass ein Mann von siebenundvierzig Jahren noch jung sei und dass es nur vernünftig sei, dem nachzugehen, wenn eine höchst attraktive Frau offensichtlich Interesse an ihm bekundet habe. Er war kein Steuermann, er war kein Faulpelz; Er war nur ein ganz gewöhnlicher Mann, wohlauf und gesund, mit einer wesentlich älteren Frau verheiratet und lebte in einer Stadt, die trotz seines geliebten Gartens nur mäßige Aufregungen bot. Aber in der Tat war dieser morgendliche Besuch, der mit diesem stattlichen Tribut an Zuckererbsen bezahlt wurde, eine Art Abenteuer und hatte er seiner Frau gegenüber nicht erwähnt. Er hatte gesehen, wie sie nach St. Barnabas aufgebrochen war, und dann hatte er hastig seinen Blumenstrauß eingesammelt und war losgefahren, während Harry träumerisch über die Aschenpfade im Küchengarten umherwanderte, in der vollen Pracht der Entdeckung, dass die Farbe der scharlachroten Läufer war wie eine Klarinette. Major Ames hatte fast seine seltensten Sorten gepflückt, denn die seltensten Sorten zu pflücken, da er ihre erste Blüte als Samen aufheben wollte, wäre auf der anderen Seite der Donquichote und an der Grenze zur Dummheit gewesen, aber er hatte die besten seiner zweiten mitgebracht -am besten. Gestern Abend hatte er auch angedeutet, dass er in Bezug auf den Kirchenbesuch am Sonntagmorgen nachlässig sei, und hatte sich auf dem Weg hierher erlaubt, sich zu fragen, ob Millie (vielleicht als Folge davon) davon Abstand nehmen würde Ich bete ebenfalls an und erwarte einen morgendlichen Anruf von ihm oder halte es zumindest für möglich. Tatsächlich hatte sie sich solche Hoffnungen nicht gemacht, da es ihr vollkommen gleichgültig gewesen war, ob er am Sonntag in die Kirche ging oder nicht. Doch als er auf Nachfrage an der Tür herausfand, dass sie zu Hause sei, war es für einen eher eitlen und galant gesinnten Mann kaum unvernünftig, diese Tatsache mit den von ihm gegebenen Informationen in Verbindung zu bringen.

Also rückte er hastig seinen Hut zurecht.

„Völlig meine eigene Dummheit", sagte er; „Gib dem Baum nicht die Schuld. Ja, ich habe dir nur ein paar Blumen mitgebracht, und obwohl sie deiner Annahme nicht würdig sind, sind es nicht die schlechtesten Wicken, die ich je gesehen habe, nicht die schlechtesten. Diese, zum Beispiel Katharina die Große, sind nicht – nun ja – sie wachsen nicht ganz in jedem Garten."

Mrs. Evans öffnete ihre blauen Augen etwas weiter.

„Und sind sie wirklich für mich, Major Ames?" sie fragte noch einmal. „Es ist gut von dir. Meine kostbaren Blumen! Sie müssen sofort in Wasser gelegt werden. Watkins, bring mir eine der großen Blumenschalen hier draußen. Ich werde sie selbst arrangieren."

„Glücksblumen, Glücksblumen", kicherte Major Ames.

„Ich bin es, der Glück hat“, sagte sie und quittierte dieses subtile Kompliment mit einem kleinen Lächeln. „Ich bleibe eher träge vor der Kirche stehen und werde mit einem angenehmen Besuch und einem wunderschönen Blumenstrauß belohnt. Und was für eine bezaubernde Party wir gestern Abend hatten! Ich konnte es kaum glauben, als ich hierher zurückkam und feststellte, dass es fast halb elf war. Solche Stunden!“

Major Ames lachte laut.

„Sie machen sich über uns lustig, Mrs. Evans“, sagte er; „ Ich glaube, Sie machen sich über uns und unser ruhiges Verhalten unten in Riseborough lustig . Ich bin mir sicher, dass du in London eher um halb elf angefangen hast, tanzen zu gehen.“

„Als ich noch recht jung war, bin ich viel ausgegangen“, sagte sie. „Wilfred hat mich immer gedrängt, auszugehen, und die Leute waren sicherlich sehr freundlich, mich darum zu bitten. Ich erinnere mich an einen Abend in der Saison, als ich zu zwei Dinnerpartys, einem Ball und einer Abendparty eingeladen wurde. Schließlich ist es ganz natürlich, in jungen Jahren Freude an unschuldiger Fröhlichkeit zu haben.“

Major Ames fühlte sich nach seinem Spaziergang sehr heiß, und da er das Abenteuer mit seinen Haaren vergessen hatte, hätte er beinahe seinen Strohhut abgenommen. Aber glücklicherweise erinnerte er sich gerade noch rechtzeitig wieder daran.

„Auf mein Wort, Mrs. Evans“, sagte er fröhlich, „Sie geben mir das Gefühl, hundert Jahre alt zu sein, wenn Sie so reden, als wären Ihre Tage der Jugend und des Erfolgs vorbei.“ Jemand auf Ihrer Gartenparty gestern Nachmittag hat mir mit Sicherheit gesagt, dass Miss Elsie die Tochter der ersten Frau Ihres Mannes sei. Ich wollte mir nicht glauben, als ich sagte, sie sei deine Tochter. Der arme Sanders – es war Mr. Sanders, der das gesagt hat – musste mir für seine positive Einstellung zehn Schilling zahlen. Er hat gewettet, wissen Sie, er hat darauf bestanden, zu wetten. Aber im Grunde hätte jeder, der es nicht wusste, recht, wenn er in neunundneunzig von hundert Fällen eine solche Wette abschloss.“

Sie schenkte ihm ein kleines Lächeln mit gesenkten Augenlidern.

„Liebe Elsie!“ Sie sagte. „Sie ist so ein Trost für mich. Sie kümmert sich sehr gut um das Haus und erspart mir die ganze Mühe. Sie weiß immer, wie viel Spargel kosten darf und was nach der Party mit dem Erdbeereis passiert. Ich war nie eine gute Haushälterin. Wilfred sagte immer zu mir: „Geh raus und amüsiere dich, mein Lieber, und ich bezahle die Rechnungen.“ Natürlich war das alles seine Güte, das weiß ich, aber manchmal frage ich mich, ob es nicht eine größere Güte gewesen wäre, mich zum Nachdenken und Erfinden gebracht zu haben. Elsie macht jetzt alles, aber wenn mein kleines Mädchen heiratet, bin ich wieder an der Reihe. Sagen Sie mir, Major Ames, sind Sie oder Cousine Amy es, die dafür sorgen, dass in Ihrem Haus alles so wunderbar läuft? Ich denke – soll ich es sagen – ich denke, dass du es sein musst. Wenn ein Mann ein Haus verwaltet, geht es irgendwie immer um mehr Präzision: Man hat das Gefühl, dass alles vorhergesehen und vorgesehen ist. Gedruckte Menükarten zum Beispiel – so *schick* , so perfekt *Comme-il-faut* .“

Watkins hatte eine große Schüssel für die Zuckererbsen herausgeholt, die eher einer Schwammdose ähnelte, und Frau Evans hatte mit der wahrhaft herkulischen Arbeit begonnen, sie in Wasser zu legen. Über den Rand war ein Gitter aus Drahtgeflecht angebracht, in das jede Erbse einzeln eingesteckt war. Sie blickte von ihrer Aufgabe auf und sah ihn an.

"Habe ich recht?" Sie fragte.

Major Ames war nicht wirklich ein unaufrichtiger Mann, aber viele Männer, die nicht wirklich unaufrichtig sind, ertragen eine wunderbare Menge falscher Darstellungen.

„Oh, das darfst du mir nicht zutrauen“, sagte er (bisher wahrheitsgemäß); „Es ist ein Ausweichmanöver, das wir immer in der Messe hatten, warum also nicht auch bei uns zu Hause?“ Das ist besser als geschriebene Karten, deren Abschreiben immer wieder eine Menge Zeit in Anspruch nimmt, und außerdem ist meine liebe Amy nicht sehr gut in Französisch und möchte mich nicht ständig damit belästigen, ihr zu sagen, ob es welche gibt ein Akzent in einem Wort oder zwei „s“ in einem anderen. Spart Zeit und Ärger.“

Mrs. Evans applaudierte leise mit rosa Fingerspitzen.

„Ah, ich wusste, dass du es warst!“ Sie sagte.

Offensichtlich (wenn auch fast ohne Absicht) war Major Ames zu weit gegangen, um sich zurückzuziehen: Auch ein Rückzug implizierte einen glatten Widerspruch zu dem, was Mrs. Evans sagte, was sie wusste, was eine Unhöflichkeit gewesen wäre, gegen die seine gewohnte Galanterie natürlich Abneigung empfand. Da er sich nicht zurückziehen konnte, musste er sich so sicher wie möglich machen und sich verschanzen.

„Vielleicht ist es ein wenig Extravaganz“, sagte er. „Tatsächlich glaubt Amy, dass es so ist, und ich erwähne ihr gegenüber nie das Thema Menükarten. Sie neigt dazu, das Thema beim Wort „Menükarte“ etwas abrupt umzudrehen. Liebe Amy! Schließlich wäre es eine sehr langweilige Angelegenheit, unser angenehmes Leben hier unten, wenn wir alle völlig einer Meinung wären.“

Sie seufzte leicht, schüttelte den Kopf und lächelte ihre Zuckererbsen an.

„Ah, wie oft denke ich das auch", sagte sie. „Zumindest habe ich, wenn ich es jetzt sage, das Gefühl, dass ich es schon oft gedacht habe. Das ist so wahr. Der liebe Wilfred ist so ein Engel für mich, sehen Sie! Was auch immer ich tue, er wird mit Sicherheit das Richtige denken. Aber manchmal fragst du dich, ob die Menschen, die dich am besten kennen, dich wirklich verstehen. Es ist, als würde man Dinge auswendig lernen. Wenn man etwas auswendig lernt, denkt man oft nicht mehr darüber nach, was es bedeutet."

Man muss zugeben, dass Mrs. Evans damit nichts ganz Genaues meinte: Das heißt, ihr Leben verlief überhaupt nicht so, wie ihre Rede es andeutete, außer insoweit, als sie es oft wünschte dass ihr noch mehr lustige Dinge passierten und dass sie nicht so schnell vierzig Jahre alt werden würde. Aber sie hatte sicherlich vor, dass Major Ames ihren Worten die natürliche Bedeutung beifügte: Sie wollte ein wenig unbeachtet wirken. Gleichzeitig bat sie ihn, dafür zu sorgen, dass sie ihrem lieben bewusstlosen Wilfred in keiner Weise die Schuld gab. Wenn Major Ames das dachte, würde das einen wesentlichen Teil des Bildes zerstören, das sie von sich selbst vermitteln wollte. Auch warum sie es präsentieren wollte, war leicht nachvollziehbar. Sie wollte interessant sein und war von Natur aus albern. Die Tatsache, dass sie fast achtunddreißig war, trug größtenteils zu ihrer Rede bei.

Major Ames hat es vollkommen zufriedenstellend interpretiert. Er sah alles, was er sehen sollte, und nichts anderes. Und es war köstlich vorgetragen, so liebevoll, was Wilfred anging, so schüchtern, was Wilfred anging, und so schüchtern, was Wilfred anging. Er machte sofort die erstaunliche geistige Entdeckung, dass sie aufgrund mangelnder häuslicher Bindungen irgendwie nicht sehr glücklich war. Er hatte auch das Gefühl, dass es intuitiv von ihm war, das zu erraten, da sie es nicht wirklich gesagt hatte. Und er war sich der Verführung ihrer Anwesenheit ungemein bewusst, als sie an diesem heißen Morgen kühl und weiß da saß und die letzten süßen Erbsen hineingab, die er ihr gebracht hatte. Sie sah bezaubernd jung und frisch aus und fand offensichtlich etwas in ihm, das sie zu Vertraulichkeiten veranlasste. Um ihm gerecht zu werden, kann man sagen, dass er nicht in Gedanken nachgeforscht hat, was das war, aber es war leicht zu erkennen, dass sie ihm vertraute.

„Ich denke, wir alle müssen das manchmal spüren, meine liebe Dame", sagte er und war bestrebt, die Umstände seines eigenen Zuhauses in die Diskussion einzubeziehen. „Ich nehme an, dass wir alle, die wir noch nicht ganz alt sind, sagen wir mal, um mich einzuschließen, manchmal das Gefühl haben, dass das Leben uns nicht alles gibt, was es geben könnte; dass die Leute uns nicht wirklich verstehen. Zweifellos verstehen viele Menschen, und ich vermute, diejenigen, die, wie Sie sagten, eins am besten kennen, es nicht. Und dann darf uns das nichts ausmachen, sondern wir marschieren geradeaus, marschieren geradeaus, den Befehlen entsprechend."

Er saß ganz aufrecht in seinem Stuhl, als wollte er losmarschieren, während er aufregend edle Bemerkungen machte und sich mit der geballten Faust ein paar klingende Schläge auf die breite Brust versetzte. Dann überkam ihn plötzlich der Verdacht, dass er eine fast zu spartanische Unerschütterlichkeit an den Tag gelegt hatte, als hätten Soldaten kein Herz.

„Und dann treffen wir vielleicht jemanden, der uns versteht", fügte er hinzu.

Der kritische Beobachter, der Zyniker und das seltenste aller Produkte, der völlig aufrichtige und geradlinige Mensch, hätte in diesem Gespräch nichts gefunden, was über seinen Spott oder Ekel hinausgehen könnte. Hier saßen an einem Sonntagmorgen unter dem Maulbeerbaum in diesem schönen Garten zwei Menschen, der Mann fast fünfzig, die Frau fast vierzig, und beide versuchten, Gott weiß wie viele kleine Unaufrichtigkeiten nebenbei, einander nahe zu kommen andere. Beide hatten ein Alter erreicht, das für diejenigen gefährlich war, die (so wie sie) ein äußerst respektables und gut geführtes Leben geführt hatten, ohne dass es einen übergeordneten Grund für ihre Moral gab. Über die Lebensweise von Major Ames vor seiner Heirat, die immerhin im frühen Alter von fünfundzwanzig Jahren stattfand, braucht man nichts zu sagen, denn es gibt wirklich sehr wenig zu sagen, und auf jeden Fall das Verhalten eines jungen Mannes Noch nicht fünfundzwanzig Jahre alt, hat fast nichts mit dem Charakter desselben Mannes zu tun, wenn er siebenundvierzig ist. In dieser sehr langen Zeitspanne hatte er sich stets so verhalten, wie es sich für einen verheirateten Mann gehörte, und diese Jahre, in denen er mit einer Frau verheiratet war, die viel älter war als er, waren keineswegs unrühmlich vergangen. Diese Chronik beabsichtigt nicht im Geringsten, ihm einen Charakter mit hohen Prinzipien zuzuschreiben, da er in seiner Komposition nichts von Galahad enthielt. Aber er war kein Satyr. Folglich, denn dies ist Teil der ironischen Verfassung eines Mannes – gerade in den Jahren, mit denen wir es zu tun haben, in einer Zeit seines Lebens, in der man einem Mann hätte verzeihen können, dass er wilden Hafer gesät und gesehen hatte, wie heiser er war in der weitaus prekäreren Lage, sie weder gesät zu haben (außer sozusagen in den kleinsten Blumentöpfen) noch die dürftige Qualität einer solchen Ernte erlebt zu haben. Aber es bedeutet nicht, dass er jetzt die Seriosität dieser zweiundzwanzig Jahre bedauerte. Er tat es nicht: Er hatte ein glückliches und zufriedenes Leben gehabt, aber er würde bald alt sein. Auch an Abenteuer dachte er jetzt überhaupt nicht mehr. Nur ein Odysseus, der noch nie eine Reise unternommen hatte, fragte sich, wie das Reisen war. Er war nicht in dieses verführerische Gesicht mit den langen Wimpern verliebt, das sich über die Zuckererbsen beugte, die ihr gebracht hatten. Aber wenn er die Erbsen noch einmal gepflückt hätte, hätte er wahrscheinlich die allerbesten gepflückt, ungeachtet der Tatsache, dass er die Samen für die Aussaat im nächsten Jahr haben wollte. Was ihn betrifft, wäre das höhnische Grinsen des Zynikers fehl am Platz gewesen; er dachte an nichts, was der Zyniker als „Eroberung" bezeichnet hätte. Der aufrichtige, direkte Herr wäre in seinem Ekel ebenso übertrieben gewesen. Außer der leichten Absurdität von Major Ames' Charakter gab es nichts, was Gelächter oder Tränen rechtfertigte. Er war ein gemäßigter Mann mittleren Alters, ungefähr so gutmütig wie die meisten von uns.

Mrs. Evans war vielleicht weniger lobenswert und hatte mehr Lachen und Tränen verdient. Sie hatte bewusst versucht, einen falschen Eindruck zu erwecken, ohne falsche Dinge zu sagen – eine beklagenswerte Haltung. Es lag in ihrer Natur, dass sie anziehen wollte, ohne entsprechend angezogen zu werden. Sie war darauf vorbereitet, dass er etwas weiter geht, was charakteristisch für den Flirt ist. Es gelang ihr, wie es beim Flirten üblich ist.

Seinen letzten Satz nahm er schweigend entgegen, und er hielt es für gut, ihn mit geringfügigen Abweichungen zu wiederholen. Das Thema war klar.

„Vielleicht treffen wir jemanden, der uns versteht", sagte er. „Wer schaut in uns hinein, nicht auf uns, nicht wahr? Der nicht nur das sieht, was wir uns wünschen, sondern auch das, was wir wollen."

Sie steckte die letzte Wicke in das Drahtgeflecht.

„Oh, ja, ja", sagte sie; „Wie schön ist dieser Unterschied."

Er war sich nicht bewusst, dass es besonders schön war, bis sie es erwähnte, aber dann fiel ihm auf, dass es ziemlich gut war. Auch die Seriosität all seiner langen Jahre zerrte an ihm wie an einer Kette. Er war sich durchaus bewusst, dass er ermutigt wurde, und hatte deshalb leichte Angst. Er hatte nicht viel Vorstellungskraft, aber er konnte sich ein sehr ungemütliches Zuhause vorstellen ...

Die Vorsehung kam ihm zu Hilfe – wahrscheinlich die Vorsehung. Die Kirchenzeit war zu Ende, und zwei schwarze Aberdeen-Terrier, gefolgt von Elsie, gefolgt von Dr. Evans, kamen aus der Salontür auf den Rasen. Sie waren alle in der heiteren Hochstimmung, die mit dem Gefühl erfüllter Pflicht einhergeht. Die Hunde waren aus dem Haus gelassen worden, wo sie am Sonntagmorgen eingesperrt waren, um ihr unerwartetes Auftauchen in der Kirche zu verhindern; Die anderen beiden waren aus der Kirche entlassen worden.

Ganz offensichtlich hatte Wilfred Evans die Kirche hinter sich gelassen: Er hatte auch nicht nur seinen Zylinder, sondern auch seinen Mantel im Haus gelassen, wie es sich für die Hitze des Morgens gehörte, und wirkte stämmig, stark und lebhaft. Elsie war weniger energisch: Sie setzte sich ins Gras, sobald sie den Schatten des Baumes erreichte. Sie hätte den gesunden Menschenverstand, Major Ames zuerst die Hand zu schütteln, sonst hätte ihre Mutter ihm gegenüber Bemerkungen über ihre Manieren gemacht. Aber sie war jetzt deutlich weniger alt als bei der formellen Dinnerparty am Abend zuvor.

Dr. Evans kam zuletzt am Maulbeerbaum an.

„Joe! Was für lustige Blumen", sagte er. „Das sind Sie, Major Ames, nicht wahr? Wie geht's? Na, kleine Frau, wie geht's? Du hast gut daran getan, nicht in die Kirche zu kommen. Es war furchtbar heiß."

„Und eine sehr lange Predigt, Papa", sagte Elsie.

„Zweiundzwanzig Minuten: Ich habe die Zeit gemessen. Allerdings sehr interessant. Sie werden zum Mittagessen anhalten, Major Ames, nicht wahr? Wir essen sonntags immer um eins zu Mittag."

Jetzt wusste Major Ames ganz genau, dass es in seinem Haus das Mittagessen geben würde, das auf Partys folgte, das Auferstehungsessen dessen, was letzte Nacht tot war. Aus dem frischen Salat, der sie bedeckte, lugten kleine Lachsstückchen hervor, die etwas grauer waren als am Abend zuvor. Es gäbe eine Art *chaud-froid* ; Es würde eine rosa und viskose Flüssigkeit geben, die der geschwächte Nachkomme des Erdbeereises war, das Amy ihnen gegeben hatte. Es würden auch mehrere Personen anwesend sein, darunter auch Mrs. Altham, die gestern Abend nicht zum Festmahl eingeladen worden war, die aber, da sie gemäß der autorisierten Riseborough-Version der Feierlichkeiten zum Mittagessen am nächsten Tag kamen, sicherlich zum Abendessen eingeladen werden würden bei der nächsten Gelegenheit. Außerdem wusste er genau, dass er zu Mrs. Altham sagen musste: „Amy hat uns heute ein kaltes Mittagessen gegeben. Nun ja, mir macht ein kaltes Mittagessen an einem so heißen Tag nichts aus. *Chaud-froid* vom Hühnchen, Mrs. Altham. Ich denke, Sie werden feststellen, dass Amys Köchin sich auf *kühle Kaltblütigkeit versteht* ."

Und er wusste die ganze Zeit, dass *chaud-froid* eine Dinnerparty am Abend zuvor bedeutete. Das Gleiche gilt für die viskose Flüssigkeit in den Geleegläsern und für alles andere. Und natürlich wusste Frau Altham Bescheid: Jeder wusste alles über das Mittagessen, das auf eine Dinnerparty folgte. Selbst wenn die Dinnerparty gestern Abend genauso geheim gewesen wäre wie die Hochzeit Georgs IV. mit Mrs. Fitzherbert, wäre das heutige Mittagessen genauso öffentlich gewesen wie jede andere Veranstaltung in St. Peter's, Eaton Square.

Er dachte über die unvorstellbare Störung nach, die seine Abwesenheit in all dieser Routine mit sich bringen würde.

„Ich frage mich, ob ich das tun sollte", sagte er. „Ich glaube, Amy hat mir erzählt, dass sie ein paar Freunde zum Mittagessen hat."

Millie Evans sah zu ihm auf. So unbedeutend die Frage war, ob er hier oder zu Hause zu Mittag essen sollte, wusste sie, dass sie sich in diesem Moment definitiv gegen seine Frau stellte.

„Ah, hör doch auf", sagte sie. „Wenn Cousine Amy ein paar Freunde hat, warum sollten wir dann nicht auch einen haben?"

Er stand auf: Fast hätte er seinen Hut wieder abgenommen, aber es fiel ihm wieder ein.

„Ich verstehe es als Befehl", sagte er. „Wurde mir befohlen aufzuhören?"

"Sicherlich. Rufen Sie Mrs. Ames, Wilfred, an und sagen Sie, dass Major Ames mit uns zu Mittag isst."

„ *À les ordres de votre Majesté* ", sagte er fröhlich und vergaß für einen Moment, dass seine Frau ihn mit der schwer fassbaren Sprache unserer Nachbarn um Hilfe bat. Aber die französische Art seiner Haltung und seiner Gefühle lenkte vielleicht die Aufmerksamkeit von dem merkwürdigen Charakter seiner Grammatik ab.

KAPITEL IV

ES war natürlich ebenso unvermeidlich wie die Rückkehr des Tages, dass Mrs. Altham eine halbe Stunde früher aufbrach, als nötig war, um an diesem Morgen in die Kirche zu gehen, um zu Mrs. Brooks zurückzukehren, die gestern Abend gegessen hatte bei den Ames, ein paar Bücher, die ihr vor ein oder zwei Monaten geliehen worden waren, und dass Mrs. Brooks ihr den ungewöhnlichen Vorfall erzählen sollte, als Harry Mrs. Evans nach dem Abendessen in den Garten mitnahm und ihr ein allmählich wachsendes Kind gab Rosenstrauß, der von den Bäumen seines Vaters gerissen wurde. Tatsächlich war es schwierig, zufriedenstellend zu entscheiden, welcher Teil von Harrys Verhalten am erstaunlichsten war, so umfassend hatte er sich gegen beide Nutznießer des fünften Gebots aufgelehnt.

„Sie können nicht weniger als zwanzig Minuten draußen im Garten gewesen sein", sagte Mrs. Brooks; „Und ich würde mich nicht wundern, wenn es mehr wäre. Denn kaum hatten wir uns niedergelassen, nachdem die Herren aus dem Speisesaal hereingekommen waren, als sie auch wieder hinausgingen, und ich bin sicher, wir hatten uns kaum wieder unterhalten, als sie zurückkamen, als meine Zofe angekündigt wurde. Natürlich saßen die Herren noch lange nach dem Abendessen da, bevor sie sich zu uns gesellten, was meiner Meinung nach immer der Fall ist, wenn General Fortescue auf einer Party ist, aber es kann nicht weniger als eine halbe Stunde her sein, dass sie im Garten waren Jetzt kommt man, um es zu addieren."

Mrs. Brooks betrachtete einen Moment lang schweigend ihr Stück Stickerei. Man darf nicht einen Augenblick davon ausgehen, dass sie am Sonntagmorgen ihr eigenes Kleid gestickt hätte; Dies war eine Front für das Rednerpult in St. Barnabas, was es Frau Ames unmöglich machen würde, das Rednerpult mehr mit ihren Blumen zu schmücken. Es gab ein Kreuz und eine Krone und einige Initialen und einige Lichtstrahlen und ein Herz und einige Passionsblumen und eine darauf gearbeitete Taube, mit einer Fülle von Goldfäden, die in ihrer Opulenz geradezu amerikanisch waren. Bisher war das Rednerpult immer Gegenstand einer der aufschlussreichsten Verzierungen von Mrs. Ames. Wenn diese Stickerei fertig war (was bald der Fall sein würde), wurde sie in Unordnung und Unbehagen vom Rednerpult vertrieben.

„Eine sehr reichhaltige Wirkung", sagte Frau Altham mitfühlend. "Ein halbe Stunde! Liebe mich! Und dann, glaube ich, hast du gesagt, sie sei mit einem Dutzend Rosen zurückgekommen."

Mrs. Brooks schloss die Augen und machte eine kurze Berechnung.

„Mehr als ein Dutzend", sagte sie. „Ich schätze, es waren zwanzig Rosen. Es war sehr ausgeprägt, wirklich sehr ausgeprägt. Und wenn Sie mich fragen, was ich von Mrs. Ames' Plan halte, Ehemann ohne Ehefrau und Ehefrau ohne Ehemann zu fragen, muss ich sagen, dass mir das überhaupt nicht gefällt. Verlassen Sie sich darauf, wenn Dr. Evans auch gekommen wäre, hätten wir nicht mit unserem Meister Harry im Garten herumlaufen müssen. Aber es liegt mir fern, zu sagen, dass darin etwas Schlimmes steckte, bei weitem! Ich hoffe, dass ich nicht zu den Menschen gehöre , die die Taten anderer Menschen verurteilen, weil ich sie selbst nicht begehen würde. Ich weiß nur, dass mein verstorbener lieber Mann, als er mich zum ersten Mal bat, nach dem Abendessen mit ihm durch den Garten zu spazieren, mir einen Heiratsantrag machte; Und als er mich zum zweiten Mal aufforderte, mit ihm durch den Garten zu gehen, machte er mir erneut einen Antrag, und ich nahm ihn an. Aber ich war damals mit niemand anderem verlobt und schon gar nicht verheiratet, wie Mrs. Evans. Aber es geht mich nichts an, das kann ich mit Freude sagen."

„In der Tat, nein, es geht uns nichts an", sagte Frau Altham eifrig; „Und wie Sie sagen, kann es überhaupt nicht schaden. Aber junge Männer sind sehr beeinflussbar, auch wenn sie äußerst unattraktiv sind, und ich nenne es eine deutliche Ermutigung für einen jungen Mann, nach dem Abendessen mit ihm im Garten herumzulaufen und ein Rosengeschenk zu erhalten. Und ich bin sicher, dass Mrs. Evans alt genug ist, um seine Mutter zu sein."

Mrs. Brooks befestigte ein Stück Goldfaden, der Teil des längsten Strahls von allen sein sollte, und führte eine weitere kleine Berechnung durch. Es war nicht ganz zufriedenstellend.

„Jedenfalls ist sie alt genug, um es besser zu wissen", sagte sie; „Aber mir ist aufgefallen, dass Menschen sich oft schlechter verhalten, wenn sie alt genug sind, um es besser zu wissen. Bedenken Sie, ich mache ihr keine Vorwürfe: Es gibt nichts, was ich so sehr verabscheue wie diese zensierende Haltung; und ich sage nur, wenn ich einen jungen Mann so sehr ermutigen würde, müsste ich mir selbst die Schuld geben."

„Und das Abendessen?" fragte Frau Altham. „Zumindest brauche ich das nicht zu fragen, da ich dort zu Mittag essen werde, also werde ich bald genauso gut wissen wie Sie, was es gab."

Mrs. Brooks lächelte ziemlich überlegen.

„Ich weiß nie, was ich esse", sagte sie. Und sie sah aus, als wäre es auch nicht mit ihr einverstanden, was auch immer es war.

Das war nicht besonders aufregend, denn obwohl allgemein bekannt war, dass Harry ein emotionales Temperament hatte und Liebesgedichte schrieb, erschien er Mrs. Altham als unwahrscheinlicher Lothario. Auf jeden Fall war das leichte Interesse, das dies in ihr weckte, nichts im Vergleich zu dem, was sie und ihren Mann erwartete, als sie zum Mittagessen bei Mrs. Ames ankamen.

Zwischen Mrs. Altham und ihrer Gastgeberin gab es schon seit langem einen Streit über das Thema Pünktlichkeit. Vor etwa zwei Jahren war Mrs. Ames mit mindestens zehn Minuten Verspätung zum Abendessen bei Mrs. Altham angekommen, und als sie das nächste Mal zum Abendessen bei Mrs. Ames eingeladen wurde, hatte Mrs. Altham ihr völlig zurecht mit einer Viertelstunde Verspätung entgegnet Dazu gehörte, zehn Minuten lang in einem dunklen Taxi an der nächsten Abzweigung zu sitzen. Das nächste Mal also hoffte Mrs. Altham „das Vergnügen zu haben, Sie und Major Ames am Donnerstag um Viertel vor acht beim Abendessen zu sehen", fragte sie den Rest ihrer Gäste um acht. Mit dem Effekt, dass Mrs. Ames und ihr Mann ein paar Minuten vor allen anderen eintrafen und Riseborough im Allgemeinen davon ausging, dass Mrs. Altham gepunktet hatte. Seitdem hatte man nur eine Art oberflächliches Erbsenschießen durchgeführt, das niemandem schaden würde, und heute trafen Mrs. Altham und ihr Mann mit Sicherheit innerhalb von zehn Minuten nach der angegebenen Stunde ein. Mr. Pettit, der am Sonntag normalerweise mit Mrs. Ames oder Mrs. Brooks zu Mittag aß, war bereits mit seiner Schwester dort. Harry hüpfte mürrisch in einer Ecke herum, und Mrs. Ames war die einzige andere Person in dem kleinen Wohnzimmer, wo sie ihre Gäste empfing, anstatt sie aufzufordern, in den Salon zu gehen und sofort wieder hinunterzugehen. Sie reichte Mrs. Altham ihre dicke kleine Hand und machte dann diese bemerkenswerte Aussage.

„Ich denke, wir warten auf niemanden."

Daraufhin gingen sie zum Mittagessen über und Harry saß anstelle seines Vaters am Kopfende des Tisches.

Mrs. Ames war in ihrer gesprächigsten Stimmung, und erst als die *chaud-froide*, die hauptsächlich aus Hühnerbeinen bestand, die mit einer gelben Soße überklebt waren, die die langen blauen Haarwurzeln verbarg, mit denen die Natur ihre unteren Extremitäten geschmückt hat, wurde herumgereicht, dass Mrs. Altham Gelegenheit hatte, die Frage zu stellen, die ihr wie ein antiseptisches Lutschbonbon auf der Zungenspitze brodelte, seit sie die Abwesenheit des Majors bemerkt hatte.

„Und wo ist Major Ames?" Sie fragte. „Ich hoffe, er ist nicht krank? Ich dachte, er sah gestern auf der Gartenparty von Mrs. Evans alles andere als gut aus."

Mrs. Ames beruhigte sich über den zweiten Punkt und entfachte ihre Meinung über den ersten.

"Ach nein!" Sie sagte. „Dachten Sie, dass er krank aussah? Wie gut, dass Sie nach ihm fragen. Aber Lyndhurst geht es ganz gut. Herr Pettit, etwas mehr Hühnchen? Nach deiner Predigt.“

Herr Pettit hatte ein kluges, hässliches, entzückendes Gesicht, sehr schlank, sehr fähig. Menschlich gesehen verabscheute er wahrscheinlich Mrs. Ames. Menschlich gesehen wusste er, dass in ihr viel Gutes steckte, aber auch eine Menge fragwürdiger Dinge. Er lächelte und zeigte seine dicken weißen Zähne.

„Vor und nach meiner Predigt“, sagte er. „Auch vor einem Kindergottesdienst und einem Bibelkurs. Ich kann mir des Gedankens nicht erwehren, dass Gott seine armen Geistlichen vergessen hat, als er den siebten Tag als einen Tag der Ruhe definierte.“

Mrs. Ames verdeckte mit ihrer kleinen Hand einen kleinen Teil ihres kleinen Gesichts. Sie sagte immer, dass Herr Pettit überhaupt kein Geistlicher sei.

„Wie unartig von dir“, sagte sie. „Aber ich muss dich korrigieren. Der siebte Tag ist nun zum ersten Tag geworden.“

Harry stieß einen absichtlich hörbaren Seufzer aus. Der Omar Club bestand hauptsächlich aus Atheisten, und er fühlte sich verpflichtet, ihre Prinzipien aufrechtzuerhalten.

„So etwas verwirrt mich“, sagte er. "Herr. Pettit sagt, der Sonntag sei ein Ruhetag gewesen, und meine Mutter sagt, dass Gott das meinte, was wir Montag oder Samstag nennen. Ich habe mich verhalten, als wäre es Dienstag oder Mittwoch.“

Mr. Pettit warf ihm einen freundlichen Blick zu.

„Ganz richtig, mein lieber Junge“, sagte er. „Verbringen Sie Ihren Dienstag oder Mittwoch richtig und Gott wird es nicht stören, ob es Donnerstag oder Freitag ist.“

Harry strich sein strähniges Haar zurück und wurde Omar-artig.

„Fasten Sie am Freitag, darf ich fragen?“ er sagte.

Mrs. Ames sah gequält aus und versuchte, sich etwas auszudenken, was sie sagen sollte. Sie versagte. Aber Mrs. Altham dachte ohne Schwierigkeiten.

„Ich nehme an, Major Ames ist weg, Mr. Harry?“ Sie sagte.

Auch wenn man ihre Absichten leicht als liebenswürdig bezeichnen könnte, wurde ihr selbst dann nicht das Privileg zuteil, eine Antwort zu bekommen, denn Mr. Pettit beantwortete Harrys Frage fröhlich, ohne den Anflug von Verlegenheit, als ob es ihm nichts ausmachte, was der Omar bedeutete dachte der Khayyam Club.

„Natürlich tue ich das, mein Lieber", sagte er, „denn unser Herr und liebster Freund ist an diesem Tag gestorben. Er erlaubt uns, ein oder zwei Stunden mit ihm zu wachen und zu beten."

Harry wirkte nachsichtig.

„Merkwürdig", sagte er.

Mr. Pettit blickte ihn genauso lange an, wie man den Redner ansieht, mit fröhlicher Herzlichkeit im Gesicht, und wandte sich dann wieder an seine Mutter.

„Ich möchte, dass du nächsten Sonntag in der Kirche bist", sagte er, „mit einem dicken Geldbeutel, um dünn gemacht zu werden." Ich werde ein Spendenangebot geben, um ein Kindergeschenk zu finanzieren. Ich möchte jedes Kind der Gemeinde für einen Tag ans Meer schicken."

Harry unterbrach ihn kritisch.

„Warum die Meerseite?" er hat gefragt.

Herr Pettit wandte sich ihm mit unverminderter Herzlichkeit zu.

„Wie richtig zu fragen!" er sagte. „Weil das Meer ihm gehört und er es geschaffen hat! Außerdem bauen sie Sandburgen und sammeln Muscheln. Du musst auch kommen, mein lieber Harry, und uns helfen, ihnen einen schönen Tag zu bereiten."

Harry hatte das Gefühl, dass es sich hier um einen Philister handelte, der in seine Schranken gewiesen werden musste. Er war eigentlich kein sehr unhöflicher Jugendlicher, aber er fühlte sich verpflichtet, sich dem Christentum zu widersetzen, das er als Aberglauben betrachtete. Eine zündende Idee kam ihm in den Sinn.

„Aber seine Hände bereiteten das trockene Land vor", sagte er, „auf der gleichen Grundlage."

"Sicherlich; und da die lieben Milben immer das trockene Land gesehen haben", sagte Herr Pettit mit äußerster guter Laune, „wollen wir ihnen zeigen, dass Gott an etwas gedacht hat, an das sie nie gedacht haben. Und dann sind da noch die Sandburgen."

Harry war müde und machte sich nicht daran, Mr. Pettit mit den atheistischen Argumenten zu vernichten, die im Omar Khayyam Club an der Tagesordnung waren. Er war kein Argument wert: Man konnte wirklich nur mit den aufgeklärten Leuten streiten, die einem im Grunde zustimmten, und er war sich sicher, dass Herr Pettit diese Anforderung nicht erfüllte. Also wandte er sich nachsichtig an Frau Altham.

„Ich habe dich gestern auf der Gartenparty von Mrs. Evans gesehen", sagte
er. „Ich denke, sie ist die wundervollste Person, die ich je getroffen habe. Sie
hat gestern Abend hier gegessen und ich habe sie in den Garten
mitgenommen …"

„Und zeigte ihr die Rosen", sagte Mrs. Altham, unfähig, sich zu beherrschen.

Harry wurde zu einer Parodie auf sich selbst, auch wenn das wie eine
unüberwindbare Meisterleistung erscheinen mag.

„Ich ging davon aus, dass es klappen würde", sagte er. „Das ist das
Schlimmste an einem kleinen Ort wie diesem. Was auch immer Sie tun, ist
sofort bekannt."

Die leicht zähflüssigen Reste des Erdbeereises wurden gereicht, und Mr.
Pettit unterhielt sich mit Mrs. Ames und seiner Schwester aus einem
bemitleidenswerten christlichen Standpunkt.

"Was hast du gehört?" fragte Harry mit leiser Stimme.

„Nur, dass sie und du nach dem Abendessen in den Garten gegangen sind
und dass du Rosen für sie gepflückt hast –"

Harry strich sein strähniges Haar mit seiner knochigen Hand zurück.

„Sie haben alles gehört", sagte er. „Es gab nichts weiter als das. Ich habe sie
nicht zu Hause gesehen. Ihre Kutsche kam nicht: Da war wohl ein Irrtum.
Aber es war mein Vater, der ihr Zuhause gesehen hat, nicht ich."

Er legte den Löffel weg, mit dem er die zähe Flüssigkeit getrunken hatte.

„Wenn Sie hören, dass ich sie zu Hause gesehen habe, Mrs. Altham", sagte
er, „sagen Sie ihnen, dass das nicht wahr ist." Aus dem, was Sie mir bereits
erzählt haben, gehe ich davon aus, dass Gespräche im Gange sind. Es gibt
keinen Grund für solche Gespräche."

Er hielt einen Moment inne, und dann gären ein oder zwei Zeilen des
intensiven Swinburnschen Überschwangs, den er letzte Nacht geschrieben
hatte, in seinem Kopf und machten ihn noch unendlich absurder.

„Ich versichere Ihnen, dass es derzeit keinen Grund für solche Gespräche
gibt", sagte er ernst.

Nun könnte man von Frau Altham, die sich für alles interessiert, was andere
betrifft, die größte Neugier auf ein solches Thema verspüren, aber irgendwie
fühlte sie sich sehr wenig, da sie wusste, dass sich hinter dem Gespräch
eigentlich nur sehr wenig Thema verbarg. und die galanten Bedenken des
armen, hässlichen Harry schienen ihr jeden wirklichen Reiz zu entbehren.
Andererseits wollte sie unbedingt wissen, wo sich Major Ames befand und
über die Beharrlichkeit einer Hauskatze verfügte, die man hundertmal aus

einem bestimmten Sessel werfen kann, ohne dass sie auch nur die geringste Entmutigung hervorruft , kehrte sie wieder zu ihrem eigenen Thema zurück.

„Ich bin mir sicher, dass es keinen Grund für ein solches Gerede gibt, Mr. Harry", sagte sie mit seltsam unwillkommener Überzeugung, „und ich werde ihm auf jeden Fall widersprechen, wenn ich es jemals höre. Ich bin so froh zu hören, dass Major Ames nicht krank ist. Ich hatte Angst, dass seine heutige Abwesenheit vom Mittagessen bedeuten könnte, dass er es war."

Jetzt hatte Harry tatsächlich keine Ahnung, wo sein Vater war, da die telefonische Nachricht bei Mrs. Ames eingegangen war.

„Vater geht es ganz gut", sagte er. „Er hat den halben Vormittag Zuckererbsen gepflückt. Er hat einen tollen Haufen ausgewählt."

Mrs. Altham sah sich um: Der Tisch war mit den Rosen der Dinnerparty vom Vorabend geschmückt.

„Wo sind dann die Zuckererbsen?" Sie fragte.

Aber Harry interessierte sich überhaupt nicht für die Frage.

„Ich weiß es nicht", sagte er. „Vielleicht sind sie im Nebenzimmer. Gestern Abend habe ich Frau Evans gezeigt, wie die Rosen von La France blau aussahen, als die Dämmerung hereinbrach. Sie hatte es nie bemerkt, obwohl sie so blau werden wie ihre Augen."

„Wie neugierig!" sagte Frau Altham. „Aber ich habe die Zuckererbsen im Nebenzimmer nicht gesehen. Wenn es eine Menge davon gegeben hätte, hätte ich sie sicherlich bemerken müssen. Oder vielleicht sind sie im Wohnzimmer."

In diesem Moment war die Stimme von Frau Ames vom anderen Ende des Tisches zu hören.

„Sollten wir dann draußen unseren Kaffee trinken?" Sie sagte. „Harry, wenn du die Glocke läuten würdest –"

Stühle wurden nach hinten geschoben, und Mrs. Altham ging am Tisch entlang zu den französischen Fenstern, die zur Veranda führten.

„Ich habe gehört, dass Major Ames den ganzen Morgen die schönsten Zuckererbsen gepflückt hat", sagte sie zu ihrer Gastgeberin. „Es wäre eine große Freude, sie zu sehen. Ich bewundere immer die Zuckererbsen von Major Ames."

Nun war das bedauerlich, denn Mrs. Altham wollte selbst Auskunft, aber durch ihre Rede war es ihr nur gelungen, Mrs. Ames Auskunft zu geben, die ohne die geringste Schwierigkeit erriet, wohin die Zuckererbsen gegangen waren, was sie noch nicht gewusst hatte ausgewählt wurde. Sie war schon jetzt ziemlich verärgert über ihren Mann, weil dieser kurzerhand von ihrer Mittagsparty abgewichen war, und war sich bewusst, dass Mrs. Altham dafür sorgen würde, dass die Tatsache in Riseborough so bekannt wurde, als wäre sie in die Kolumne des örtlichen Geheimdienstes aufgenommen worden Kreiszeitung. Aber sie hatte das Gefühl, sie würde es lieber selbst dort hinstellen, als Mrs. Altham wissen zu lassen, wo er und seine Zuckererbsen waren. Sie hatte keinen größeren Einwand (oder wenn ja, verheimlichte sie es sogar sorgfältig vor sich selbst), dass er auf diese improvisierte Weise mit Mrs. Evans zum Mittagessen ging, als wenn er mit jemand anderem zum Mittagessen gegangen wäre; Was sie störte, war sein Nichterscheinen bei einer so fest etablierten und so treu eingehaltenen Institution wie dem Mittagessen, das auf die Dinnerparty folgte. Aber im Moment war sie ganz darauf konzentriert, Mrs. Altham zu vereiteln. Sie sah interessiert aus.

„In der Tat, hat er Erbsen gepflückt?" Sie sagte. „Ich muss ihn ausschimpfen, wenn es nur das wäre, was ihn von der Kirche fernhält. Ich weiß nicht, was er mit ihnen gemacht hat. Sehr wahrscheinlich befinden sie sich in seinem Ankleidezimmer: Dort hat er oft gerne Blumen. Aber wenn Sie seine Zuckererbsen so sehr bewundern, gehen Sie bitte durch den Garten und schauen Sie sie sich an. Sie werden sie in ihrer vollen Schönheit finden."

Das war natürlich nicht im Geringsten das, was Frau Altham wollte, da sie sich nicht um zwei Strohhalme für den Rest der Zuckererbsen kümmerte. Aber das Leben war kaum lebenswert, wenn sie nicht wusste, wo diese besonderen Zuckererbsen waren. Was ihren Aufenthalt in seinem Ankleidezimmer betraf, hatte sie das Gefühl, dass Mrs. Ames eine sehr schlechte Meinung von ihren intellektuellen Fähigkeiten haben musste, wenn sie glaubte, dass eine solche Geschichte einer alten Frau ihr Genüge tun würde. Damit hatte sie teilweise recht: Mrs. Ames hatte tatsächlich überhaupt keine Meinung über ihre Meinung; Andererseits glaubte sie nicht einen Augenblick, dass dieser Vorschlag bezüglich der Umkleidekabine dieses schwache Organ zufriedenstellen würde. Es war nicht dafür gedacht: Das Ziel bestand darin, eine wildere und immer noch unbefriedigte Neugier zu wecken. Es gelang vollkommen, und Mrs. Altham fuhr aus Nebenstraßen mit voller Geschwindigkeit, wie ein Automobil, auf die Landstraße der direkten Frage.

„Ich bin sicher, sie sind wunderschön", sagte sie. „Und wo isst Major Ames zu Mittag?"

Mrs. Ames hob Teile ihres Gesichts, wo früher vielleicht Augenbrauen gewesen wären. Sie sagte eine der Wahrheiten, die Bismarck liebte.

„Er hat es mir nicht gesagt, bevor er gegangen ist", sagte sie. „Vielleicht weiß Harry es. Harry, wo isst dein Vater zu Mittag?"

Das war jetzt lächerlich. Als ob es möglich wäre, dass eine Frau in Riseborough nicht wüsste, wo ihr Mann zu Mittag aß! Harry wusste es offenbar auch nicht, und Mrs. Ames, die die Freuden des Bullenhetzers schmeckte, stachelte Mrs. Altham noch mehr an, indem sie Parker, als sie den Kaffee brachte, gezielt fragte, ob sie wüsste, wo der Major zu Mittag aß. Natürlich tat Parker das nicht, und so wurde Parker angewiesen, Frau Altham einen schönen Strauß Zuckererbsen abzuschneiden, um sie mitzunehmen.

Nachdem Mrs. Ames dieser angenehmen Pflicht nachgekommen war, übermäßige Neugier zu vereiteln, wandte sie sich an Mr. Pettit, obwohl sie mit Mrs. Altham noch nicht ganz fertig war. Denn sie hatte aus bester Quelle gehört, dass Mrs. Altham gelegentlich der widerlichen und unweiblichen Angewohnheit des Zigarettenrauchens frönte. Mrs. Brooks hatte sie mehrmals mit einer Zigarette durch ihren Garten laufen sehen, und sie hatte es Mrs. Taverner erzählt, die es Mrs. Ames erzählt hatte. Die Beweise waren überwältigend.

"Herr. „Pittit, ich glaube nicht, dass irgendjemand von uns etwas gegen den Geruch von Tabak hat", sagte sie, „wenn es draußen ist, also nimm bitte eine Zigarette." Harry wird dir eins geben. Ah! Ich habe vergessen! Vielleicht gefällt es Mrs. Altham nicht."

Mrs. Altham beeilte sich, diesen Eindruck zu korrigieren. Gleichzeitig hatte sie das subtile und nicht ganz angenehme Gefühl, dass Mrs. Ames alles über sie und ihre Zigaretten wusste, was genau der Eindruck war, den diese Dame vermitteln wollte.

Diese Taktiken waren alle auf ihre Weise durchaus vernünftig, aber eine tiefere Kenntnis der menschlichen Natur hätte Mrs. Ames dazu veranlasst, ihren Sieg nicht mit so gnadenloser Hand zu verkünden. In ihrer Entschlossenheit, Mrs. Althams abscheuliche Neugier zu vereiteln, hatte sie deutlich gemacht, dass sie es vereitelte: Sie hätte Parker zum Beispiel nicht fragen sollen, ob sie den Aufenthaltsort des Majors wüsste, denn das diente nur dazu, die unbestrittene Tatsache zu unterstreichen dass Mrs. Ames es wusste (das könnte als selbstverständlich angesehen werden) und dass sie wusste, dass Parker es nicht wusste, denn sonst hätte sie sie sicherlich nicht gefragt.

Folglich kam Frau Altham (insofern fälschlicherweise) zu dem Schluss, dass der Major allein zu Mittag aß, während seine Frau nicht wollte, dass er alleine zu Mittag aß. Und in der nächsten Viertelstunde, während sie alle auf der Veranda saßen, widmete sie den Geist, den ihre Gastgeberin so verachtete, einer schnellen Überprüfung aller Häuser dieser Art. Fast augenblicklich führte sie der falsche Geruch, dem sie folgte, zum richtigen Steinbruch. Sie argumentierte fälschlicherweise mit der Existenz einer hübschen Frau, und es gab eine hübsche Frau in Riseborough. Es ist kaum notwendig zu erwähnen, dass sie sich entschlossen hatte, diese hübsche Frau unverzüglich aufzusuchen. Sie wäre sehr überrascht, wenn sie dort nicht einen riesigen Haufen Zuckererbsen und vielleicht ihren Spender finden würde.

Die Gäste von Mrs. Ames machten sich bald auf den Weg, Mr. Pettit und seine Schwester zum Kindergottesdienst um drei, die Althams auf ihrer Detektivmission, und sie war sich selbst überlassen, außer Harry, der in einem Korbstuhl schlief Der Garten kann als Kameradschaft betrachtet werden. Sie verfügte nicht über eine besonders ausgeprägte Vorstellungskraft, aber an diesem Nachmittag war sie in der Lage, ein gewisses Maß an unbestimmter Unruhe heraufzubeschwören (was sie tatsächlich nicht konnte). Tatsächlich versuchte sie, es beiseite zu schieben und ihren Geist mit der Erinnerung daran zu erfrischen, wie sie Mrs. Altham vereitelt hatte, doch ihre Beunruhigung war nur vage und beschäftigte sich mit Dingen, die im Moment überhaupt keine wirkliche Existenz hatten, während ihr Sieg über ... Diese neugierige Dame war frisch und neu, die Unruhe war irgendwie von schärferer Qualität, und schließlich sah sie sich ihr gegenüber, anstatt noch länger zu versuchen, sie außer Sichtweite zu verdrängen.

Millie Evans war zweifellos eine gutaussehende Frau, und der Major fühlte sich gestern Abend zweifellos sehr von ihr angezogen. Unbestreitbar hatte er auch etwas sehr Seltsames getan, als er anhielt, um dort zu Mittag zu essen, obwohl er ganz genau wusste, dass zu Hause Leute zu Mittag mit ihnen zu Mittag aßen, um an diesem wichtigen Ritual teilzunehmen, bei dem die Reste des Abendessens vom letzten Abend aufgegessen wurden. Zweifellos hatte er ihr dieses Geschenk mit Zuckererbsen mitgebracht, worüber Mrs. Altham sie so zuvorkommend informiert hatte; Schließlich war sie selbst zweifellos zehn Jahre älter als ihr Mann.

Es wurde gesagt, dass Mrs. Ames nicht einfallsreich war, aber in der Tat schien es, wenn man alles zusammenfasst, genug zu geben, um einen sehr prosaischen und wörtlichen Geist zu beschäftigen. Es war nicht so, dass diese Tatsachen für sie alle neu waren: Der Altersunterschied zwischen ihr und ihrem Mann lag schon lange dunkel und bedrohlich wie eine ferne Gewitterwolke am Horizont ihres Geistes. Bisher war es dort stationär gewesen, kam offenbar nicht näher und gab keinen Hinweis auf den potenziellen Sturm, der in ihm lauern könnte. Aber jetzt schien es sich ein wenig in den Himmel bewegt zu haben, und (obwohl das vielleicht bloße Einbildung ihrerseits war) kam von ihm ein schläfriges und fernes Echo eines Donners.

Man darf nicht annehmen, dass sich ihre Unruhe in Mrs. Ames Gedanken durch eine solche Metapher ausdrückte, denn sie war zu Metaphern praktisch unfähig. Sie sagte sich lediglich, dass sie zehn Jahre älter sei als ihr Mann. Das wusste sie schon seit ihrer Heirat (tatsächlich hatte sie es schon vorher gewusst), aber bis jetzt schien diese Tatsache für sie nie von Bedeutung gewesen zu sein. Und doch waren ihre Gründe für die Annahme, dass es bald von Bedeutung sein könnte, äußerst unbegründet. Wenn Lyndhurst heute nicht zum Mittagessen ausgegangen wäre, wäre es ihr sicher nicht im Traum eingefallen, dass die Ereignisse des Abends zuvor Beunruhigung hervorgerufen hätten; Tatsächlich war die Party, abgesehen von Harrys absurdem Ausflug in den Garten, ausgesprochen erfolgreich gewesen, und sie hatte beschlossen, noch mehr dieser außerhäuslichen Unterhaltungen zu bieten. Aber ihr Prinzip nahm ein seltsam anderes Aussehen an, als ihr Mann eine solche Einladung annahm, anstatt zu Hause zu Mittag zu essen, und dieses Aussehen zeigte sich in lebhaften Farben, als sie darüber nachdachte, dass er zehn Jahre jünger war als sie.

Mrs. Ames war eine praktisch veranlagte Frau, und obwohl ihre Fantasie, wie sie sich einredete, durch diese späten Ereignisse unverhältnismäßig stark in Aufruhr geraten war und sie bereits über eine Eventualität nachdachte, mit der sie keinen wirklichen Grund hatte, vorherzusehen, überlegte sie doch, was ihr praktischer sein sollte Verhalten, wenn dieser entfernte Zustand nicht mehr entfernt sein sollte. Sie war überhaupt nicht mehr in ihren Mann verliebt, und zwar so sehr, dass sie sich überhaupt nicht mehr an die Realität erinnern konnte, wie dieses unruhige Gefühl war. Aber sie war schon vor Jahren in ihn verliebt gewesen, und das gab ihr immer noch das Gefühl, von ihm Besitz zu ergreifen. Sie hatte nicht die Angewohnheit, ihren Besitz zu bewachen, da es nie einen Grund zu der Annahme gegeben hatte, dass jemand ihn ihr wegnehmen wollte, aber sie erinnerte sich mit ausreichender Deutlichkeit an das Gefühl, dass Lyndhursts Garten für ihn zum vorrangigen Interesse seines Lebens wurde . Damals bestand dieses Gefühl aus gemischten Gefühlen: Vernachlässigung und Erleichterung waren seine Bestandteile. Er hatte aufgehört, von ihr jene undefinierbare Sensibilität zu erwarten, die eine der Grundvoraussetzungen der Liebe ist, und die zunehmende Verkümmerung seiner Ansprüche entsprach sicherlich ihren eigenen Neigungen. Obwohl es eine Erleichterung war, dass er sein dringendes Bedürfnis nach ihr aufgegeben hatte, ärgerte sie sich gleichzeitig darüber. Sie hätte sich gewünscht, dass er sozusagen auf Kredit weiter in sie verliebt wäre, ohne dass die Begleichung der Rechnung beantragt wurde. Seitdem waren Jahre vergangen, aber heute erlangte diese sekundäre Unzufriedenheit wieder eine primäre Bedeutung. Es war jetzt akuter als je zuvor, denn ihr Besitz ging nicht stillschweigend in die Kultur unpersönlicher Blumen über, sondern war, so schien es möglich, direkt bedroht.

Da war die Situation, die ihre Fantasie ihr präsentierte, praktisch umgesetzt, und sie begann, sie von einem praktischen Standpunkt aus zu betrachten. Was sollte sie tun?

Sie hatte das Recht, anzuerkennen, dass die ersten klaren Anzeichen von Kühle in ihren gegenseitigen Beziehungen vor nunmehr fünfzehn Jahren hauptsächlich von ihr ausgingen: Sie hatte seine Übertragung der Zuneigung auf seinen Garten grundsätzlich begrüßt, obwohl sie sich insgeheim darüber geärgert hatte. Zumindest hatte sie die Abkühlung geduldet. Wahrscheinlich war das ein Fehler ihrerseits gewesen, und sie beschloss nun, ihn zu korrigieren. Sie kam sich traurigerweise immer noch jung vor, und um sich in ihrer Ansicht zu bestätigen, machte sie sich die Mühe, ins Haus zu gehen und sich in dem Glas zu betrachten, das im Flur hing. Es war unvermeidlich, dass sie dort nicht das sah, was sie wirklich sah, sondern das, was sie im Wesentlichen sehen wollte. Ihr Haar, dessen Ton immer leicht verblasst war, war nicht wirklich grau, und selbst wenn es Anzeichen von Grau darin gab, gab es nichts Einfacheres, wenn man den täglichen Anzeigen in den Zeitungen vertrauen konnte, als die Farbe wiederherzustellen, nicht durch Färben. aber auf „rein natürliche Weise". Sie erinnerte sich, dass es heute in der Zeitung eine Anzeige für eine solche begehrenswerte Lotion gegeben hatte , die, wie sie bemerkt hatte, in jeder Apotheke erhältlich war. Sicherlich war ein wenig Grau in ihren Haaren, das ließe sich leicht beheben. Dieser Akt geistiger Offenheit führte zu einem weiteren. Es gab gewisse Vorzeichen wie ein Spannungsgefühl im Halsbereich und schlaffe Haut um Mund und Augen. Aber wer könnte überhaupt mit der Zeit Schritt halten und wüsste nicht, dass es Hautnahrungsmittel gab, die eine magische Wirkung hatten? Es gab eines, das ihr vor nicht allzu langer Zeit in den Sinn gekommen war: Eine Schauspielerin hatte in ihrem Lob geschrieben, dass ihre Falten nach einer dreitägigen Behandlung verschwunden seien. Dann war da noch ein wenig, nur ein wenig, ein blasser Teint, aber schließlich war sie schon immer ziemlich blass gewesen. Es war ein glücklicher Umstand: Wenn ihr heiß wurde, wurde sie nie rot im Gesicht wie die arme Mrs. Taverner ... Sie wollte nächste Woche für eine Nacht in die Stadt fahren, um ihren Zahnarzt aufzusuchen, eine jährliche Vorsichtsmaßnahme, die jedoch fruchtlos blieb Schmerzen, denn ihre Zähne waren wirklich ausgezeichnet, regelmäßig geformt, weiß und unbeschädigt. Lyndhurst hatte ihr in seinen frühen Tagen gesagt, sie seien wie Perlen, und sie hatte ihm gesagt, er rede Unsinn. Sie waren immer noch wie Perlen, nur dass er es ihr nicht sagte. Er, der arme Kerl, hatte in dieser Hinsicht große Schwierigkeiten gehabt, aber man könnte annehmen, dass seine Schwierigkeiten jetzt vorbei seien, da die List ihr Äußerstes für ihn getan hatte. Sie war dort viel jünger als er, obwohl sein letztes Set wunderbar passte. Aber wahrscheinlich hatte Millie gesehen, dass sie nicht real waren. Und dann hatte er deutlich Gicht, was bei ihr nicht der Fall war. Oft hatte sie seine optimistische Behauptung gehört, dass eine einstündige Beschäftigung mit der Gartenwalze alle rheumatischen Tendenzen unmöglich machte. Aber obwohl sie diese willkürlichen Aussagen öffentlich durchgehen ließ und sie sogar befürwortete, kannte sie die Reihe von Flaschen, die den Waschtisch in seinem Ankleidezimmer belagerten, wo es keine Zuckererbsen gab.

Das stille Gespräch mit dem Spiegel im Flur nahm sie etwa zehn Minuten in Anspruch, aber die zehn Minuten reichten aus, um zu einer Schlussfolgerung zu gelangen – nämlich, dass sie noch nicht die Absicht hatte, eine alte Frau zu sein. Subtile Kunst, die Kunst des Haarwuchsmittels (bei dem es sich nicht um einen Farbstoff handelte), die Kunst des Hautpflegers muss aufgerufen werden. Sie fühlte sich überhaupt nicht mehr alt, da die Möglichkeit bestand, dass sich ihr Mann jung fühlte. Und Lippensalbe: vielleicht Lippensalbe, doch das schien kaum nötig: Ein paar kleine Bissen und Murmeln ihrer Lippen zwischen ihren hervorragenden Zähnen schienen ihnen eine sehr lebendige Farbe zurückzugeben.

Sie ging zurück auf die Veranda, wo ihre kleine Mittagsgesellschaft ihren Kaffee getrunken hatte, und dachte über die praktischen Manöver ihrer Invasionskampagne in das Gebiet der Jugend nach, das einst ihr gehört hatte. Die Lotion für die Haare brauchte, wie sie durch eine Beratung bei der Sonntagszeitung bestätigte, nur eine zweiwöchige Anwendung, um ihre Wirkung zu vollenden. Die Faltenbehandlung war damit problemlos zu bewältigen, da sie nach Angaben der berühmten Schauspielerin nicht länger als drei Tage dauerte. Es könnte daher klüger sein, das Werk der Erneuerung nicht unter Lyndhursts Augen stattfinden zu lassen, da es möglicherweise kritische Passagen enthält. Aber sie konnte für zwei Wochen weggehen (vierzehn Tage waren die längste Zeit, die die wunderbare Lotion brauchte, um die verblasste Farbe wiederherzustellen) und nach einem Briefwechsel wieder zurückkommen, aus dem hervorging, dass sie sich viel besser und jünger fühlte. Schon mehrere Male zuvor war sie allein mit einer Freundin an der Küste von Norfolk gewesen, und es würde nicht im Geringsten bemerkenswert sein, wenn sie es noch einmal tun würde.

Ein Einwand zeichnete sich ab. Wenn die Vermutung, die ihren Wunsch, wieder jung zu wirken, begründete, eine Realität enthielte – nämlich eine mögliche Anziehungskraft ihres Mannes auf Millie Evans –, würde sie diesem Ziel durch ihre Abwesenheit lediglich Erleichterung und Ermutigung geben. Aber dann zeigte sich sofort, dass die Weisheit des Kurses stärker war als der Einwand dagegen. Für sie war es auf jeden Fall klüger, so zu tun, als wäre sie sich einer solchen Gefahr nicht bewusst, und ihn dadurch zu entwaffnen, dass sie offensichtlich jede eigene Rüstung ablehnte. Sie muss ihn entweder genau beobachten oder überhaupt nicht. Herr Pettit hatte in seiner Predigt am Morgen auf die feinere der beiden Haltungen angespielt, als er sie daran erinnerte, dass die Liebe nichts Böses fürchtete. Der armen Frau Ames kam es so vor, als würde es auf das Gleiche hinauslaufen, auch wenn ihr Verhalten den Anschein erweckte, sie hätte nichts Böses im Sinn.

Ihr Verhalten gegenüber Lyndhurst, als er aus Millies Haus zurückkam, folgte als Konsequenz. Sie würde absolut freundlich sein: Sie würde hoffen, dass er ein angenehmes Mittagessen hatte, und wenn er sich für seine Abwesenheit entschuldigen würde, würde sie ihm versichern, dass dies völlig unnötig sei. Ihre Barmherzigkeit würde sie sogar noch weiter bringen: Sie würde sagen, dass seine Abwesenheit von ihren Gästen bedauert worden sei, dass sie aber so froh gewesen sei, dass er getan habe, was er wollte. Sie würde hoffen, dass Millie von ihrer Party nicht müde wurde und dass sie und ihr Mann bald wieder zum Essen mit ihnen kommen würden. Es muss passiert sein, als Harry zu Hause war, denn er fühlte sich von Millie ungemein angezogen. Es ist so gut für einen Jungen, an so eine nette Frau zu denken.

Mrs. Ames führte ihr Programm mit erbärmlicher Treue aus. Ihr Mann kam erst kurz vor der Teezeit nach Hause, und sie begrüßte ihn mit einer Herzlichkeit, die ungewöhnlich gewesen wäre, selbst wenn er überhaupt nicht zum Mittagessen ausgegangen wäre. Und um ihm Gerechtigkeit widerfahren zu lassen, muss man zugeben, dass der Plan seiner Frau, wie bereits beschrieben, darauf ausgelegt war, einer Situation gerecht zu werden, die derzeit nicht wirklich existierte, außer in den Gedanken einer Frau, die mit einem jüngeren Ehemann verheiratet war. Es gab sozusagen Daten über die Situation und nicht, dass eine Gefahr bestand. Er seinerseits war sich der Unregelmäßigkeit seines Verhaltens durchaus bewusst und war bereit, ohne Vergeltung eine gewisse Schuld dafür auf sich zu nehmen. Aber es erwartete ihn keinerlei Vorwürfe; Stattdessen eine so aufrichtige Herzlichkeit, dass ihm trotz der Tatsache, dass ihm ein besonders gutes Abendessen geboten wurde, die mögliche Parallele zum verlorenen Sohn überhaupt nicht in den Sinn kam.

Harry hatte sich kurz nach dem Abendessen mit einem gewissen wilden Blick, der eher auf Poesie als auf Ruhe schließen ließ, in sein Schlafzimmer zurückgezogen, und nachdem er gegangen war, äußerte sich sein Vater im humorvollen Geist dazu.

„Armer alter Harry!" er sagte. „Eine hübsche Frau, nicht wahr, Amy? Mir ging es in seinem Alter genauso, bis ich dich traf, meine Liebe."

Dieses Thema von Harrys Bewunderung für Mrs. Evans, das seine Mutter ansprechen wollte, war noch nicht angesprochen worden und sie antwortete herzlich.

„Du denkst, dass Harry sich sehr zu Millie hingezogen fühlt, meinst du?" Sie sagte.

Er gluckste.

„Nun, das ist nicht sehr schwer zu erkennen“, sagte er. „Der Schlingel hat letzte Nacht ein Dutzend meiner schönsten Rosen für sie abgerissen, obwohl ich es nicht übers Herz gebracht habe, ihn dafür zu schelten. Für einen jungen Kerl ist es keine schlechte Sache, vor so einer bezaubernden Frau ein wenig Räucherstäbchen anzuzünden. Hält ihn davon ab, Unfug zu treiben, und lässt ihn erkennen, wie eine nette Frau ist. Wie gesagt, ich habe das auch früher selbst gemacht.“

„Erzähl mir davon“, sagte sie.

„Nun, da war die Frau des Colonels. Gott segne mich, wie sehr ich sie vergötterte. Ich muss ungefähr in Harrys Alter gewesen sein, denn ich war erst vor kurzem dazugekommen, und sie war eine Frau, die auf die Vierzig zuging. Auch für mich war es eine gute Sache, wie ich schon sagte, denn es hielt mich davon ab, Unfug zu treiben. Man sagte immer, sie hätte mich ermutigt, aber ich glaube es nicht. Jede Frau möchte gerne wissen, dass sie bewundert wird, nicht wahr? Sie brüskiert keinen Jungen, der sie in den Garten mitnimmt und für sie die Rosen seines Vaters pflückt. Aber wir dürfen nicht zulassen, dass Harry sie mit seinen Aufmerksamkeiten langweilt. Das wird niemals reichen.“

Für Mrs. Ames schien es äußerst unerheblich, ob Harry Millie Evans langweilte oder nicht. Sie hätte es viel lieber gewusst, wenn ihr Mann davon überzeugt gewesen wäre. Aber das anschließende Gespräch beruhigte sie darin nicht.

„Sie ist eine nette kleine Frau“, sagte er. „Durchaus nette kleine Frau, und natürlich, meine Liebe, da sie deine Cousine ist, mag sie es, wenn man nachbarschaftlich behandelt wird. Wir hatten heute nach dem Mittagessen ein tolles Gespräch und es tut mir leid für sie, leid für sie. Ich denke, wir sollten alles tun, was wir können, um ihr das Leben angenehm zu machen. Kommen Sie zum Tee vorbei oder zum Mittagessen, wie ich es heute getan habe. Die Frau eines Arztes, wissen Sie. Sie erzählte mir, dass sie ihren Mann an manchen Tagen kaum zu Gesicht bekam und wenn, dann konnte er nur an Mikroben denken. Und es gibt wirklich niemanden in Riseborough, außer dir und mir, mit dem sie sich fühlt – meine Güte, wie heißt das denn für ein französisches Wort – ja, mit dem sie sich in ihrem richtigen *Umfeld fühlt* … Ich möchte, dass wir mit ihr so gut zurechtkommen – Sie sind ihre Cousine –, dass wir jederzeit anrufen können, um ihr mitzuteilen, dass wir vorbeikommen, und dass sie sich ebenso frei fühlen würde, vorbeizuschauen. Vorbeischauen, wissen Sie: das ist die Realität ; nicht gezwungen zu sein, zu warten, bis man gefragt wird, oder Wochen im Voraus zu akzeptieren, wie man es bei einer formellen Dinnerparty tun muss. Ich würde gerne das Gefühl haben, dass wir uns nicht wundern würden, wenn sie im Garten Erbsen pflückt, und dass sie nicht überrascht wäre, wenn Sie oder ich unter ihrem Maulbeerbaum sitzen und darauf warten, dass sie hereinkommt. Denn Intimität beginnt erst, wenn die Formalität aufhört. Soll ich dir etwas Sodawasser geben?"

Mrs. Ames wollte kein Sodawasser, sie wollte nachdenken. Ihr Mann hatte die Haltung, die sie einnehmen wollte, vollkommen zum Ausdruck gebracht, aber ihre eigene Übernahme dieser Haltung hatte eine gewisse Reue seinerseits angesichts seines ungewöhnlichen Verhaltens vorausgesetzt. Aber er ließ ihr keine Zeit zum Nachdenken und schlug genau das Gleiche vor, was sie (in ihrer Großmut) vorzuschlagen gedacht hatte.

„Jetzt Abendessen", sagte er. „Bis gestern Abend waren wir hier in Riseborough beim Abendessen immer etwas förmlich. Wenn Sie General Snookes gefragt haben, haben Sie Mrs. Snookes gefragt; Wenn Sie Admiral Jones gefragt haben, haben Sie Lady Jones gefragt. Da hast du den Weg geebnet, meine Liebe, und was hätte angenehmer sein können als unsere kleine Party gestern Abend? Wiederholen wir es: Lassen Sie uns weniger formell sein. Wenn Sie Herrn Altham sehen möchten, bitten Sie ihn, zu kommen. Nehmen wir an, Frau Altham möchte mich fragen: Lassen Sie sie mich fragen. Oder wenn Sie Dr. Evans auf der Straße treffen und er sagt, es sei Mittagszeit, gehen Sie mit ihm zu Mittag essen, ohne sich um mich zu kümmern. Mir wird es zu Hause sehr gut gehen. Mir wurde gesagt, dass es in London durchaus gängige Praxis ist, auf diese Weise einzuladen. Und es scheint mir sehr vernünftig."

All dies war Mrs. Ames sehr vernünftig vorgekommen, als sie selbst darüber nachgedacht hatte. Es schien jetzt etwas gefährlicher zu sein. Sie war sich bewusst, dass dieser Plan in Riseborough für viel Aufregung gesorgt hatte, und die Kenntnis davon hatte sie sehr genossen, da es sich dabei um die Natur von Untertanen handelte, die die Bewegungen ihrer Königin kommentierten, ohne dass für sie die Gefahr einer Entthronung bestand. Aber sie war sich nicht so sicher, ob sie die herzliche Unterstützung ihres Mannes für ihre Innovation genossen hätte. Außerdem enthielt seine Befürwortung ein wenig Unaufrichtigkeit. Er hatte als Beispiel genommen, dass er ohne seine Frau bei Mrs. Altham speisen wollte, und sie wussten beide, wie absurd eine solche Möglichkeit wäre. Aber bereitete dies nur den Weg für einen weiteren einsamen Ausflug zu Mrs. Evans? Hatte Mrs. Evans ihn gebeten, dort zu Abend zu essen? Sie war sofort aufgeklärt.

„Natürlich haben wir über Ihre entzückende Dinnerparty gestern Abend gesprochen", sagte er, „und waren uns einig, dass es angenehm war. Und sie lud mich ein, am nächsten Dienstag dort zu Abend zu essen, *en garçon* . Natürlich sagte ich, dass ich zuerst Sie konsultieren muss; Sie haben vielleicht andere Leute hier gefragt, oder wir essen zusammen. Ich sollte nicht im Traum daran denken, eine bestehende Vereinbarung zu zerstören. Ich sagte es ihr: Sie verstand es vollkommen. Aber wenn nichts los wäre, habe ich versprochen, dort *en garçon zu speisen* .“

Dieser Satz hatte Major Ames offenbar gefallen; Es klang Jugendlichkeit darin, und er wiederholte es mit Begeisterung. Auch seine Frau verstand das heimliche Schmatzen der Lippen, mit dem er es sagte, vollkommen: Sie wusste genau, wie er sich fühlte. Aber sie war klug genug, das Bewusstsein darüber völlig aus ihrer Antwort herauszuhalten.

„Auf jeden Fall“, sagte sie; „Wir haben für diesen Abend keine Verabredung. Und ich denke darüber nach, mich nächste Woche für einen kleinen Besuch bei Mrs. Bertram, Lyndhurst, vorzuschlagen. Ich weiß, dass sie jetzt in Overstrand ist, und ich denke, zehn Tage an der Ostküste würden mir gut tun.“

Er stimmte mit einer Herzlichkeit zu, die der ihrigen ebenbürtig war.

„Sehr weise, da bin ich mir sicher, meine Liebe“, sagte er. „In den letzten ein oder zwei Tagen fand ich, dass du etwas heruntergekommen aussahst.“

Ein plötzliches Unbehagen überkam sie, denn sie wusste ganz genau, dass sie nicht im Geringsten erschöpft aussah und sich auch nicht so fühlte.

„Ich dachte, du und Harry würden vielleicht einen kleinen Ausflug zusammen machen, während ich weg bin“, sagte sie.

„Oh, kümmere dich nicht um uns, kümmere dich nicht um uns“, sagte er. „Wir werden weitermachen, *en garçon* , wissen Sie? Ich vermute, einige unserer Freunde werden Mitleid mit uns haben und uns bitten, vorbeizukommen.“

Das war nicht beruhigend, und auch Mrs. Ames wäre nicht beruhigt gewesen, wenn sie in diesem Moment ungesehen in Mrs. Althams Wohnzimmer hätte eindringen können. Sie und ihr Mann waren am Nachmittag direkt von Mrs. Ames' Haus weggegangen, um Mrs. Evans zu besuchen, und man hatte ihnen mitgeteilt, dass sie nicht zu Hause sei. Aber Mrs. Altham mit dem Adlerauge hatte durch die geöffnete Vordertür eine riesige Schüssel mit Wicken auf dem Tisch im Flur gesehen und daneben einen Strohhut mit einem Band in Regimentsfarben darum herum. Indizienbeweise reichten nicht weiter, und nun suchte diese unermüdliche Dame in einer alten Armeeliste nach Major Ames.

„Ames, Lyndhurst Percy“, las sie triumphierend vor. „Geboren 1860, und ich wage zu behaupten, dass er älter ist, denn wenn es jemals einen Mann gab, der für jünger gehalten werden wollte, als er ist, dann ist es dieser. Auf jeden Fall, Henry, ist er über siebenundvierzig. Und da ist die Klingel an der Haustür. Es wird Frau Brooks sein. Sie sagte, sie würde nach dem Abendessen für ein Gespräch vorbeikommen.“

An diesem Abend gab es jede Menge Gesprächsstoff.

KAPITEL V

MRS. AMES erschöpft, als sie Riseborough in der darauffolgenden Woche verließ, aber nichts kann sicherer sein, als dass sie sieben Tage danach deutlich fitter war. Die köstliche Frische der Winde von der Nordsee, die die Hitze strahlender Sommersonnen milderten, könnte etwas damit zu tun haben, und sie hatte sicherlich mehr Farbe im Gesicht als sonst, was die legitime Wirkung des Glücks war Wetter. Auch ihr Haar hatte mehr Farbe, und obwohl das zweifellos auch ein völlig legitimer Effekt war, da es auf rein natürliche Weise erzeugt wurde, wie auf dem Etikett auf der Flasche stand, waren Sonne und Wind für diese Verschönerung nicht verantwortlich.

Sie hatte auf dem Weg hierher einen Nachmittag in London verbracht – hauptsächlich in der Bond Street – und war zu ein paar Adressen gegangen, die sie heimlich aus der Tagespresse herausgeschnitten hatte. Die Ausgabe von ein paar Pfund, die ihr bereits enorme Vorteile an Ermutigung und Hoffnung einbrachte, hatte sie in den Besitz einer Flasche mit einer Bürste gebracht, einer Maschine, die, wenn man an einem Griff drehte, heftig zitterte wie ein Auto wird zum Start vorbereitet, und ein kleines Gefäß aus undurchsichtigem Glas, das die wundersame Hautnahrung enthielt. Damit wurden die gewünschten Wunder vollbracht; Mit diesen zauberte sie, wie sie glaubte, wie mit einem Zauberstab die fernen Zauber der Jugend zurück.

Nach einigen Tagen wurde eine Veränderung deutlich, und diese Veränderung wurde von Tag zu Tag größer. Was ihr Haar anbelangt, so war der Zeit- und Materialaufwand für dieses Wunderwerk so gering wie möglich. Morgens und abends rieb sie nach dem Bürsten nur einen Teelöffel einer dünnen gelben Flüssigkeit ein, die, wie in der Werbung angegeben, völlig frei von Fett oder unangenehmem Geruch war und keine Flecken auf dem Kissen hinterließ. Das war so einfach, dass es wirklich Glauben erforderte, sich auf die Behandlung einzulassen, denn seit der Zeit der hebräischen Propheten fand es die Menschheit einfacher, „etwas Großes" zu tun, als sich nur im Jordan zu waschen. Aber glücklicherweise hatte Mrs. Ames ihren Glauben bewiesen, und am Ende einer Woche hatte die wunderbare Lotion ihre Wirkung gezeigt. Obwohl ihr Haar bis jetzt nicht als grau beschrieben werden konnte, war doch eine beträchtliche Menge Grau darin: Jetzt untersuchte sie es mit einem Blick, der nach einem solchen Makel suchte, anstatt sich ihm zu verschließen, und der Lohn seiner Suche war der dürftigste Sorte. Es war wirklich kein Grau mehr darin: Soweit man die Farbe als Altersbeweis heranziehen konnte, könnte es sich um das Haar einer jungen Frau gehandelt haben. Die Menge war nicht sehr groß, aber die Lotion hatte in dieser Hinsicht keine Versprechen gehalten; Qualität, nicht Quantität, war die Summe seiner Verlockungen. Die Anwendung des Skinfoods war teurer: Sie musste mehr verwenden und es dauerte länger.

Jeden Abend goss sie eine Dose mit sehr heißem Wasser in ihr Waschbecken, und mit einem Handtuch über dem Kopf, um den Dampf zu konzentrieren, bedampfte sie ihr Gesicht etwa zwanzig Minuten lang damit. Als sie rot, heiß und erstickt hervorkam, wischte sie die Feuchtigkeitsströme ab und klopfte und betupfte mit den Fingerspitzen, die sie in diese wunderbare Creme getaucht hatte, auf die weniger glücklichen Bereiche zwischen ihren Augenbrauen, außerhalb ihrer Augen, auf ihrer Stirn und an den Ecken ihren Mund und ihren Hals auf und ab. Dann kam der Einsatz der Herzklopfmaschine; es surrte und summte über ihr und kitzelte sehr. Eine halbe Stunde lang formte sie geduldig ein Klavier aus ihrem Gesicht und entfernte dann vorsichtig die Hautnahrung, die noch an der Oberfläche verblieb und nicht nach innen gegangen war, um ihre pflegende Arbeit zu verrichten. Sicherlich war dies eine etwas mühsame Angelegenheit, aber die Ergebnisse waren äußerst erfolgreich. Es bestand kein Zweifel daran, dass für ein absolut ehrliches und sogar skeptisches Auge eine einwöchige Behandlung eine Veränderung bewirkt hatte. Die Falten begannen sich sanft zu glätten: An den schlankeren Stellen war eine spürbare Fülle zu erkennen. Zwischen dem Klopfen und Tupfen nippte sie an dem Glas Milch, das sie, wie der Erfinder der Hautnahrung empfohlen hatte, mit ins Bett nahm. Sie trank mitten am Vormittag ein weiteres Glas dieser Art und verdaut beide perfekt.

Als diese äußeren Zeichen auftauchten und wuchsen, vollzog sich in ihr eine begleitende und entsprechende Verjüngung des Geistes. Sie fühlte sich sehr wohl, zweifellos dank der frischen Luft, der Milch und den vielen Stunden, die sie im Freien verbrachte, und fühlte sich infolgedessen viel jünger. Eine ungewohnte Aktivität und Leichtigkeit durchdrangen ihre Glieder: Sie machte täglich einen Spaziergang von ein paar Stunden, ohne zu ermüden, und war das Leben und die Seele des Esstisches, dessen andere Bewohner ihre Gastgeberinnen waren, Frau Bertram, eine kalte, grimmige Frau mit Schnurrbart und ihr Mann, milder, mit Schnurrbart. Ihre einzige Leidenschaft galt der Gartenarbeit, und sie verließen ihr Grundstück nur selten; Daher unternahm Mrs. Ames ihre Spaziergänge ohne Begleitung.

Bei Ebbe grenzten kilometerlange feste Sandstrände an die Klippen, auf denen Mr. Bertrams Haus stand, und oft zog es Mrs. Ames vor, am Meeresrand entlang zu wandern, statt weiter ins Landesinnere zu wandern, und heute folgt sie ihr Nachdem sie ein großes und gesundes Mittagessen eingenommen hatte (der physische Reiz der Ostküste, verbunden mit dem mentalen Reiz ihres Ziels, hierher zu kommen, löste bei ihr einen Appetit aus, der in Riseborough unbekannt war), schlug sie einen maritimen Weg ein. Die Flut war weit draußen, und der untere Sand, der noch immer von der zurückgebliebenen Feuchtigkeit seines Rückzugs glänzte und fest war, machte das Gehen ungewöhnlich angenehm. Sie hatte auf hochhackiges

Schuhwerk verzichtet und stattdessen in einem Laden im Dorf, wo von Holzspaten bis zu Briefmarken und Heftpflaster alles preiswerte verkauft wurde, ein Paar Segeltuchüberzüge gekauft, die technisch als Sandschuhe bekannt waren. Sie wurden mit einem Stück weißem Klebeband befestigt und waren jugendlich, leicht und leicht zu entfernen. Sie und das große Meer und der Strandgut aus gestrandetem Seetang und das allgemeine Gefühl von Jugend und Frische waren äußerst angenehme Begleiter, und sie fühlte sich bezaubernd begleitet, obwohl weder Mr. noch Mrs. Bertram bei ihr waren. Ihr kleines, krötenähnliches Gesicht drückte ein hohes Maß an Zufriedenheit aus, und ihr braunes Haar und ihre schnell verblassenden Falten durchdrangen ihre angenehme Umgebung, so wie der Geruch von Syringa den Duft aller anderen Blumen durchdringt. Das gab ihr ein inneres Glück, das alles, was sie sah, vor Freude und Interesse erfüllte. In den Kieselsteinreihen, die die zurückweichende Flut hinterlassen hatte, befand sich ein orangefarbener Karneol, den sie aufhob und in ihre Tasche steckte. Sie hätte dasselbe, fertig poliert, für einen Schilling in dem billigen und gut ausgestatteten Laden kaufen können, aber es selbst zu finden bereitete ihr ein Vergnügen, das in Bezug auf Silbermünzen überhaupt nicht geschätzt werden konnte. Weiter vorne befand sich eine hübsch aussehende Muschel, die sie ebenfalls aufhob und dem Karneol als Begleiter geben wollte, als plötzlich klauenartige Beine um die Öffnung huschten und ihr zeigte, dass sich darin ein Einsiedlerkrebs aufhielt , und sie ließ es mit einem kleinen Schrei fallen und hatte das Gefühl, dass sowohl sie als auch der Einsiedlerkrebs der Gefahr entgangen waren. Es gab attraktive Seetangstücke, die sie an die Jahre erinnerten, als sie die feineren Sorten sammelte und sie mit Hilfe einer Nadel auf Patronenpapier befestigte und ihre zarten Wedel und farnartigen Blätter ausbreitete. Es gab cremige Wellen des ruhigen Meeres, langflügelige Möwen, die beim Angeln schwebten; vor allem war da der Eindruck ihres braunen Haares und ihres glatten Gesichts. Sie fühlte sich um Jahre jünger, und sie hatte das Gefühl, um Jahre jünger auszusehen, was eine kaum geringere Befriedigung darstellte.

Es gefiel ihr, wenn auch nicht übermäßig oder bösartig, an die Gefühle von Mrs. Altham zu denken, als sie in Riseborough verjüngt auftrat. Es war ziemlich sicher, dass Frau Altham vermuten würde, dass sie sich „etwas angetan“ hatte, und dass Frau Altham vor Neid und Neugier platzen würde, zu erfahren, was sie getan hatte. Obwohl sie der ganzen Welt gegenüber sehr freundlich war, täuschte sie sich nicht so sehr, dass sie glaubte, sie würde Mrs. Altham erzählen, was sie getan hatte. Frau Altham war genial und würde gerne raten. Aber diese Dame beschäftigte sie nur wenig. Der Hauptpunkt war, dass sie in einer Woche wieder nach Hause gehen würde und dass Lyndhurst sie jung vorfinden würde. Vielleicht hatte sie recht, wenn sie befürchtete, Lyndhurst würde sich sentimental für Millie Evans interessieren, und sie war durchaus bereit zuzugeben, dass ihre Gründe für diese

Befürchtung äußerst dürftig waren. Aber all das könnte jetzt abgetan werden. Sie selbst hätte in einer Woche jenen jugendlicheren Aspekt wiedererlangt, den sie gehabt hatte, als er noch eine liebevolle Neigung zu ihr hegte. Was man als normal gutes Aussehen bezeichnen könnte, war ihr immer verwehrt geblieben, aber sie hatte einst ihren Anteil an Jugend gehabt. Heute fühlte sie sich immer noch jugendlich und sah wieder einmal so aus, wie sie glaubte, als gehörte sie der verzauberten Epoche an. Sie hatte nicht die Absicht, diese Rückeroberung promiskuitiv zu nutzen: Sie sehnte sich kaum nach allgemeiner Bewunderung: Sie sehnte sich nur danach, dass ihr Mann sie attraktiv finden würde.

Während sie ihre schnellen, kurzen Schritte über diesen glänzenden Sand machte, spürte sie, wie sie Millie Evans gegenüber verbittert wurde. In die Bitterkeit mischte sich eine Art übergroßes Mitleid, denn sie sagte sich, dass die arme Millie, wenn sie versucht hätte, mit Lyndhurst zu flirten, schnell ganz alleine flirten würde. Sehr wahrscheinlich war Millies Absicht unschuldig; Sie hatte ihrem hübschen Gesicht nur freien Lauf gelassen. Männer fühlten sich von einem hübschen Gesicht angezogen, aber die Besitzer solcher Gesichter sollten sie sozusagen im Zaum halten. Ihre Gesichter waren nicht ihre Fehler, sondern ihr Unglück. Eine Frau mit einem hübschen Gesicht wäre gut beraten, sich eher zurückhaltend zu verhalten, damit ihr Benehmen jeden abschrecken würde, der dazu geneigt wäre ... Aber das ganze Thema war nun überholt. Hätte es eine Gefahr gegeben, gäbe es keine weitere mehr, und sie machte Millie keine Vorwürfe. Sobald sie zurückkam, musste sie Millie bitten, mit ihnen *en famille zu speisen* , was viel schöner war als *en garçon* .

Aus diesem Bericht über Mrs. Ames' Selbstgespräche lässt sich schließen, dass tief in ihrem Wesen eine Spur fast absurder Albernheit lag. Aber sie war nicht wirklich albern, es sei denn, es wäre albern, bis weit in die Ebenen des Mittelalters hinein eine Vision von den blauen Bergen der Jugend bewahrt zu haben. Es ist wahr, dass sie sich jahrelang damit zufrieden gegeben hatte, in diesen Ebenen zu leben; Jetzt weckte ihre Angst, dass ihr Mann, der so viel jünger war als sie, seinen Blick auf blaue Berge richtete, die ihm nicht gehörten, den Wunsch, aus der Ebene herauszukommen, ihre eigenen blauen Berge wieder zu besteigen und ihm von dort aus zuzuwinken , und ermutigen Sie ihn, voranzukommen. Sie fühlte sich außerordentlich wohl und sagte sich deshalb, dass sie sowohl geistig als auch körperlich noch jung sei, während die Wirkung der Flaschen, die sie so regelmäßig benutzte, sie glauben ließ, dass die äußeren Zeichen des Alters verwischbar seien. Es schien, als sei ihr ein neues Leben in einem leicht zu reparierenden Mietshaus gewährt worden. Ihr ganzes Wesen fühlte sich belebt und belebt.

Sie war weit am Sand entlanggekommen, und die Flut begann wieder zu strömen. Um sie herum waren große leere Flächen, ein schiffloses Meer, ein wolkenloser Himmel, ein Strand, an dem kein Lebewesen zu sehen war. Ein plötzlicher, unvorhergesehener Impuls ergriff sie, und ohne Zögern setzte sie sich ans Ufer und zog ihre Schuhe und Strümpfe aus. Dann zog sie ihre Röcke hoch, rannte hastig zum Rand des Wassers, über einen kleinen Gürtel aus Kieselsteinen, der ihre Füße mit den weichen Sohlen kitzelte und schmerzte, und watete hinaus in die flüssigen Ränder des Meeres. Sie war erstaunt und erstaunt über sich selbst, dass ihr jemals die Idee des Paddelns in den Sinn gekommen war, und noch mehr erstaunt, dass sie die Kühnheit gehabt hatte, sie in die Tat umzusetzen. In den ersten ein oder zwei Minuten ließ sie die kalte Berührung des Wassers an ihren ungewohnten Knöcheln und Waden ein wenig nach Luft schnappen, aber trotz all der Seltsamkeit dieser Empfindungen hatte sie das Gefühl, dass das Paddeln, das Spielen wie ein Kind im seichten Wasser, den Ton von … ausdrückte ihren Geist, so wie die Melodie eines Liedes die Worte ausdrückt, auf die es gesetzt ist. Wenn sie einen Spaten gehabt hätte, hätte sie sicherlich eine Sandburg gebaut und Wassergräben darum gegraben, und ein Lächeln erhellte ihr kleines Gesicht bei dem Gedanken, einen im Universalladen zu kaufen und ihn heimlich an diese selten besuchten Strände zu bringen. Und das Lächeln endete fast in einem Erröten, als sie versuchte, sich vorzustellen, was die Gesellschaft von Riseborough sagen würde, wenn bekannt würde, dass ihre Königin nicht nur im Meer paddelte, sondern ernsthaft darüber nachdachte, einen Holzspaten zu kaufen, um an einsamen Ufern Bauarbeiten durchzuführen.

Das Paddeln war zwar recht angenehm, aber nicht so erfreulich wie der Impuls zum Paddeln, und es dauerte nicht lange, bis sie sich wieder an den Strand setzte und versuchte, den Sand aus den kleinen, engen Stellen zwischen ihren Zehen zu bekommen um ihre Füße und prallen Beinchen mit einem äußerst dürftigen Taschentuch abzutrocknen. Aber selbst inmitten dieser mühsamen Operationen gerieten ihre Gedanken immer noch in Aufruhr, und sie hatte vor, eines ihrer kleineren Schlafzimmerhandtücher bei sich zu verstecken, wenn sie am nächsten Tag spazieren ging. Und sie hatte das Gefühl, dass dieser Akt des Paddelns dazu beigetragen haben musste, Falten zu beseitigen. Denn wer außer den ganz Kleinen könnte schon paddeln wollen? Zu entdecken, dass sie den Impuls der wirklich Jungen hatte, war sogar noch besser, als sich, wenn auch mit Erfolg, das entsprechende Aussehen anzueignen. Auf dem ganzen Weg nach Hause war dieses Aufbrausen des Geistes ihr eigen, das, obwohl es eindeutig auf die Wirkung der Lotion, der Hautpflege und der tonischen Luft zurückzuführen war, in ihr eine vollkommene Illusion hervorrief. Sie war sicherlich wieder dabei, ihre abgelegenen blauen Berge zu besteigen, und durch die klare Luft konnte sie über die Ebenen blicken und sehen, wie sehr flach sie gewesen waren. Das muss alles geändert werden: Es muss mehr Abwechslung und Fröhlichkeit in ihre Tage gebracht werden. Jahrelang hatte sie, wie sie jetzt erkannte, ihr Leben in kleinen, freudlosen Gastfreundschaften verbracht, um ihren Platz als anerkannte Leiterin von Riseboroughs Gesellschaftskreisen zu wahren und ihren Anteil an den Kosten des Hauses zu zahlen. Zu Hause lachten sie nicht viel: Es schien nichts Besonderes zu geben, worüber sie lachen konnten, und schon gar nicht paddelten sie. Sie schmiedete jetzt keinen Plan, dorthin zu paddeln, ungeachtet der Tatsache, dass ein schlammiger Kanal, der das einzige Wasser in der Nachbarschaft war, den Plan nicht begünstigte, aber es musste mehr von dem Geist in ihr und Lyndhursts Leben eingeführt werden Heute hat sie zum Paddeln angeregt. Welche Form es genau annehmen würde, konnte sie nicht genau vorhersehen, aber als sie sowohl den Geist als auch das Aussehen der Jugend wiedererlangt hatte, bestand keine Angst mehr, dass es Schwierigkeiten haben würde, sich angemessen auszudrücken. Strahlend, vor allem an ihren Füßen, die angenehm prickelten, erreichte sie wieder das Haus ihres Gastgebers. Sie waren beide im Garten am Werk: Frau Bertram tötete Schnecken in den Gartenbeeten, Herr Bertram tötete Würmer auf dem Rasen.

Major Ames erwies sich in der nächsten Woche als guter Korrespondent, wenn man die Tugend eines Korrespondenten an der Häufigkeit seiner Kommunikation messen kann. Seine Briefe waren nicht lang, aber sie waren fröhlich, da der Garten bei diesem wunderbaren Wetter, von dem er hoffte, dass es auch Cromer umarmte, gut lief und er bei zwei verschiedenen Gelegenheiten beim Bridgespielen im Club einen Grand Slam hingelegt hatte. Er und Harry joggten recht angenehm, aber außer einer Teeparty mit Eis bei Mrs. Brooks hatte es keine Fröhlichkeit gegeben, die sie mitnehmen konnte. Unglücklicherweise war dem Eis etwas Unheil widerfahren: Er persönlich dachte, es sei Salz statt Zucker gewesen, aber Harry hatte sich danach unwohl gefühlt, was auf Sauerrahm schließen ließ. Aber sein Unwohlsein war nur von kurzer, wenn auch heftiger Dauer gewesen. Er selbst war vorbeigekommen, um bei den Evans *en garçon zu speisen, und der Arzt war sehr beschäftigt.* Schließlich (dies stand am Ende jedes Briefes), da ihr der Ort so gut tat, warum nicht noch eine Woche dort bleiben? Er war sich sicher, dass die Bertrams (die armen Kerle!) sich darüber freuen würden.

Aber dieser Vorschlag kam Mrs. Ames nicht nahe. Sie war mit einem bestimmten Ziel hierher gekommen, und als sie sich am Morgen vor ihrer Abreise sehr kritisch im Spiegel betrachtete, hatte sie das Gefühl, dass ihr Ziel erreicht war. Ihre Haut war, wie sie zugab, nicht so glatt wie die einer jungen Frau, aber sie war keine junge Frau gewesen, als sie geheiratet hatte. Doch suchte sie nach, wo auch immer sie in ihren Haaren war, es war kein Anzeichen von Grau darin zu erkennen, während der Inhalt der Flasche noch nicht zur Hälfte aufgebraucht war. Aber sie würde den mehr als 30-prozentigen Anteil mitnehmen, da eine gelegentliche Anwendung, wenn das Haar wieder seine gewohnte Farbe angenommen hatte, empfohlen wurde. Es kam ihr so vor, als hätte es zweifellos seine ursprüngliche Farbe wiedererlangt: Die Veränderung, wenn auch geringfügig (denn Grau war nie auffällig gewesen), war vollständig; sie fühlte sich wieder fit für die Jugend. Und psychisch fühlte sie sich gerüstet: Seit dem ersten heimlichen Paddeln war sie jeden Tag wieder heimlich gepaddelt, und aus einer Spalte in einem heruntergestürzten Felsgestein zog sie täglich einen kleinen Holzspaten hervor, mit dessen Hilfe sie sich unter vielen Blicken aus Angst davor umsah Möglichen Beobachtern zufolge grub sie im Sand und errichtete Wassergräben und Wälle. Die „erste schöne, unbekümmerte Verzückung" davon war zugegebenermaßen verflogen: Nach einem Architekturnachmittag hatte sie nicht gegraben, weil diese elementare Beschäftigung zum Ausdruck brachte, was sie fühlte, sondern weil sie zum Ausdruck brachte, was sie fühlen wollte. Schließlich hatte sie nicht vor, sich wieder so zu verjüngen, dass sie neun oder zehn Jahre alt wäre ...

Die Art und Weise ihrer Rückkehr nach Riseborough musste bedacht werden: Es reichte nicht aus, nur in einem Eisenbahnführer nach dem schnellsten Transportmittel zu suchen und es zu übernehmen, denn dies war kein ganz gewöhnlicher Eintrag, und es würde nie genügen, den Reiz abzumildern es durch einen reiseverschmutzten und staubigen ersten Auftritt. Also legte sie einen Plan vor.

Die nackten Fakten über die Züge waren diese. Ein Zug, der zu einer günstigen Stunde abfuhr, würde sie eine kurze halbe Stunde nach London bringen, bevor ein anderer bequemer Zug von einem anderen und entfernten Endbahnhof nach Riseborough fuhr. Es war unmöglich, sicher zu sein, dass sie es erwischte, also schrieb sie ihrem Mann, dass sie aller Wahrscheinlichkeit nach mit einem späteren Zug, der dort um acht ankam, nach Riseborough kommen würde. Sie flehte ihn an, sie nicht am Bahnhof zu treffen, sondern für halb neun das Abendessen zu bestellen. Es wäre schön, wieder zu Hause zu sein. Dann kam der Plan. Offensichtlich würde es niemals schaden, so über ihn herzufallen, sich ihm gegenüber an den Esstisch unter dem etwas suchenden elektrischen Licht zu setzen, behindert durch die Strapazen einer heißen Reise, die durch eine hastige Toilette nur unvollkommen behoben werden konnte. Sie muss mit dem frühen Zug ankommen, wird aber erst später erwartet. So würde sie sich zwei ruhige Stunden zum Baden, Ausruhen und Anziehen sichern. Wenn Lyndhurst nicht damit rechnete, dass sie vor acht Uhr ankommen würde, war es praktisch sicher, dass er bis zu dieser Stunde im Club sein und rechtzeitig nach Hause gehen würde, um ihre Ankunft zu begrüßen. Dann würde er erfahren, dass sie bereits gekommen war und sich anzog. Sie würde darauf achten, ihn zuerst die Treppe hinuntergehen zu lassen, und eine Minute später würde sie ihm folgen. Er sollte sehen....

Um diesen früheren Zug aus der Stadt zu erreichen, verließ sie Cromer, als der Morgen noch taufrisch war, und hatte bei ihrer Ankunft in Riseborough das besondere Vergnügen, ihren Mann vom Fenster ihres Taxis aus die Straße entlang zum Club gehen zu sehen . Einen Moment lang befürchtete sie, dass er ihre mit Initialen versehenen Kisten oben sehen würde, aber durch die Gnade einer pünktlichen Vorsehung kam Mrs. Brooks in diesem Moment aus ihrem Haus, und der Major lüftete einen galanten Hut und sprach ein fröhliches Wort zu ihr. Auf jeden Fall sah er sehr gutaussehend und vornehm aus, und Mrs. Ames verspürte ein leichtes Zittern der Vorfreude, als sie an die Kapitel ihres Lebens dachte, die sie noch einmal lesen sollten. Sie fühlte sich auch zuversichtlich; Es kam ihr nie in den Sinn, irgendwelche Bedenken darüber zu hegen, was die letzten zwei Wochen, die so viel für sie gebracht hatten, für ihn bereitgehalten hätten.

Harry war am Tag zuvor für das Juli-Semester nach Cambridge zurückgekehrt, und bei ihrer Ankunft stellte sie fest, dass sie das Haus für sich allein hatte. Der Nachmittag war etwas kühl geworden und sie genoss die belebende Wirkung eines heißen Bades und eine anschließende Stunde Ruhe auf ihrem Sofa. Dann war es Zeit, sich anzuziehen, und obwohl das Abendessen den einfachsten ehelichen Charakter hatte, zog sie ein Kleid an, das sie zuvor nur etwa ein halbes Dutzend Mal getragen hatte, das aber bei dieser einen Gelegenheit aus dem pompösen Dasein hervorgehen sollte das war sein Schicksal für ein oder zwei Jahre. Es hatte eine gewagte rosa Farbe, war so strahlend wie möglich und hinterließ immer einen bleibenden Eindruck. Tatsächlich hatte sie Lyndhurst bei einem seiner seltenen Auftritte mit gedämpfter Stimme zu seinem Nachbarn sagen hören: „Bei meiner Seele, Amy sieht heute Abend sehr gut aus." Und Amy wollte wieder sehr gut aussehen.

Alles geschah so, wie sie es geplant hatte. Kurz nach acht klopfte Lyndhurst an ihre Tür, als er aus dem Club zurückkam, konnte aber nicht eingelassen werden, und als sie ihn um halb acht die Treppe hinuntergehen hörte, folgte sie ihm. Er hatte sich nicht angezogen, wie es üblich war, wenn sie allein waren.

Major Ames schrieb gerade eine Notiz, als sie eintrat, und drehte sich nur auf seinem Stuhl um, ohne aufzustehen.

„Freut mich, dich zu Hause zu sehen, meine Liebe", sagte er. „Entschuldigen Sie mich einen Moment. Ich muss hier einfach Regie führen."

Sie küsste ihn und wartete, während er eine Adresse kritzelte. Dann stand er auf und klingelte.

„Gerade rechtzeitig, um die Post zu erwischen", sagte er. "Von Jove! Amy, du hast das berühmte rosa Kleid angezogen. Ich hätte mich angezogen, wenn ich das gewusst hätte. Ich schätze, du bist müde von der Reise. Bis vor ein paar Stunden war es hier ein sehr heißer Tag."

Er gab dem Diener den Zettel.

„Und das Abendessen ist fertig, denke ich", sagte er.

Sie setzten sich einander an den Enden des ziemlich langen Tisches gegenüber. Es waren keine Blumen darauf, denn es war ihm nicht in den Sinn gekommen, den Garten so zu gestalten, dass er ihre Heimkehr willkommen hieß, und ihre ganze Pracht war für ihn sichtbar. Er begann kräftig seine Suppe zu essen.

„Im Sommer plant die Hauptstadt, um halb neun zu Abend zu essen", sagte er. „Gibt einem den größten Teil des Tageslichts und einen nicht so langen Abend danach. Ausgezeichnete Erbsensuppe, das. Frische Erbsen aus meinem Garten. Die Evans essen um halb acht. Und wie geht es dir, Amy?"

Ein undefinierbarer Schauer des Unbehagens, gegen den sie ankämpfte, hatte kalte Finger auf sie gelegt. Die Dinge liefen nicht mehr so, wie sie es geplant hatte. Er hatte ihr Kleid bemerkt, aber sonst nichts. Aber er hatte kaum aufgeblickt, seit sie das Esszimmer betreten hatten. Doch jetzt aß er seine Suppe auf, und sie forderte seine Aufmerksamkeit heraus.

„Mir ging es wirklich sehr gut", sagte sie. „Sehe ich nicht so aus?"

Er sah ihr direkt ins Gesicht und sah alles, was ihr fast wie ein Wunder vorgekommen war – die geglätteten Fältchen, die wiedergefundene Farbe ihres Haares.

„Ja, das glaube ich", sagte er. „Du bist doch auch ein bisschen braun geworden, oder?"

Die kalten Finger schlossen sich noch etwas fester um sie.

„Habe ich das?", sagte sie. „Das ist sehr wahrscheinlich. Ich war den ganzen Tag draußen. Ich habe jeden Nachmittag ziemlich lange Spaziergänge gemacht."

Er warf einen Blick auf die Speisekarte.

„Ich hoffe, Ihnen schmeckt das Abendessen, das ich Ihnen bestellt habe", sagte er. „Ihr Koch und ich hatten heute Morgen ein tolles Gespräch darüber. „Sie wird den ganzen Tag im Zug gesessen haben", sagte ich, „und sich ein wenig müde fühlen." Der Appetit wird ein bisschen Verlockung wollen, nicht wahr?' Also entschieden wir uns für eine gegrillte Seezunge, ein Hühnchen und eine Macédoine mit Früchten. Ich hoffe, das passt zu dir, Amy. Du hast also früher lange Spaziergänge gemacht, oder? Ist das Land ziemlich rund? Auch beim Baden. Ist es eine gute Küste zum Baden?"

Wieder blickte er sie an, während er sprach, und für einen Moment beschleunigte sich ihr Herzschlag, denn es schien, als könne er die Veränderung in ihr nur sehen. Dann musste seine Sohle seziert werden, und er blickte erneut auf seinen Teller.

„Ich glaube, es ist eine gute Küste", sagte sie. „Es gab eine Menge Bademaschinen. Ich habe nicht gebadet."

"NEIN. Sehr weise, da bin ich mir sicher. Beim Einsteigen muss man auf Schüttelfrost achten. Ich hätte mir Sorgen um dich machen müssen, Amy, wenn ich gedacht hätte, dass du so voreilig sein würdest, zu baden."

Ein Protestinstinkt veranlasste sie.

„Es hätte keinen Grund zur Sorge gegeben", sagte sie. „Ich bekomme selten eine Erkältung. Und ich bin oft gepaddelt."

Er legte Messer und Gabel nieder und lachte.

„Du bist gepaddelt!" er hat gefragt. „Unsinn, Unsinn!"

Sie hatte nicht vorgehabt, es ihm zu sagen, denn ihr vernünftiger Verstand hatte sie die ganze Zeit darüber informiert, dass dies ein geheimer Ausdruck der Verjüngung war, deren sie sich bewusst war. Aber es war ihr entschlüpft, eine gedankenlose Behauptung der Jugendlichkeit, die sie empfand.

„Das habe ich tatsächlich getan", sagte sie, „und ich fand es sehr belebend und belebend."

Dann stieg für einen Moment eine gewisse Bitterkeit in ihr auf, die aus der Enttäuschung über seine Unaufmerksamkeit entstand.

„Sie sehen, ich leide nie so an Gicht oder Rheuma wie Sie, Lyndhurst", sagte sie. „Ich hoffe, Sie sind seit meiner Abwesenheit ganz frei von ihnen."

Aber seine Belustigung war nicht im Geringsten unfreundlich gewesen, obwohl sie in ihr eine gewisse Groll hervorgerufen hatte. Es war legitim, sich mit dem Gedanken an eine Frau mittleren Alters zu unterhalten, die ernsthaft paddelte, solange er nicht ahnte, dass dies auch eine äußerst erbärmliche Seite hatte. Davon hatte er keine Ahnung: Er war sich nicht bewusst, dass dieses Paddeln Ausdruck ihres Gefühls wiedergewonnener Jugend war, ebenso wenig wie er wusste, dass sie glaubte, dies drückte sich in ihrem Gesicht und ihren Haaren aus. Aber diese Bemerkung hatte eindeutig den Charakter eines Angriffs: Sie wollte sich für sein Lachen rächen. Er konnte einer weiteren Antwort nicht widerstehen, die sowohl beruhigend als auch tröstend wirkte (wie eine Patentsalbe), bevor er das Thema wechselte.

„Nun, meine Liebe, ich bin sicher, dass du für deine Jahre eine wundervolle Frau bist", sagte er. "Von Jove! Ich werde stolz sein, wenn ich in zehn Jahren so aktiv und gesund bin wie Sie."

Das Abendessen war bald vorüber, und sie verließ ihn wie üblich, um seine Zigarette und sein Glas Portwein zu trinken, ging ins Wohnzimmer und blickte auf die letzte verblassende Pracht des Sonnenuntergangs im Westen. Die vorübergehende Bitterkeit in ihrem Kopf war wieder völlig abgeklungen: Es war nichts mehr übrig als ein vager, dumpfer Schmerz der Mattigkeit und Enttäuschung. Er hatte nichts von all dem gemerkt, was ihr so zitternde und heimliche Freude bereitet hatte. Er hatte auf ihr geglättetes und weiches Gesicht geschaut und dort keinen Unterschied gesehen, auch an ihrem braunen, unverbleichten Haar, und fand es unverändert. Er hatte nur gesehen, dass sie ihr bestes Kleid angezogen hatte, und sie hätte sich fast gewünscht, dass er das nicht bemerkt hätte, denn dann hätte sie vielleicht den Trost gehabt, zu denken, dass er krank war. Es muss davon ausgegangen werden, dass sie nicht meinte, dass sie sich an seinem Unwohlsein erfreuen würde, sondern nur, dass ein Unwohlsein seine Unaufmerksamkeit erklärt hätte, was sie mehr bedauerte als die leichten Kopfschmerzen für ihn.

Ein paar Minuten lang war sie nicht in der Lage, mehr als ausdruckslos über das völlige Scheitern dessen nachzudenken, von dem sie so viel erwartet hatte. Dann erregten neue Punkte in der trostlosen Situation ihre Aufmerksamkeit, wie die Sterne, die gerade jetzt in den leeren Räumen des Himmels zu leuchten begannen. War er mit anderen Dingen beschäftigt und blind für sie? Seine Briefe waren zwar durchweg heiter und gesprächig, aber ein beschäftigter Mann kann leicht einen Brief schreiben, ohne die Besorgnis zu verraten, die im persönlichen Verkehr nur allzu offensichtlich ist. Wenn dem so war, was war der Grund für seine Beschäftigung? Das war kein fröhlicher Stern: Es war ein grünes Licht darin ... Ein anderer Stern erregte ihre Aufmerksamkeit. War es Lyndhurst, die blind war, oder sie selbst, die zu viel sah? Sie hatte keine Ahnung, wie viel graues Haar mit dem braunen vermischt war, bis sie sich die Sache genauer ansah. Vielleicht hatte er auch keine Ahnung: Die Restaurierung würde daher keine Angelegenheit der Überraschung und Bewunderung sein. Aber die Falten....

Sie blickte sich vom Fenster aus um, als er eintrat, und forderte erneut ihren Mut und ihre Überzeugung auf. Obwohl er so wenig sah, erkannte sie, vielleicht angeregt durch das Licht des grünen Sterns, wie gut er aussah. Jahrelang hatte sie es kaum bemerkt. Sie blickte ihn mit ihrem kleinen Gesicht auf eine Weise an, die einen Kuss nahelegte, wenn auch nicht gerade dazu einlud.

„Es ist so schön, wieder zu Hause zu sein", sagte sie.

Der Vorschlag, den sie ihm vermitteln wollte, kam ihm in den Sinn, aber er tat es völlig vernünftigerweise als unwahrscheinlich ab. Eine promiskuitive Liebkosung war zwischen ihnen längst überholt. Morgens und abends strich er ihr mit der Spitze seines Schnurrbartes über die Wange.

„Na dann sind wir alle zufrieden", sagte er gut gelaunt. „Soll ich für einen Kaffee klingeln, Amy?"

Sie ließ sich nicht entmutigen.

„Tu es", sagte sie, „und wenn wir Kaffee getrunken haben, holst du mir einen Schal, und wir werden im Garten spazieren gehen." Du sollst mir zeigen, welche neuen Blumen herausgekommen sind."

Die Absicht dahinter war bewundernswert, der eigentliche Vorschlag jedoch nicht so erfreulich, da ein schimmerndes Sternenlicht durch die hereingebrochene Dämmerung nicht zur Farbwahrnehmung beitragen würde.

„Wir werden auf jeden Fall einen Spaziergang durch den Garten machen", sagte er, „wenn Sie glauben, dass es kein Risiko für Sie darstellt." Aber was Blumen betrifft, meine Liebe, wird man sie leichter bewundern können, wenn es nicht dunkel ist."

Wieder richtete sie ihr Gesicht zu ihm. Diesmal wäre er vielleicht auf den Vorschlag eingegangen, aber in diesem Moment kam Parker mit dem Kaffee herein.

„Wie dumm von mir", sagte sie. „Ich habe vergessen, dass es dunkel war. Aber lass uns trotzdem ausgehen, es sei denn, du denkst darüber nach, in den Club zu gehen."

„Oh, Zeit dafür, Zeit dafür", sagte er. „Ich gehe davon aus, dass Sie nach Ihrer langen Reise früh zu Bett gehen werden. Dann schaue ich vielleicht vorbei und schaue, was los ist."

Ohne bewusste Ermutigung oder Begrüßung ihrerseits schoss ihr ein Verdacht in den Sinn. Durch einen Vorgang, der so unerklärlich war wie der, durch den bestimmte Leute auf die Anwesenheit einer Katze im Zimmer aufmerksam werden, hatte sie das Gefühl, dass er Mrs. Evans besuchen würde.

„Ich nehme an, dass du seit meiner Abwesenheit oft abends in den Club gegangen bist", sagte sie.

„Ja, ich habe ab und zu reingeschaut", sagte er. „An anderen Abenden bin ich vorbeigekommen, um unsere Freunde zu sehen. Weißt du, ein einsamer alter Junggeselle, und Harry war nicht immer eine sehr lebhafte Gesellschaft.

Es ist gut, dass der Junge nach Cambridge zurückgekehrt ist, Amy. Er war immer hinter Mrs. Evans her."

Das war eine Tatsache: Es war oft etwas unbequem gewesen. Mehrmals war der Major bei Millie vorbeigekommen und hatte seinen Sohn bereits dort vorgefunden.

„Aber ich dachte, das freut dich ziemlich, Lyndhurst", sagte sie. „Du hast mir gesagt, dass du es nicht für eine schlechte Sache hältst: dass es Harry davon abhalten würde, Unfug zu treiben."

Er trank seinen Kaffee ziemlich hastig aus.

„Ja, im Rahmen der Vernunft, im Rahmen der Vernunft", sagte er. „Nun, wenn wir im Garten spazieren gehen wollen, gehen wir besser raus. Du wolltest einen Schal, nicht wahr? Sehr weise: Wo finde ich einen?"

Das lenkte sie wieder auf ihre eigenen persönlichen Bemühungen ab.

„Im zweiten Fach meines Kleiderschranks liegen mehrere davon", sagte sie. „Wählen Sie ein schönes, Lyndhurst, etwas, das mit meiner rosa Seide nicht abscheulich aussieht."

Das Lächeln der Koketterie, das diese Rede begleitete, verschwand völlig, sobald er den Raum verließ, und ihr Gesicht nahm den geschäftsmäßigen Ausdruck an, den die sanftesten und jüngsten Gesichter annehmen, wenn es darum geht anziehen, anstatt einer gegenseitigen Anziehung ihre unvermeidliche Kraft entfalten zu lassen. Auch wenn das Ziel von Mrs. Ames der legitime und lobenswerte Wunsch war, ihren eigenen Ehemann anzuziehen, war es seltsam, wie gewöhnlich ihr respektables kleines Gesicht wirkte. Sie hatte sich geschmückt, um Bewunderung zu erregen: Koketterie und Angst waren erbärmlich vermischt, so wie man sie vielleicht an Orten sieht, die weit weniger respektabel sind als diese freistehende Villa, und auf Gesichtern, von denen Mrs. Ames ihr eigenes sofort abgewendet hätte. Sie hoffte, er würde einen bestimmten weißen Seidenschal mitbringen: Vor zwei Nächten hatte sie ihn nach dem Abendessen in Overstrand auf der Veranda getragen, und das reflektierte Licht davon war ihr aufgefallen, als sie unter einer Lampe gegenüber einem Spiegel im Flur stand. hatte ihren Hals besonders weich und prall erscheinen lassen. Sie stand unter dem Licht und wartete nun auf seine Rückkehr.

Das Schicksal war günstig: Es war dieser Schal, den er mitbrachte, und sie drehte sich um, damit er ihn ihr um die Schultern legte. Dann blickte sie ihn wieder in der gewohnten Position unter dem Licht an und lächelte.

„Jetzt bin ich bereit, Lyndhurst", sagte sie.

Er öffnete die Fenstertür für sie und stand auf, um sie ohnmächtig werden zu lassen. Wieder lächelte sie ihn an und wartete darauf, dass er sich ihr auf dem eher schmalen Kiesweg anschloss. Es war tatsächlich Platz für zwei nebeneinander, denn am Abend ihrer Dinnerparty war Harry Seite an Seite mit Mrs. Evans hierher gegangen. Aber es war gerade noch Platz.

„Du gehst zuerst, Amy", sagte er, „oder soll ich? Wir können hier kaum nebeneinander gehen."

Aber sie nahm seinen Arm.

„Unsinn, meine Liebe", sagte sie. „Da: ist da nicht jede Menge Platz?"

Er fühlte sich ein wenig unwohl. Es war nicht nur die Notwendigkeit, seine Füße strikt voreinander abzusetzen, was ihn dazu machte.

„Ist irgendetwas los, meine Liebe?" er hat gefragt.

Die Frage war nicht grausam: Sie war kaum nachlässig. Es war kaum zu erwarten, dass er es erraten hätte, denn seine Wahrnehmung war nicht gut. Außerdem dachte er an jemand anderen und fragte sich, wie spät es war. Aber selbst wenn er die Situation, von der er überhaupt keine Ahnung hatte, vollständig gekannt hätte, hätte er nicht energischer damit umgehen können. Die trostlose Mattigkeit, der sie direkt nach dem Abendessen so teilnahmslos zum Opfer gefallen war, das Gefühl des völligen Versagens umhüllte sie wie undurchdringlicher Nebel. Aus diesem Nebel heulte sie sozusagen wie eine unterbelebte Sirene.

„Ich bin so froh, zurückzukommen", sagte sie und drückte ein wenig seinen Arm. „Ich hoffte, dass du auch froh warst, dass ich zurück war. Erzähl mir, was du die ganze Zeit meiner Abwesenheit gemacht hast."

Dies war, wie auch die Aufgebote, zum dritten Mal. Er rief ihr die Tage einen nach dem anderen ins Gedächtnis zurück und ließ bestimmte Teile davon aus. Selbst in diesem Moment war er erstaunt, wie lebhaft seine Erinnerung an sie war. Am Donnerstag, als er morgens Golf gespielt hatte, hatte er bei den Evans zu Mittag gegessen (das gab er an, denn Harry hatte dort auch zu Mittag gegessen) und am Nachmittag hatte er wahrscheinlich das letzte Gericht Spargel gepflückt. Er hatte an diesem Abend alleine mit Harry gegessen und Harry hatte Zahnschmerzen. Am nächsten Tag ging Harry daher morgens zum Zahnarzt und er selbst hatte nachmittags Golf gespielt. Daran erinnerte er sich, weil er danach mit Mrs. Evans zum Tee gegangen war, aber das erwähnte er nicht, denn er war mit ihr allein gewesen und sie hatten darüber gesprochen, missverstanden worden zu sein und über Affinitäten. Am Samstag war Harry nach Cambridge zurückgekehrt, aber da er seinen Zug verpasst hatte, war er nach dem Mittagessen noch einmal aufgebrochen. Er hatte Dr. Evans an diesem Tag auf der Straße getroffen, als er zu den Golfplätzen ging, und da er sonst abends ganz allein wäre, hatte er mit ihnen „ *en garçon* " zu Abend gegessen.

Die Rezitation dieses Katalogs trivialer Ereignisse dauerte ziemlich lange. Aber hinter den Trivialitäten verbarg sich eine Bedeutung. Er war nicht wirklich in Millie Evans verliebt, und was er sich selbst in diesem Punkt versicherte, war vollkommen ehrlich. Aber (das äußerte er nicht so deutlich) er meinte, dass sie sich enorm zu ihm hingezogen fühlte. Dies war ein Appell an eine Art beklagenswerten Sinn für Galanterie – so schrecklich, dass nur ein Wort seinen schrecklichen Geist beschreiben kann – und im Geiste nannte er sie „arme kleine Dame". Sie war auch hübsch und nicht sehr glücklich. Es schien seine Aufgabe zu sein, sie zu interessieren und zu unterhalten. Sein „Vorbeischauen" amüsierte sie: Wenn er sich wieder auf den Weg machte, fragte sie immer, wann er sie das nächste Mal besuchen würde. Diese „Vorbeischauen" waren für sie eindeutig Lichtblicke an einem tristen Tag. Auch sie waren für ihn Lichtblicke, denn sie interessierten ihn mehr als all seine Zuckererbsen. Es kam eine „Situation" in sein Leben, etwas Geheimes. Es würde zum Beispiel nie genügen, Amy oder den geschätzten Arzt davon ahnen zu lassen. Wahrscheinlich würden sie es falsch verstehen und glauben, es gäbe etwas zu verbergen. Er hatte die geheimen Freuden einer unblutigen Intrige. Aber wenn man bedenkt, dass es völlig unblutig war, war er erstaunlich darin versunken. Es war kein Wunder, dass er die wiederhergestellte Farbe von Amys Haaren nicht bemerkte.

Er, oder vielmehr Mrs. Evans, hatte für heute Abend einen bedingten Termin vereinbart. Wenn möglich, abhängig von Amys Müdigkeit, würde er vorbeikommen, um sich zu unterhalten. In erster Linie ging es bei dem Gespräch um die Beleuchtung des Gartens mittels chinesischer Laternen für ein nächtliches Fest, das Mrs. Evans an ihrem Geburtstag geben wollte. Der ganze Garten sollte beleuchtet sein, und da die Unterhaltung eines beleuchteten Gartens mit heißer Suppe, Wachteln und Eis unter dem Maulbeerbaum für Riseborough offensichtlich neu war, würde es für die Gäste ausreichend amüsant sein, durch die Gartenkasse zu gehen Abendessenzeit. Aber darüber hinaus gab es übertriebene Ablenkungen, Brückentische auf der Veranda, eine kleine Musikkapelle am Ende des Gartens, die zwischen den Gästen und den Schreien südöstlicher Schnellzüge intervenierte, und schon kam die Idee einer Kostümierung auf . Major Ames gefiel die Idee der Kostümierung, denn er hatte ein Kleidungsstück aus rotem Samt, in der Modewelt als venezianischer Umhang bekannt, oben verschlossen, was eine umwerfende Angelegenheit war, wenn darunter weiße Strumpfhosen hervorschauten. Er wusste, dass er ein Bein hatte, und beklagte nur die dürftigen Möglichkeiten, andere davon zu überzeugen. Aber die Beleuchtung des Gartens musste zuerst geplant werden: Es nützte nichts, ein Bein im Garten zu haben, wenn der Garten nicht richtig beleuchtet war.

Aber die ganze Angelegenheit war noch ein geborgtes Geheimnis: Als Ehrenmann konnte er Amy nichts davon erzählen. Eine kurzfristige Ankündigung für ein Fest dieser Art spielte keine Rolle, da es sich um eine postprandiale Unterhaltung handeln sollte, und die einzige postprandiale Unterhaltung, die derzeit in Riseborough existierte, war das Schlafengehen. Somit könnte jeder gerne annehmen.

Als er die Geschichte der letzten Tage mit sprechender Stimme durchging, ging ihm eine schnelle *Zusammenfassung davon in den Sinn*. Sie gingen den schmalen Pfad auf und ab, immer noch mit der Hand in seinem Arm, fragend, und zeigte ein unvorstellbares Interesse am Ablauf der Tage, in denen er alles wirklich Interessante ausgelassen hatte. Seine Geduld endete vor ihrer.

„Auf mein Wort, meine Liebe", sagte er, „es wird ein wenig kühl. Sollen wir reingehen, meinen Sie? Ich bin mir sicher, dass du von deiner Reise müde bist."

Es kam nichts mehr, das wusste sie. Aber selbst inmitten ihrer Enttäuschung fand sie Trost. Das Tageslicht würde die Wiederherstellung ihrer Jugend deutlicher zeigen als elektrisches Licht. Bei elektrischem Licht sahen alle ungefähr gleich aus. Und obwohl sie seinem Besuch im Club in irgendeiner geheimen Weise misstraute, wusste sie, wie unhöflich es wäre, ein solches Misstrauen auch nur im Entferntesten anzudeuten. Heute Abend war es viel besser, sich mit der Unterstellung der Müdigkeit abzufinden. Die Anschuldigung war auch nicht unbegründet; denn Misserfolg ermüdet jeden, wenn unter den gleichen Bedingungen der Erfolg nur stimulieren würde. Und als sie sich dessen bewusst wurde, kam ihre Bitterkeit erneut auf ihre Lippen.

„Du darfst dich nicht erkälten", sagte sie. „Lass uns reingehen."

Es war erst halb elf: All diese Gleichgültigkeit und dieses Scheitern hatten nur ein paar Stunden gedauert, und sobald seine Frau nach oben gegangen war, verließ Major Ames das Haus. Sein Weg führte an den Türen des Clubs vorbei, aber er betrat den Club nicht, sondern bemerkte lediglich durch die erleuchteten Fenster, dass sich eine ganze Menge Männer im Raucherzimmer befanden. Als er beim Doktor ankam, stellte er fest, dass Elsie und ihr Vater im Wohnzimmer Schach spielten und dass Mrs. Evans draußen im Garten war. Er beschloss, direkt in den Garten zu gehen, und fand sie unter dem Maulbeerbaum sitzend, weiß gekleidet und sah ziemlich aus wie die Milchstraße. Sie stand nicht auf, sondern reichte ihm die Hand.

„Das ist nett von dir", sagte sie. „Wie geht es Cousine Amy?"

„Amy geht es sehr gut", sagte er. „Aber sie ist früh zu Bett gegangen, etwas müde von der Reise. Und wie geht es der Cousine von Cousine Amy?"

Er setzte sich dicht neben ihr auf den Korbstuhl, der unter seinem Gewicht knarrte.

„Ich muss einen besonderen Stuhl für Sie anfertigen lassen", sagte sie. „Du bist so groß und stark. Hast du den Ehemann von Cousine Amys Cousine gesehen?"

„Nein: Ich habe gehört, dass du hier draußen warst. Also bin ich direkt rausgekommen."

Sie ist aufgestanden.

„Ich denke, es wäre dann besser, wenn wir hineingehen und ihm sagen, dass Sie hier sind", sagte sie. „Er könnte es seltsam finden."

Major Ames sprang mit Eifer auf: Mit seiner Eifer vermischte sich ein angenehmer Sinn für Abenteuer.

„Auf jeden Fall", sagte er. „Dann können wir wieder rauskommen."

Sie lächelte ihn an.

"Sicherlich. Er spielt Schach mit Elsie. Ich gehe nicht davon aus, dass er sein Spiel unterbrechen wird."

Anscheinend dachte Dr. Evans überhaupt nichts Seltsames. Im Großen und Ganzen war das nicht verwunderlich, da er ganz genau wusste, dass Major Ames kommen würde, um mit seiner Frau über die Gartenbeleuchtung zu sprechen.

„Guten Abend, Major", sagte er; „Nett, dass du kommst. Mir wurde gesagt, dass du und meine kleine Frau mich arm machen werden. So, Elsie, was sagst du dazu, dass ich meinen Ritter dort hinstelle? Überprüfen."

"Schwein!" sagte Elsie.

„Dann sollen wir hinausgehen, Major Ames?" sagte Millie. „Kommst du raus, Wilfred?"

„Nein, kleine Frau. Ich werde deine Tochter drinnen besiegen. Kommen Sie und trinken Sie ein Glas Whisky und Limonade mit mir, bevor Sie gehen, Major."

Dementsprechend gingen sie wieder hinaus ins kühle Sternenlicht.

„Wilfred spielt so gern Schach", sagte sie. „Er spielt jeden Abend mit Elsie, wenn er zu Hause ist. Natürlich fällt er oft aus."

Dies erzeugte genau den Effekt, den sie meinte. Sie äußerte sich nicht und beschwerte sich auch nicht: Sie machte lediglich eine Aussage, die ganz natürlich aus dem hervorging, was im Salon vor sich ging.

Aber Major Ames zog die Schlussfolgerung, die von ihm erwartet wurde.

„Freut mich, dass ich vorbeikommen konnte", sagte er. „Jetzt zu den Laternen. Wir müssen sie alle entlang der Gartenmauer haben und auch nicht zu weit voneinander entfernt. Sechs Fuß voneinander entfernt, was? Jetzt gehe ich über die Mauer und wir können berechnen, wie viele wir dort haben wollen. Ich glaube, ich trete noch einen ganzen Meter weiter. Noch nicht verkrampft in den Gelenken."

Es dauerte etwa eine halbe Stunde, die gesamte Beleuchtungsanlage fertigzustellen, und da Major Ames nicht bereit war, dafür aufzukommen, empfahl er, sie auf etwas aufwendigere Weise auszuführen. Bei so vielen Laternen war es leicht möglich, sein Bein zu sehen, und er legte großen Wert auf das Thema Kostüme.

„Es wird einige queere Teilnehmer geben, das sollte mich nicht wundern", sagte er; „Aber ich gehe davon aus, dass es auch einige ansehnliche Kostüme geben wird. Von Jove! Es wird das größte Ereignis des Jahres sein. Amy und ich müssen uns bei unseren kleinen Abendessen zurückhalten, wie man so schön sagt."

„Ich hoffe, Cousine Amy denkt mir das nicht vor", sagte Millie.

Major Ames sagte das, was mit „Pshaw" geschrieben steht. "Nach vorne?" er weinte. „Nun, du bringst ein bisschen Leben unter uns. Auf mein Wort, wir wollten uns ein wenig aufregen. Sie sind ein öffentlicher Wohltäter."

Sie hatten sich wieder hingesetzt, um sich auszuruhen, nachdem sie mühsam aus den Backsteinmauern unter dem Maulbeerbaum herausgetreten waren, wo das Gras trocken war und nur ein schwacher Schimmer von Sternenlicht durch die Blätter drang. Am Ende des Gartens raste ein Zug vorbei, und der Lärm verstummte in einem schwächer werdenden Donner. Sie beugte sich ein wenig zu ihm vor und hob ihr Gesicht, ähnlich wie Amy es getan hatte.

„Ah, wenn ich nur denken würde, dass ich die Dinge ein wenig angenehmer mache", sagte sie.

Plötzlich wurde Major Ames bewusst, dass von ihm erwartet wurde, dass er sie küsste. Auch er beugte sich vor.

„Ich glaube, das wissen Sie", sagte er. „Ich wünschte, ich könnte dir dafür danken."

Sie rührte sich nicht, aber in der Dämmerung konnte er sehen, dass sie ihn anlächelte. Es sah aus, als würde sie warten. Er machte eine unbeholfene Vorwärtsbewegung und küsste sie.

Einen Moment lang herrschte Stille: Sie reagierte weder auf ihn noch stieß sie ihn ab.

„Ich nehme an, die Leute würden sagen, ich hätte dich nicht zulassen sollen", sagte sie. „Aber es schadet nicht, oder? Schließlich bist du eine Art Cousin. Und du warst so nett zu den Laternen."

Major Ames dachte fast ausschließlich an sich selbst, kaum an sie. Ein Abenteuer, eine Intrige hatte begonnen. Er hatte die Frau eines anderen geküsst und spürte, wie teuflisch dieser Kerl war. Aber mit dem Wein dieser Emotion vermischte sich ein Hauch von Besorgnis. Es wäre klug, anzuhalten, Whisky und Limonade mit ihrem Mann zu sich zu nehmen und nach Hause zu Amy zu gehen.

KAPITEL VI

MRS. ALTHAM wartete am nächsten Tag mit großer Ungeduld auf die Rückkehr ihres Mannes aus dem Club, wo er die meisten Nachmittage verbrachte, um von der Teezeit bis zum Abendessen in einem Sessel zu sitzen und beiläufig zu erfahren, was während seines Aufenthalts passiert war Golf spielen. Sie hatte am Nachmittag Mrs. Ames besucht und hatte daher eine Angelegenheit von erheblicher Wichtigkeit mitzuteilen. Sie hätte diese zurückhaltende Informationsflut unterstützen können, obwohl sie so schnell wie möglich platzen wollte, aber sie hatte auch eine Frage an Henry, von der eine gewaltige Sache abhing. Endlich hörte sie das Klappern seines Hutes und seines Stockes im Flur und ging ihm entgegen.

„Wie spät bist du, Henry", sagte sie; „Aber du brauchst dich nicht anzuziehen. Mrs. Brooks wird Sie entschuldigen, wenn sie später noch hereinkommt. Das Abendessen ist fertig: Lasst uns sofort eintreten. Du warst gestern Abend nach dem Abendessen im Club. Du hast mir gesagt, wer da war; aber ich möchte ganz sicher sein."

Herr Altham schloss für einen Moment die Augen, als er sich setzte. Es schien, als würde er ein stilles Gnadengebet sprechen, aber der Schein täuschte. Er dachte nur nach, denn er wusste, dass seine Frau eine solche Frage nicht stellen würde, wenn nicht etwas davon abhing, und er wollte genau sein.

Dann öffnete er sie wieder und füllte die Suppe mit einem Namen für jeden Löffel.

„General Fortescue", sagte er. „Junger Morton. Mr. Taverner, Turner, Young Turner."

Das waren fünf Löffel – drei für seine Frau, zwei für ihn. Er mochte Suppe nicht besonders.

„Und du warst die ganze Zeit zwischen zehn und elf dort?" fragte seine Frau.

„Bis halb elf."

„Und da war sonst niemand?"

Mr. Altham blickte strahlend auf.

„Der Clubkellner", sagte er, „und der Page. Die Seite wurde wegen Zuckerdiebstahls entlassen. Die Zuckerrechnung war absurd. So haben wir es herausgefunden. Wollten Sie danach fragen?"

"Nein mein Schatz. Ich will es auch nicht wissen."

In diesem Moment verließ das Stubenmädchen das Zimmer und sprach mit eifriger Untertonstimme.

"Frau. „Ames hat mir erzählt, dass Major Ames gestern Abend in den Club gegangen ist, als sie um halb zehn ins Bett ging", sagte sie. „Du hast mir beim Frühstück erzählt, wen du dort gefunden hast, aber ich wollte sicher sein. Nennen Sie sie Mr. und Mrs. Smith und dann können wir weiter reden."

Das Stubenmädchen kam zurück ins Zimmer.

„Ja, Mr. Smith ist offenbar um halb zehn in den Club gegangen", sagte sie. „Aber er kann nicht in den Club gegangen sein, sonst hätte man ihn gesehen. Mir fiel auf, dass es ihm nicht gut ging, und ich ging zum Arzt."

„Es scheint möglich", sagte Herr Altham nicht ohne Begeisterung, da er verstand, dass „Arzt" „Arzt" bedeutete und welcher Arzt.

„Wir haben alle bemerkt, wie oft er Dr. Jones besucht hat", sagte Frau Altham, „während Frau Smith weg war. Aber gleich am Abend ihrer Rückkehr noch einmal zu zahlen, sieht so aus, als ob – als ob etwas Ernstes im Gange wäre."

„Meine Liebe, es gibt überhaupt keinen Hinweis darauf, dass Major Ames letzte Nacht zum Arzt gegangen ist", sagte er.

Mrs. Altham warf ihm einen schrecklichen Blick zu, denn das Stubenmädchen war im Zimmer, und diese gedankenlose Bemerkung machte alle diplomatischen Ersetzungen durch eine andere Nomenklatur völlig hinfällig und nutzlos.

"Frau. „Smith, würde ich sagen", fügte Mr. Altham etwas verwirrt hinzu und machte Jane dann alles klar, für den Fall, dass sie irgendwelche Zweifel daran hatte.

„Dann schlagen Sie mir eine andere vernünftige Theorie darüber vor, wo er war", sagte Mrs. Altham.

„Ich kann nicht sagen, wo er war, mein Lieber", sagte Herr Altham und stellte fest, dass seine juristische Ausbildung ihn unterstützte, „wenn man bedenkt, dass es keinerlei Beweise gibt, die sich auf die Angelegenheit beziehen." Aber zu wissen, dass ein Mensch nicht an einem bestimmten Ort war, beweist nicht mit Bestimmtheit, dass er sich an einem anderen Ort befand."

„Kein Zweifel, er ist gestern Abend um halb elf einkaufen gegangen", sagte Mrs. Altham mit tiefem Sarkasmus. „Dann sind so viele Geschäfte geöffnet. Die High Street ist ein perfekter Lichterglanz."

Herr Altham konnte auch sarkastisch sein, obwohl er diese Gabe selten nutzte.

„Es ist ziemlich verblüffend“, bemerkte er.

Zweifellos war Mrs. Altham über die skeptische Haltung ihres Mannes verärgert, und sie bestrafte ihn, indem sie davon Abstand nahm, den Punkt weiter zu besprechen und ihm den Rest ihrer Neuigkeiten mitzuteilen. Aber diese Strenge bestrafte auch sie selbst, denn sie brannte darauf, es ihm zu sagen. Als Jane sich schließlich zurückgezogen hatte, wurde der innere Druck unwiderstehlich.

"Frau. „Ames hat etwas mit ihren Haaren gemacht, Henry“, sagte sie; „Und sie hat etwas mit ihrem Gesicht gemacht. Ich hatte gute Laune, sie zu fragen, was sie verwendet hatte. Ich versichere Ihnen, es war nirgends ein einziges graues Haar übrig, und vor zwei Wochen war sie so grau wie ein Blässhuhn!“

„Blässhühner sind kahl, nicht grau“, bemerkte ihr Mann.

„Das ist bloßes Gejammer, Henry. Sie ist jetzt braun. Ist das eine weitere Mode, die sie uns in Riseborough vorstellen wird? Was soll das alles heißen? Sollen wir uns alle mit Kaltcreme ins Gesicht schmieren und unsere Haare blau färben?“

Herr Altham war heute Abend in einer schmerzhaft wörtlichen Stimmung und konnte Informationen nicht von Rhetorik trennen.

„Hat sie ihre Haare blau gefärbt?“ fragte er mit leicht ehrfürchtiger Stimme.

„Nein, mein Lieber, wie kannst du nur so dumm sein? Und ich habe dir gerade gesagt, dass sie braun war. Aber in ihrem Alter! Als würde es irgendjemanden interessieren, welche Farbe ihre Haare hatten. Auch ihr Gesicht! Ich bestreite nicht, dass die Falten weniger ausgeprägt sind, aber wen interessiert es, ob sie Falten hat oder nicht?“

Diese angenehmen Überlegungen wurden durch das Klopfen des Postboten an der Haustür unterbrochen, und da der Postbote Vorrang vor allem und jedem hatte, eilte Herr Altham hinaus, um zu sehen, welche Aufregungen er in den Hafen gesteuert hatte. Für ihn war leider nichts dabei, dafür aber einen großen, vielversprechend aussehenden Umschlag für seine Frau. Außerdem war es steif und sah aus wie das Behältnis einer Einladungskarte.

„Eins für dich, meine Liebe“, sagte er.

Mrs. Altham riss es auf und schnappte laut nach Luft.

„Bei hundert Versuchen würde man es nicht erraten“, sagte sie.

„Dann seien Sie so freundlich, es mir zu sagen“, bemerkte ihr Mann.

Mrs. Altham las alles in einem Atemzug ohne Unterbrechung vor.

"Frau. Evans zu Hause, Donnerstag, 20. Juli, 22 Uhr, Shakespeare-Kostüm, na ja, ich nie!"

Für eine Weile herrschte Stille der Verblüffung. Dann seufzte Herr Altham tief.

„Ich war noch nie auf einem Kostümball", sagte er. „Ich denke, ich sollte mich sehr seltsam und unwohl fühlen. Was sollen wir tun, wenn wir dort ankommen, Julia? Stehen Sie einfach da und schauen Sie sich an. Es wird sehr seltsam erscheinen. Was würden Sie mir empfehlen? Ich denke, wir sollten ein Paar sein."

Um ihrer Gerechtigkeit Rechnung zu tragen, hatte Mrs. Altham jahrelang nicht ernsthaft über ihr persönliches Aussehen nachgedacht. Aber als sie vom Tisch aufstand und bewusst auf den Spiegel über dem Kamin blickte, wäre es müßig zu leugnen, dass sie jetzt darüber nachdachte. Sie war noch nicht einmal zehn Jahre so alt wie Mrs. Ames, und als sie sich sorgfältig und mit absoluter Ehrlichkeit betrachtete, fiel ihr auf, dass selbst unter Berücksichtigung all dessen, was Mrs. Ames ihrem Haar und ihrem Gesicht angetan hatte, Sie selbst behielt immer noch das richtige Maß für den Altersunterschied zwischen ihnen. Aber es war noch zu früh, um über die Frage ihrer Identitätsfälschung nachzudenken. Es gab noch andere Dinge, die bei der Betrachtung eines Kostümballs zunächst in Betracht gezogen werden sollten. Tatsächlich gab es so viel, dass sie kaum wusste, wo sie anfangen sollte. Also rührte sie alles auf, nach Art eines Seekuchens, bei dem alles, was essbar war, in den Ofen geschoben und gebacken wurde.

„Es wird genug Zeit sein, darüber zu reden, meine Liebe", sagte sie, „denn wenn Mrs. Evans glaubt, dass wir alle Unsummen in die Kassen treiben werden, um Kleider für ihre Party zu besorgen, dann irrt sie sich Ich für meinen Teil mache mir Sorgen. Übrigens kannst du deine ältesten Klamotten anziehen, und ich kann Janes Schürze und Mütze ausleihen, und wir können als Darby und Joan gehen. Tatsächlich weiß ich nicht, ob ich überhaupt gehen werde – obwohl man Mrs. Evans Gefühle natürlich nicht verletzen möchte, wenn man sich weigert. Weißt du, Henry, ich würde mich nicht im Geringsten wundern, wenn wir Mrs. Ames und all ihre Überlegenheit und Führungsqualitäten das letzte Mal gesehen haben. Sie können sich darauf verlassen, dass Mrs. Evans sie nicht konsultiert hat, bevor sie beschlossen hat, eine Kostümparty zu geben. Es ist viel wahrscheinlicher, dass sie und Major Ames das alles zwischen ihnen ausgeheckt haben, während Mrs. Ames weg war, und festgelegt haben, was sie tun sollten, und ich wage zu behaupten, dass es Romeo und Julia sein wird. Es würde mich nicht im Geringsten wundern, wenn Mrs. Ames überhaupt nicht zur Party ginge, sondern noch am selben Abend versuchte, auf eigene Faust etwas auf die Beine zu stellen. Es würde ihr ähnlich sein, da bin ich mir sicher. Aber ob sie geht oder nicht, es scheint mir, dass wir das letzte Mal gesehen haben, wie sie über uns alle herrscht. Wenn sie nicht geht, würde ich annehmen, dass sie die einzige Abwesende ist, und wenn sie es tut, geht sie als Gast von Mrs. Evans. In all den Jahren hat sie nie an eine Kostümparty gedacht –"

Mrs. Altham brach mitten in ihrer Ansprache ab, berührt von der Pracht eines plötzlichen Gedankens.

„Oder bedeutet das ganze Wegbleiben ihrerseits", sagte sie, „und das Färben ihrer Haare und das Schminken ihres Gesichts, dass sie die ganze Zeit darüber Bescheid wusste und die Showfigur des Ganzen sein würde?" Ich würde mich nicht fragen, ob es das war. Höchstwahrscheinlich werden sie und Major Ames als Hamlet und Ophelia oder als etwas ähnlich Lächerliches auftreten, obwohl ich mir sicher bin, dass Major Ames, was das „zu feste Fleisch" betrifft, einen bewundernswerten Hamlet abgeben würde, denn ich habe noch nie einen gesehen Der Mensch nimmt auf die Art und Weise zu, wie er es tut, trotz all der Gartenarbeit, die der Gärtner meiner Meinung nach wirklich für ihn erledigt. Aber was auch immer die Wahrheit ist, und ich bin mir sicher, dass jeder hier in Riseborough heutzutage so geheimnisvoll ist, dass man nie weiß, wie viele an so einem Ort an so einem Abend gegessen haben, es sei denn, man geht tatsächlich zum Geflügelhändler und findet heraus, ob das so ist ein oder zwei Hühner wurden geschickt, – was habe ich gesagt?"

Sie hatte viel gesagt. Herr Altham hat den Gedankengang, den sie in Erinnerung rufen wollte, richtig erraten.

„Trotz der Geheimniskrämerei –" schlug er vor.

Das hat seinen Zweck erfüllt.

„Nein, mein lieber Henry", sagte seine Frau schnell, „ich beschuldige niemanden der Geheimniskrämerei. Wenn ja, haben Sie mich missverstanden. Ich wollte damit nur sagen, dass wir es niemandem erzählen werden, wenn wir uns darüber geeinigt haben, was wir tun sollen. Eine Kostümunterhaltung macht sehr wenig Sinn, wenn man genau weiß, was einen erwartet, und sobald man einen Romeo sieht, kann man mit Sicherheit sagen, dass es sich zum Beispiel um Major Ames handelt; und ich bin sicher, wenn er als Romeo auftreten soll, wäre es äußerst passend, wenn Mrs. Ames als Julias Amme auftreten würde."

„Ich bin mir nicht sicher, ob mir so viel Schmuck gefallen wird", sagte Mr. Altham, der nur an seine eigene Kleidung dachte und sich weder um Major noch um Mrs. Ames kümmerte. „Es wird sehr seltsam erscheinen."

„Unsinn, meine Liebe; Wir werden vorher ein oder zwei Abende in unseren Kostümen speisen, und Sie werden sich ziemlich daran gewöhnen, was auch immer es sein mag. Henry, erinnerst du dich an mein weißes Satinkleid, das ich kaum ein Dutzend Mal trug, weil es für Riseborough zu prächtig schien? Das war es auch, da bin ich mir sicher: Du hattest völlig Recht. Seitdem ist es in Kampfer enthalten. Ich habe früher meine römischen Perlen dazu getragen. Es gibt drei Reihen und der Verschluss besteht aus echten Perlen. Genau das Richtige für Kleopatra."

„Ich erinnere mich genau", sagte Herr Altham. Seine Gedanken wanderten sofort wieder zu der unbestrittenen Tatsache, dass Major Ames zwar kräftig, aber selbst sehr dünn war. Hätte er in diesem Moment seine Figur beschreiben müssen, hätte er gesagt, sie sei jungenhaft. Die Kosten für eine Perücke schienen keine Rolle zu spielen.

„Nun, mein Liebes, weißes Kleid und Perlen", sagte seine Frau. „Sie sind nicht sehr ermutigend. Mit diesem Buch ägyptischer Altertümer kann ich das Kleid leicht umgestalten. Und ich erinnere mich, dass ich in einer römischen Geschichte gelesen habe, dass Kleopatra weit über dreißig war, als Julius Cäsar ihr so ergeben war. Und den Büsten nach muss er viel kahlköpfiger gewesen sein als du!"

Es ist sinnlos zu leugnen, dass dies ein ziemlich schwerer Schlag war. Seit der Erwähnung des Wortes Kleopatra hatte er sich komplett, mit Perücke, in einer anderen Figur gesehen.

„Aber Julius Cäsar war sechzig", bemerkte er mit verzeihlicher Härte. „Ich wüsste nicht, wie ich es als sechzigjähriger Mann schaffen könnte. Und im Übrigen, meine Liebe, obwohl ich mir sicher bin, dass niemand glauben würde, dass du weniger als fünf Jahre so alt wie möglich bist, verstehe ich nicht, wie du dich als bloßes Mädchen von dreißig Jahren ausgeben könntest. Warum sollten wir nicht als „Antonius und Kleopatra, zehn Jahre später" auftreten? Es wäre besser, als vor zehn Jahren als Julius Cäsar und Kleopatra aufzutreten!"

Frau Altham dachte darüber nach. Es stimmte, dass es ihr schwer fallen würde, wie dreißig auszusehen, egal wie viele römische Perlen sie trug.

„Ich weiß nicht, ob das eine so schlechte Idee von dir ist, Henry", sagte sie. „Sicherlich gibt es niemanden auf der Welt, der sich weniger um ihr Alter kümmert oder es verbergen möchte als ich. Und Ihr Vorschlag hat etwas Originelles – Antonius und Kleopatra zehn Jahre später – Ah, da ist die Glocke, die wird Sei es, dass Mrs. Brooks hereinkommt. Und da ist auch das Telefon. Auf mein Wort, wir haben nie einen Moment für uns. Ich würde mich nicht wundern, wenn halb Riseborough uns heute Abend besuchen würde. Gehen Sie zum Telefon und sagen Sie ihm, dass wir zu Hause sind? Und kein Wort zu irgendjemandem, Henry, darüber, was wir vorhaben. Wir werden auf jeden Fall überrascht sein, egal wie viel andere Leute über ihre

Kleider reden. Wenn Sie angerufen werden, um nach Ihrem Kostüm zu fragen, sagen Sie, dass Sie noch nicht darüber nachgedacht haben."

In der nächsten Woche war Frau Altham vollkommen in ihrem Element. Sie hatte etwas zu verbergen und befand sich in einem köstlichen Spannungszustand mit dem oberflächlichen Wunsch, ihre eigene Identität preiszugeben, und der tief verwurzelten Befriedigung, dies nicht zu tun. Um ihr Glück zu vervollständigen, passte ihr der berühmte weiße Satin immer noch, und sie war fast wahnsinnig vor Neugier, zu erfahren, was Major und Mrs. Ames „sein würden" und was die ganze Geschichte der geplanten Feierlichkeiten war. Auch in anderer Hinsicht war ihr natürliches Interesse an den Angelegenheiten anderer Menschen befriedigt. Mrs. Turner sollte Mistress Page sein, was sehr gut geeignet war, da sie älter und kräftig war und Miss Ellen Terry nicht im Geringsten ähnelte. Mr. Turner hatte sich für Falstaff entschieden und war überall zu erkennen. Der junge Morton hatte sich mit ungewöhnlicher Bescheidenheit für die Rolle des Apothekers in Romeo und Julia entschieden. Mrs. Taverner sollte Königin Catherine werden, und – fast noch freudiger als alles andere – hatte sie Mrs. Brooks davon überzeugt, nicht zu versuchen, sich als Kleopatra auszugeben. Welche Gefühle würde Mrs. Brooks haben, wenn ihr klar wurde, was nicht unvorstellbar war, dass Mrs. Altham in ihr eine verblüffende Ähnlichkeit mit ihrer Vorstellung von Hermine gesehen hatte, weil sie nicht wollte, dass es zwei Kleopatras gab, tat sie nicht beunruhigen sie besonders. Sie hatte Mrs. Brooks am Tag nach der Unterhaltung zum Abendessen eingeladen, und ihre Zustimmung würde das Kriegsbeil begraben, wenn es überhaupt so etwas wie ein Kriegsbeil gab. Schließlich hatte sie Mrs. Evans aufgesucht, die vage über den Sommernachtstraum gesprochen hatte. Mrs. Altham hatte das als gleichbedeutend mit der Tatsache angesehen, dass sie als Titania auftreten würde, und Mrs. Evans hatte eindeutig beabsichtigt, dass sie es so auffassen sollte. Tatsächlich war ihr die Idee gekommen, aber nicht sehr lebhaft. Ihr Ehemann sollte Timon von Athen sein. Auch das war durchaus zufriedenstellend: Niemand wusste überhaupt genau, wer Timon von Athen war, und niemand wusste viel über Dr. Evans, außer dass er normalerweise mitten in etwas geholt wurde. Wahrscheinlich geschah dasselbe mit Timon von Athen.

Tatsächlich erfasste innerhalb weniger Stunden nach Empfang der Einladungen von Mrs. Evans, die alle gleichzeitig mit der örtlichen Abendpost eintrafen, ein Geist dämonischer Fröhlichkeit, nicht weniger heftig als der, der Mrs. Altham beflügelte, alle Eingeladenen . Obwohl es fröhlich war, war es auf jeden Fall dämonisch, denn darin mischte sich eine ungeheure Menge an Groll, was von Zeit zu Zeit drohte, das Verfahren gänzlich zunichte zu machen. So hatte Mrs. Evans nur zwei Tage, nachdem alle Einladungen angenommen worden waren, noch einmal angedeutet, dass es Tanzveranstaltungen geben würde und dass der Abend pünktlich um Viertel nach zehn mit einer Quadrille eröffnet werden würde, in der darum gebeten wurde Jeder würde mitmachen. Es ist leicht, sich die private Bestürzung vorzustellen, die an diesem Abend herrschte; wie in einem Haus Mrs. Brooks, nachdem sie ganz allein und vor sich hin summend ihren zentralen Salontisch beiseite geschoben hatte, verwirrt und vergessen eintrat, und wie nebenan Mrs. und Mr. Altham heftig über die Reihenfolge stritten die Figuren und summten verschiedene Melodien, um sich gegenseitig zu zeigen, oder tänzelten in verschiedene Richtungen. Denn hier lag die bittere Angelegenheit: Diese Schmerzen mussten in Einsamkeit ertragen werden, denn es war offensichtlich unmöglich zuzugeben, dass die Praxis der Quadrillen schon so lange vorbei war, dass die Erinnerung daran völlig verschwunden war. Aber zum Glück (obwohl der Vorschlag in Mrs. Althams Kopf im Moment große Unzufriedenheit hervorrief) kam Mrs. Ames mit dem Hinweis zu Hilfe, dass viele von ihnen zweifellos die genaue Art der Quadrillen vergessen hätten, schlug sie vor morgen Nachmittag um halb vier einen Unterricht abzuhalten, bei dem alle gemeinsam eine Quadrille absolvieren würden.

"Dort! Das dachte ich mir!" sagte Frau Altham. „Das bedeutet, dass weder Major noch Mrs. Ames sich daran erinnern können, wie die Quadrille gespielt wird, und wir müssen ihnen das beibringen. Und sie sagt, dass sie es uns beibringen wird! Ich bin sicher, sie wird mir nie beibringen: Ich werde mich dem Haus nicht nähern. Ich brauche von niemandem Quadrillenunterricht zu nehmen, schon gar nicht von Mrs. Ames. Es gibt keine Antwort", fügte sie zu Jane hinzu.

Mr. Altham rutschte auf seinem Stuhl herum. Gestern Abend war er ganz sicher gewesen, dass er Recht hatte, in Punkten, in denen er und seine Frau unterschiedlicher Meinung waren, und dass die besonderen „Setting-Partner", die sie sich so oft gezeigt hatten, überhaupt nicht in der Quadrille, sondern in Lanzenreitern vorkamen, kurz vor der Damenkette. Aber sie hatte darauf bestanden, dass sowohl die Vertonung der Partner- als auch der Damenkette in Quadrillen erfolgte. Heute Morgen war er sich dessen jedoch nicht ganz so sicher.

„Sie könnten Mrs. Ames eine Nachricht schicken", bemerkte er, „und ihr sagen, dass Sie nicht kommen."

„Es wurde keine Antwort verlangt", sagte seine Frau aufgeregt. „Sie hat gerade gesagt, dass um halb vier ein Quadrille-Training stattfinden soll. Lass es sein. Ich bin mir sicher, dass ich nichts dagegen habe, obwohl ich denke, dass du vielleicht zuerst daran gedacht hast, Henry."

„Aber sie wird gerne wissen, wie viele sie erwartet", sagte Henry. „Wenn es halb vier sein soll, muss sie auf den Tee vorbereitet sein. Es kommt einer Teeparty gleich, es sei denn, man geht davon aus, dass der Unterricht vor fünf Uhr zu Ende sein wird."

Während der Nacht hatte Mrs. Altham über ihre Meinung zur Damenkette nachgedacht. Es wäre schrecklich, wenn Henry Recht hätte und sie am Abend des Tanzes ihre Hand für die Damenkette reichte und keinerlei Kette folgte. Sie entschied sich für einen großmütigen Kurs.

„Ganz ehrlich, ich bin mir nicht sicher, ob ich nicht hingehen werde", sagte sie, „nur um zu sehen, was Mrs. Ames unter einer Quadrille versteht." Ich würde mich nicht wundern, wenn sie es mit etwas ganz anderem verwechseln würde, was lächerlich wäre. Und schließlich sollten wir nicht so unfreundlich sein, und wenn die arme Mrs. Ames das Gefühl hat, wegen der Quadrille in Schwierigkeiten zu geraten, bin ich sicher, dass ich ihr gerne helfen werde. Zweifellos hat sie uns so gerufen, damit sie nicht zeigen muss, dass sie das Gefühl hat, dass ihr geholfen werden möchte. Wir werden gehen, Henry, und ich glaube, ich werde aus ihr herausbekommen, als was sie sich verkleiden will! Aber denken Sie bitte daran, zu sagen, dass wir uns jedenfalls noch keine Gedanken über unsere Kostüme gemacht haben. Und auf dem Weg dorthin können wir auch noch bei Herrn Roland vorbeischauen, denn wenn ich meine drei Perlenreihen tragen will, muss er mir noch ein paar mehr besorgen, da ich finde, dass da ziemlich viele Perlen zu sehen sind. Ich wage zu behaupten, dass gewöhnliche Perlen den Zweck perfekt erfüllen würden. Ich habe nicht vor, noch mehr echte römische Perlen zu kaufen. Sie gehörten meiner Mutter, und ich möchte ihnen nichts hinzufügen. Und wenn Sie darauf bestehen, etwas roten Stein in Ihrer Mütze zu haben, um daraus eine Schnalle für die Feder zu machen, können Sie sicher nichts Besseres tun, als sich ein Stück von dem zu besorgen, was er „deutschen Rubin" nannte und der sich jetzt in seinem Laden befindet. Ich glaube nicht, dass irgendjemand in Riseborough es von der Realität unterscheiden kann, und wenn das alles vorbei ist, würde ich es als Anhänger für meine Perlen tragen. Wenn Sie möchten, zahle ich die Hälfte davon, und insgesamt sind es nur ein paar Pfund."

Es schien kein wirklich attraktives Angebot zu sein, aber Henry hatte den Verstand, es anzunehmen. Er wollte einen Stein, um die Feder in einer eher koketten Mütze zu befestigen, die sie für Mark Anton passend befunden hatten, und es war ihm egal, was damit geschah, nachdem er sie bei dieser Gelegenheit getragen hatte, da es unwahrscheinlich war, dass es noch einmal zu einer ähnlichen Gelegenheit kommen würde würde entstehen. Tief in seinem Kopf hatte er die Idee gehabt, daraus einen Solitär zu machen, aber er wusste, dass er nicht den praktischen Mut zu dieser gewagten Idee aufbringen würde. Es würde auch eine andere Einstellung wünschen.

In anderen Häusern gab es nicht weniger vorwegnehmende Triumphe und vergangene Ratlosigkeiten. Teilweise kam es auch zu wilden und geheimen Intrigen. Ein paar Abende später zum Beispiel schaute Mrs. Brooks von nebenan, die in ihrem Kleiderschrank Kleidungsstücke aussortierte, aus denen sie ein Kostüm entwerfen konnte, das den Betrachter an Hermine erinnern sollte, aus ihrem Schlafzimmerfenster, wo ihre Suche im Gange war, und sah ein seltsamer Anblick im nächsten Garten. Da war eine Dame in weißem Satin mit Perlen; Da war ein Herr in römischer Toga mit Federmütze. Der römische Herr war eine zweifelhafte Figur; die Dame unbestreitbar. Wenn es jemals eine ältere Kleopatra gab, dann war sie diese.

Mrs. Brooks setzte sich schwerfällig hin, nachdem sie diesen Anblick gesehen hatte. Es war sicherlich Kleopatra im Garten nebenan, ebenso sicher war es eine Schlange im Gras. Einen Augenblick später war ihre Entscheidung gefallen. Sie erkannte, warum sie davon abgehalten worden war, Kleopatra zu sein; Die falsche Frau Altham hatte selbst Kleopatra sein wollen, ohne Rivale. Aber sie wäre auch Kleopatra. Riseborough sollte die Wirksamkeit der beiden Darstellungen beurteilen. Natürlich wusste jeder, dass Mrs. Altham drei Reihen römischer Perlen hatte, die nichts anderes als eine Art Glasemaille waren. Aber Mrs. Brooks hatte, wie Riseborough auch wusste, fünf oder sechs Reihen echter Saatperlen. Es war unmöglich, Samenperlen zu *verunglimpfen : Es waren Perlen, wenn auch klein, und gaben nicht vor, etwas anderes zu sein als das, was sie waren.* Aber die römische Vorsilbe für jede gerechte Person machte das Wort „Perlen" ungültig. Außerdem wäre sie selbst als Kleopatra ohne Perlen bereit gewesen, sich gegen Mrs. Altham zu stellen. Kleopatra sollte groß sein, und das war sie auch. Auch Kleopatra sollte schön sein, was aber auch nicht der Fall war. Und Mrs. Altham hatte sie gedrängt, als Hermine zu spielen! Natürlich musste sie ihre Toilette überarbeiten, aber glücklicherweise war sie nicht weiter fortgeschritten, als weiße Rosetten auf ein Paar leicht abgenutzte Satinschuhe zu nähen, die für jede von Shakespeares Heldinnen gleichermaßen geeignet waren.

Die Woche, die für Mr. und Mrs. Altham in einer Reihe so erfreulicher Aufregungen und Ängste vergangen war, war für Mrs. Ames nicht ohne Zwischenfälle verlaufen. Als sie (auf dem gleichen Postweg, auf dem die Einladungen an die anderen Gäste standen) die Ankündigung des Kostümballs erreichte und sie sie gegen Ende des Abendessens ihrem Mann vorlas (so wie Mrs. Altham es getan hatte), äußerte er sich seine Gefühle mit viel Gebrüll und der Meinung, dass er jedenfalls die Jahre des Verkleidens hinter sich gelassen habe. Mit dieser Haltung (denn es war klar, dass die Einladung eine Überraschung für ihn sein würde) übertrieb er etwas und stellte zu seiner Bestürzung fest, dass seine Frau ihm vollkommen zustimmte und bereit war, sobald das Abendessen vorbei war, ihr Bedauern niederzuschreiben. Der Grund war nicht weit zu suchen.

„Ich hoffe, ich bin nicht das, was die Diener ‚empfindlich‘ nennen “, sagte sie (und es war tatsächlich schwer zu erkennen, wie die Diener es anders nennen könnten), „aber das muss ich sagen, wenn man bedenkt, wie lange wir schon lange dort sind Ich war in Riseborough und habe den Menschen hier so viele Unterhaltungsmöglichkeiten geboten. Ich glaube, die liebe Millie hätte mich – oder natürlich Sie, Lyndhurst, in meiner Abwesenheit – zu einer Neuheit wie einem Kostümball konsultiert. Ich möchte mich in keiner Weise in eine kleine Party einmischen, die die liebe Millie geben möchte, aber da sie sie ohne mich planen kann, nehme ich an, dass sie sie auch ohne mich genießen kann. Ich bin mir bewusst, dass ich für den Erfolg einer Partei keineswegs notwendig bin. Und da du denkst, Lyndhurst, dass du das Alter zum Verkleiden schon etwas überschritten hast – obwohl ich nicht sagen möchte, dass ich dir zustimme –, denke ich, dass wir an diesem Abend zu Hause glücklicher sein werden. Ich werde der lieben Millie ganz freundlich schreiben und sagen, dass wir verlobt sind. Zweifellos würden die Althams mit uns speisen, da ich mir nicht vorstellen kann, dass sie Lust hätte, in schicker Kleidung aufzustehen.“

Major Ames war kein schneller Denker, aber er sah mehrere Dinge, ohne innezuhalten. Einer davon war, dass er auf jeden Fall gehen musste, es ihm aber egal war, ob Amy ging oder nicht. Ein zweiter Grund war, dass er, nachdem er seine Überraschung über die Ankündigung der Party zum Ausdruck gebracht hatte, jetzt zu spät sei, um zu sagen, dass er von Anfang an davon wusste und sich als Antonius ausgeben würde, während Mrs. Evans Kleopatra sein sollte. Ein dritter war, dass etwas getan werden musste, ein vierter, dass er nicht wusste, was.

„Ich überlasse dich deiner Zigarette, Lyndhurst“, sagte seine Frau und erhob sich, „und werde der lieben Millie schreiben. Lasst uns heute Abend wieder im Garten spazieren gehen.

Sie verließ das Esszimmer, er schloss die Tür hinter ihr und sie ging direkt zu ihrem Schreibtisch im Wohnzimmer. Darüber hing ein Spiegel, und (immer noch nicht in der Stimmung, die die Diener „empfindlich“ nennen) setzte sie sich hin, um die freundliche Nachricht zu schreiben. Am Westhimmel herrschte noch immer ein beträchtlicher Teil des Sonnenuntergangs, und es wäre nicht nötig, eine Kerze anzuzünden, um zu schreiben. Es war auch hell genug, dass sie im Glas ein rosiges Bild von sich selbst sehen konnte, und sie hielt inne. Sie sah dort, was Mrs. Altham, wie ihr bewusst war, heute Nachmittag gesehen hatte – nämlich das Fehlen von Grau in ihrem Haar und die gemilderten und glatten Falten in ihrem Gesicht. Zwar hatte ihr Mann diese erneuerten Zeichen ihrer Jugend noch nicht einmal bemerkt oder sich zumindest dazu geäußert, aber Mrs. Ames war noch keineswegs verzweifelt und klopfte täglich (wie angewiesen) die erweichende Creme ein. Dieses rosige Licht des Sonnenuntergangs ließ ihr Gesicht von zarter Farbe erröten, und sie beanspruchte unbewusst den geliehenen Zauber des Lichts für sich ... Dann erfuhr das, was keine Empfindlichkeit war, eine ähnliche Milderung wie ihre Falten. Sie wusste, dass sie sich einer sarkastischen Absicht schuldig gemacht hatte, als sie sagte, sie wisse, dass ihre Anwesenheit für den Erfolg einer Partei nicht notwendig sei. Es wäre unfreundlich gegenüber der lieben Millie, wenn sie sich weigerte zu gehen, denn eine Dinnerparty zu Hause war überhaupt keine Entschuldigung; Sie konnte durchaus dort weiterfahren, wenn die Kutschen um zwanzig vor elf kamen. Es war auch absurd, dass Lyndhurst sagte, er sei über das Alter hinaus, in dem es angebracht sei, sich schick zu machen. Trotz seiner Haare, die er sehr gut kämmte, war sein Gesicht noch jung genug, um der Versuchung nachzugeben, sich zu verschönern, und ein venezianischer Mantel würde natürlich seine Neigung zur Korpulenz verbergen. Zweifellos hatte die liebe Millie nicht vorgehabt, sich in irgendeiner Weise hervorzuheben; Zweifellos hatte sie noch nicht wirklich begriffen, dass Mrs. Ames in allem, was mit Festlichkeiten zu tun hatte, eine anerkannte Autokratin war.

Dieser ganze Gedankengang brauchte nur wenige Sekunden, um durchzugehen, und während sie sich immer noch selbst betrachtete, erklangen die Namen der Heldinnen der Verzauberung leise in ihrem Gehirn. Sie überging Julia und Ophelia ohne einen Kummer, denn sie war nicht so unkonzentriert in ihrer Vorstellungskraft, um zu sehen, dass ihr Spiegelbild in der Lage wäre, den aufkeimenden Frühling dieser beiden oder die schlanke Jugendlichkeit von Rosalind wieder einzufangen. Sie wollte keine mädchenhafte Rolle spielen, noch erkannte sie die altkluge Würde Portias in sich hinein. Aber war da nicht jemand, der zu Flötenklängen in einem vergoldeten Kahn den grünen Nil hinunterfuhr – kein Mädchen, sondern eine Frau im Charme ihrer vollen Reife?

Die Idee wurde in Plan und Manöver detailliert beschrieben. Sie wollte so auf Lyndhurst losgehen, um ihn in einem Augenblick der Offenbarung sehen zu lassen, wie tapfer sie die Rolle dieser Zauberin unterstützen konnte ... In diesem Moment öffnete sich die Tür zum Salon, und gleichzeitig begannen beide einen Satz identische Wörter.

„Weißt du, meine Liebe, ich habe nachgedacht ...“

Sie hielten beide inne und er lachte freundlich.

„Bei meiner Seele, meine liebe Amy“, sagte er, „ich glaube, wir haben immer die gleichen Gedanken. Ich sage dir, was du sagen wolltest. Sie wollten sagen: „Ich dachte, es wäre nicht sehr freundlich zu der lieben Millie“ – das würden *Sie* natürlich sagen – nicht sehr freundlich zu Mrs. Evans, wenn wir ablehnen würden. Und ich stimme dir zu, mein Lieber. Zweifellos hätte sie zuerst mit Ihnen Rücksprache halten sollen, oder wenn Sie nicht da wären, hätte sie es vielleicht sogar, wie Sie vorgeschlagen haben, mir gegenüber erwähnt. Aber du kannst es dir leisten, nachsichtig zu sein, meine Liebe – schließlich ist sie deine Cousine – und du möchtest ihr die Party nicht verderben, das arme Ding, indem du dich weigerst zu gehen. Und wenn du gehst, dann werde ich natürlich meine natürlichen Gefühle dafür, dass ein alter Mistkerl wie ich einen Kerl aus sich macht, beiseite legen und mich irgendwie verkleiden. Ich glaube, ich habe ein altes Kostüm mit einem venezianischen Umhang irgendwo beiseite gelegt, obwohl ich vermute, dass er jetzt von Motten zerfressen und rostig ist, und ich werde mich irgendwie anziehen und mit dir kommen. Ich nehme an, dass es in Shakespeare einige alte Schauspieler gibt – ich muss mir die Stücke des Kerls noch einmal ansehen –, die selbst ein pensionierter alter Soldat nachahmen kann. Falstaff zum Beispiel – so ein beleibter alter Mann von der Art."

Es ist zu befürchten, dass einige dieser Reden, gelinde gesagt, nicht ganz naiv waren. Andererseits war Major Ames von Natur aus nicht ganz naiv. Er hatte sich bereits davon überzeugt, dass das betreffende alte Kostüm durch die Naphthalinkugeln, die er von Zeit zu Zeit sorgfältig erneuerte, perfekt erhalten war und nicht im Geringsten von Motten zerfressen oder rostig war. Da er sich wiederum für die Rolle des Antonius entschieden hatte, war es nicht ganz einfach, auf Falstaff anzuspielen. Aber schließlich drückte die Rede alles aus, was er sagen wollte, und nur unsere glücklichsten Äußerungen können so viel bewirken. Tatsächlich neigte es sich vielleicht sogar ein wenig auf die andere Seite des Gesichtsausdrucks, denn in diesem Moment wurde Mrs. Ames bewusst (so heftig und unerklärlich wie eine Kokosnuss, die ihr auf den Kopf fiel), dass die Frage nach dem venezianischen Umhang nicht zur Sprache gekommen war An diesem Abend kam ihr Mann zum ersten Mal in den Sinn. Sie hatte das Gefühl, ohne ihr Gefühl erklären zu können, dass die Idee des Kostümballs für ihn nicht neu war. Aber es war unmöglich, ihn mit einer so tiefgreifenden Doppelzüngigkeit zu belasten; Tatsächlich verwarf sie ihren Verdacht, als sie einen Moment über die Frage nachdachte. Aber der Verdacht war da.

Sie traf ihn auf halbem Weg.

„Sie haben ganz richtig geraten, Lyndhurst", sagte sie; „Ich denke, es wäre unfreundlich gegenüber der lieben Millie, wenn du und ich nicht gehen würden. Ich wage zu behaupten, dass es ihr schon schwer genug fallen wird, sich zu versammeln. Ich werde sofort schreiben."

Dies geschah bald, und noch während sie schrieb, wurde die Vorstellung der armen Frau Ames von sich selbst immer rosiger in ihrem Kopf. Aber sie muss über ihren Mann platzen, sie muss über ihn platzen. Angenommen, ihre absurde Vermutung von vorhin war wahr, dann bestand umso mehr das Bedürfnis, auf ihn loszustürmen, sich als Kleopatra zu präsentieren ... In der Zwischenzeit fragte er sich, wie um alles in der Welt er das Geheimnis seines

Kostüms und das seiner Gastgeberin bewahren sollte Amy bespricht dann Kostüme oder schlägt den König und die Königin von Dänemark vor, die für sie passend sind. Vielleicht wäre es sogar besser, die Situation als solche zu akzeptieren und Mrs. Evans zu sagen, dass seine Frau als „Paar" gehen wollte (wie Mrs. Altham es ausdrückte) und dass es klüger sei, die Idee eines streunenden Antony aufzugeben und ein verirrtes Kleopatra-Treffen am Abend selbst unvorhergesehen. Aber ihre nächsten Worte ließen all diese Schwierigkeiten verschwinden; Sie verschwanden so vollständig wie eine Uhr oder ein Kaninchen unter dem Zauberstab des Zauberers.

Mrs. Ames leckte nie Umschläge; Sie trug Wasser aus einem kleinen Gefäß, das einem Tränenfläschchen ähnelte, mit einem Pinsel aus Kamelhaar auf.

„Was für ein Unsinn, mein lieber Lyndhurst", sagte sie. „Stell dir vor, du gehst als Falstaff! Sie müssen sich etwas Besseres einfallen lassen! Meine Liebe, es ist eine sehr gewagte Idee von Millie, aber ich glaube wirklich, dass wir großen Spaß haben könnten. Ich hoffe, dass nicht alle Riseborough ihre Kostüme gemeinsam besprechen, damit wir genau wissen, was uns erwartet. Ein Kostümball hat wenig Sinn, wenn es keine Überraschungen gibt. Ich muss auch über mein Kostüm nachdenken. Ich habe nicht das Glück, eines parat zu haben."

Sie stand vom Tisch auf, immer noch mit dem rosafarbenen Bild von sich selbst im Kopf.

„Ich denke, ich werde Ihnen nicht sagen, wer ich sein werde", sagte sie, „selbst wenn mir etwas Passendes eingefallen ist. Ich werde mich als Überraschung für Sie bereithalten. Und halte dich für eine Überraschung für mich, Lyndhurst. Treffen wir uns zum ersten Mal in unseren Kostümen, wenn die Kutsche vor der Tür steht und bereit ist, uns zur Party zu bringen. Glaubst du nicht, dass das Spaß machen würde? Aber du musst mir versprechen, meine Liebe, dass du dich nicht als Falstaff oder irgendein alter Kerl ausgeben wirst. Sonst werde ich mich sehr für dich schämen.

Er klingelte überschwänglich (die Herzlichkeit der Aktion war typisch für die Begrüßung des Vorschlags seiner Frau) und befahl, die Nachricht zu verschicken.

"Von Jove! „Amy", sagte er, „was für ein Typ du bist, wenn du immer über Dinge nachdenkst. Und wenn Sie es wünschen, werde ich versuchen, eine ansehnliche Figur aus mir zu machen, obwohl ich sicher bin, dass ich zu Hause entspannter auf Ihre Rückkehr warten sollte, um alles darüber zu erfahren. Aber ich werde mein Bestes geben, ich werde mein Bestes geben, und ich wage zu behaupten, dass der venezianische Umhang doch gar nicht so schäbig ist. Ich habe immer darauf geachtet, etwas Naphthalin in der Dose aufzubewahren."

Flirten ist vielleicht nicht falsch definiert als Vortäuschen von Verliebtheit, und doch ist es ein fast zu starkes Wort, um es auf Major Ames' Beziehungen zu Mrs. Evans während der ein oder zwei Wochen vor dem Ball anzuwenden, und es wäre genauer zu sagen, dass er vorgab, zu flirten. Sogar als er sie an jenem gewagten Abend, der bereits beschrieben wurde, küsste, dachte er nur an sich selbst und die Verwegenheit dieses Vorgangs, und auch in den darauffolgenden Tagen war er von derselben ungeschickten Sinnlosigkeit und Selbstzufriedenheit besessen. Er machte viele heimliche Besuche im Haus, betrat es wie ein Einbrecher mitten am Nachmittag durch einen wenig besuchten Durchgang vom Bahneinschnitt, zu Stunden, zu denen sie ihm sagte, dass ihr Mann und ihre Tochter sicherlich nicht da sein würden, und die Heimlichkeit dieser Treffen gab ihnen noch mehr Würze. Er fühlte – eine so beklagenswerte Gemütsverfassung, die sich fast jeder Beschreibung entzieht – er fühlte ein angenehmes Gefühl der Boshaftigkeit, das sozusagen durch das Zertifikat bestätigt wurde, das seine völlige Unschuld bescheinigte. Für ihn war es nur eine Farce eines Flirts. Aber die Farce erfüllte ihn mit einer Art kindlicher Freude; er redete sich ein, dass sein Anteil daran echt war und dass ihm und der Frau, die füreinander bestimmt waren, durch ein tragisches Schicksal die Erfüllung ihrer Zuneigung verwehrt war. Es war ein Abenteuer ohne Gefahr, eine Mine ohne Schießpulver. Denn sogar bei zwei Gelegenheiten, als er einen dieser heimlichen Besuche machte, war Dr. Evans unerwartet zurückgekehrt und hatte sie zusammen gefunden. Der arme blinde Mann, so schien es, ahnte nichts; tatsächlich war sein Empfang äußerst herzlich gewesen.

„Schön, dass Sie vorbeigekommen sind und meiner Frau bei ihrer Party geholfen haben", sagte er. „Was du ohne Major Ames machen würdest, kleine Frau, weiß ich nicht. Wollen Sie nicht zum Abendessen vorbeischauen, Major?"

Dann, nach einer passenden Antwort und einer Abschweifung zu anderen Angelegenheiten, blickte der Major mit seinem törichten Blick verstohlen zu Millie, und für einen Moment begegneten ihre Augen den seinen, flatterten und senkten sich. Und wenn man bedenkt, dass es wahrscheinlich auf der ganzen Welt keinen schlechteren Menschenkenner als Major Ames gab , ist es seltsam, dass sein geistiger Kommentar annähernd wahr war.

„Liebe kleine Frau", sagte er zu sich selbst; „Sie hat mich verdammt gern!"

Kapitel VII

JUPITER PLUVIUS oder Mr. J. Pluvius, mit dem Major Ames scherzhaft auf das Wetter anspielte, schien freundlich geneigt zu sein, mit Mrs. Evans' Plan zu kooperieren, denn der Abend ihrer Party versprach, ideal dafür zu werden Zweck. In den vergangenen Tagen war es sehr heiß gewesen, und in den verbrannten Rasenflächen lauerte kein Feuchtigkeitspartikel, so dass ihre Gäste nach Belieben umherwandern konnten, ohne Gefahr zu laufen, sich Katarrh oder Flecken auf den Schuhen zuzuziehen, die sich als weißer Satin herausstellen sollten. Darüber hinaus gab es durch eine besondere Güte der Vorsehung keinen Mond, so dass die Beleuchtung von Lichterketten und chinesischen Laternen keinen entmutigenden Vergleich mit einer stärkeren Helligkeit hinnehmen musste. Auf einem großen Teil des Rasens hatte Mrs. Evans auf Vorschlag von Major Ames (da er diese Utensilien nicht bezahlen musste, war er mit seinen Vorschlägen außerordentlich fruchtbar) einen Dielenboden verlegen lassen; Hier fanden die Eröffnungsprozession und die Quadrille sowie die anschließenden Tänze statt, während praktischerweise daneben der Maulbeerbaum stand, in dessen Schatten die materielleren Gastfreundschaften verteilt waren. Baum und Tanzfläche waren reichlich mit Laternen umrandet, und gerade Reihen von Lichterketten führten von der Gartentür des Hauses zu ihnen. In ähnlicher Weise wurden die Gartenmauer und die Hecke durch den Eisenbahnschnitt umrissen, während die Band (Klavier, zwei Streicher und ein Kornett von erstaunlich durchdringender Qualität) in der kleinen *Sackgasse versteckt werden sollte* , die zum Blumenschuppen führte Gartenwalze. Das Gebüsch war weniger hell beleuchtet; hier konnten Hamlets und Rosalinds in isolierten Paaren umherirren, ungestört von einer zu suchenden Erleuchtung. Major Ames hatte heute Nachmittag seinen letzten heimlichen Besuch abgestattet und sich mit den Vorkehrungen vollkommen zufrieden geäußert. Sowohl Elsie als auch der Arzt waren dort gewesen.

Die Party sollte um halb zehn beginnen, und kaum war es diese Stunde, als Mrs. Ames aus ihrem Schlafzimmer herunterkam, wo sie seit dem Ende des frühen Abendessens so lange beschäftigt gewesen war. Ihre Arme waren von der Fingerspitze bis zu ihren kleinen runden Schultern nackt, über denen die Träger ihrer langen Tunika mit hübschen Cairngorm-Broschen befestigt waren. Eine übermäßige Zurschaustellung von Menschenfleisch hatte jedoch keinen Effekt, da ihre Arme sehr kurz waren und außerdem reichlich geschmückt waren. Auf einem Arm wand sich eine metallische Schlange vom Handgelenk bis zum Ellbogen, auf dem anderen war oberhalb des Ellenbogens ein schlichter Reif aus sehr hellem und glänzendem Metall befestigt. Ein Netz aus blauen Perlen, die viel zu prächtig waren, um Türkise zu sein, war über ihr unverwelktes Haar gesteckt, und von vorne hing auf ihrer Stirn eine große birnenförmige Perle herab, die an die Perle erinnerte, die die extravagante Königin später in Essig auflöste. Jede Perle, so sagen uns Wissenschaftler, die sich in Essig auflösen lässt, muss eine merkwürdige Perle sein; Merkwürdig war auch das, was Mrs. Ames in der Mitte ihrer Stirn trug. Über die normale Hautnahrung heute Abend hinaus war die Kunst besonders in Bezug auf das Gesicht von Frau Ames und eine formelle ägyptische Augenbraue angerufen worden, wie in der mit Holzkohle verzierten Illustration zu „Rameses" in der *Encyclopædia angedeutet* die Stelle, an der sich einst ihre eigene Augenbraue befand. Unterhalb ihres Auges verlieh ein Hauch derselben Kohle dem Auge selbst Glanz; Mehrere Rouge-Tupfer verliehen ihren Wangen den gebührenden Glanz.

Die lange Tunika, die von den Cairngorm-Broschen über ihren Schultern gehalten wurde, reichte ihr bis zum Knie. Es war vielleicht etwas eng, aber wenn man nur einen arabischen Schal mit reichlich Goldfäden hat, muss man ihn so weit wie möglich tragen, und schließlich ging er ihr bis zu den Knien. Eine kleine Falte davon war zu einer Schleife zusammengebunden und fiel über ihren gelben Gürtel, sie war an den Seiten unterhalb der Hüften geteilt und gab einen Rock frei, der aus zwei mit Silber besetzten arabischen Schals bestand, die, zusammengenäht, bis zu ihrem Knöchel reichten. Sie hatte nicht vor, etwas anderes als die Eröffnungsquadrille zu tanzen. Unter diesem silbergestreiften Rock kamen ganz natürlich ihre hübschen, rundlichen kleinen Füße zum Vorschein. Dazu trug sie Sandalen, die ihre Fülle, Schönheit und Kleinheit voll zur Geltung brachten. Zwischen dem großen Zeh und dem nächsten lag ein richtiger Riemen, und die Riemen waren mit Silberpapier bedeckt. Seit Jahren wusste Riseborough, wie klein ihre Schuhe waren; Heute Abend sollte Riseborough dafür sorgen, dass diese Schuhe groß genug für das waren, was sie enthielten. Um ihren Hals schließlich befanden sich vier Reihen prächtiger Perlen; Kein Wunder, dass Kleopatra nicht daran dachte, eine Perle aufzulösen, wenn ihre Auflösung eine so reiche Schar ähnlicher Schätze intakt lassen würde.

Als sie die Treppe hinunterkam, hörte sie plötzlich ein Geräusch im Wohnzimmer, als wäre ein schwerer Mann plötzlich gestolpert. Es erforderte nicht mehr Einfallsreichtum als normalerweise, um zu vermuten, dass Lyndhurst bereits dort war und sich in irgendeiner neuartigen Aufmachung ein Bein gestellt hatte. Und da überkam sie plötzlich eine Welle der Aufregung und Vorfreude, und sie fragte sich, wie er sein würde. Sie selbst empfand das tiefste Vertrauen in den Erfolg ihrer Garnitur. Er konnte sich des Staunens und Entzückens kaum verkneifen. Und ein Gefühl, das sie nie so deutlich gespürt hatte, das aber längst überwunden war, erschütterte sie und ließ ihre Knie zittern. Sie fühlte sich so jung, so mutig. Sie wünschte, er würde in diesem Moment herauskommen, denn als sie die Treppe hinunterstieg, konnte er nicht umhin zu sehen, wie klein und weich ihre Füße waren ...

Kurz bevor ihr Wunsch formuliert wurde, wurde er erfüllt. Ein gut unterdrückter Fluch folgte dem stolpernden Geräusch, und Major Ames kam in weißer römischer Toga und Strumpfhosen in die Halle. Es gab keine Spur eines venezianischen Umhangs an ihm; Er war völlig anders, als sie erwartet hatte. Eine üppige Perücke bedeckte seinen Kopf, die Toga verdeckte vollständig, was die Übung mit der Gartenwalze nicht vollständig entfernt hatte, und unten ragten seine großen Waden majestätisch über seine klassischen Schnürschuhe. Wenn es jemals einen Markus Antonius mit militärischem Schnurrbart gab, dann war er weder in Ägypten noch in Rom, sondern hier; Durch einen göttlichen Zufall und ohne Rücksprache hatte er sich den Charakter ausgesucht, der zu ihrem komplementär war. Er blickte auf und sah sie, sie blickte nach unten und sah ihn.

„Segne meine Seele", sagte er. „Amy! Kleopatra!"

Sie schenkte ihm ein glückliches kleines Lächeln.

„Segne meine Seele", sagte sie. „Lyndhurst! Mark Antony!"

Es entstand eine lange und schreckliche Pause. Ihr war völlig klar, dass etwas völlig Unerwartetes passiert war. Sie wollte unerwartet sein, aber mit der Qualität seiner Überraschung stimmte etwas nicht. Dann kam ihm die Männlichkeit zu Hilfe, die in ihm steckte.

„Auf mein Wort", sagte er, „du hast dich großartig erholt, Amy. Jetzt Kleopatra, Perlen und alles und Sandalen! Du wirst ihnen allen den Glanz nehmen! Los geht's, was? Antonius und Kleopatra! Wer hätte das gedacht! Das Taxi ist rund, Liebes. Wir sollten besser anfangen, wenn wir an der Prozession teilnehmen wollen. Du willst keinen Umhang oder so? Antonius und Kleopatra; Gott segne meine Seele!"

Das reichte aus, um die unmittelbare Verlegenheit zu lindern. Allerdings war er von ihrer Erscheinung nicht so umgehauen worden, wie sie es beabsichtigt hatte, und sie befürchtete, dass das erstaunte Innehalten nicht Ausdruck einer nachlassenden Bewunderung war. Und doch war er vielleicht genauso schüchtern wie sie; Wenn er hier in all dieser Pracht leuchtender Pantomime stand, könnte er durchaus das Gefühl haben, dass sie für ihn genauso fremd war, wie sie ihn für sie empfand. Darüber hinaus musste sie nicht nur wie Kleopatra aussehen, sondern auch Kleopatra sein und sich mit der Fröhlichkeit und Jugendlichkeit benehmen, die er aufgrund ihres Aussehens erwarten durfte. Mittlerweile hatte er sich auch ihre Komplimente verdient, denn kein Mann, der es für lohnenswert hält, ein Kostüm anzuziehen, hat eine so unmenschliche Seele, dass er keinen Applaus zu schätzen weiß.

Sie trat ein oder zwei Schritte zurück, um ihn umfassend zu betrachten.

„Meine Liebe", sagte sie, „du bist großartig; Diese Toga steht Ihnen zur Bewunderung. Und deine Arme sehen so gut aus, wenn sie aus den Falten kommen. Was für tolle, starke Arme, Lyndhurst! Du könntest deine kleine Kleopatra hochnehmen und zurücktragen – zurück nach Ägypten so einfach."

Etwas von ihrer Verantwortungslosigkeit, die wie durch eine besondere Vorsehung über die Kühnheit, seltsame Gestalten anzunehmen, grübelt, überkam sie. Sie hätte in ihrer gewöhnlichen Morgenkleidung und noch nicht in der berühmten rosafarbenen Seide eine solche Rede vor ihm halten können, ebenso wenig wie sie hätte fliegen können. Aber jetzt ließ ihr Kostüm ihre Zunge los. Und trotz der schrecklichen Peinlichkeit, von der er wusste, dass sie ihn erwarten würde, wenn sie zur Party kamen und eine zweite Kleopatra sie begrüßte, stieg auch dieser Rausch des Kostüms (der sich leider nicht nur im *Vin Gai manifestieren konnte*) zu Kopf.

„ *Ma reine!* „, sagte er und hatte das Gefühl, dass Französisch sie irgendwie näher an die entsprechende orientalische Atmosphäre brachte.

Sie hielt mit einer Hand ihren Rock hoch und reichte ihm die andere.

„Wir müssen los, mein Antony", sagte sie.

Sie stiegen ins Taxi; Ein etwas abgestumpft aussehendes Pferd wurde in einen langsamen und traurigen Trab gepeitscht, und sie ratterten die harte, trockene Straße hinunter.

Eine Reihe von Kutschen wartete bereits darauf, ihre Ladung auszuladen, als sie sich dem Haus näherten, und Mrs. Ames lehnte sich verstohlen und fieberhaft aus dem Fenster und sah, wie ein oder zwei Hamlet und einige Titanias schnell und schüchtern zwischen zwei Reihen der Verwunderten den Bürgersteig überquerten Proletariat. Neben ihr im Taxi grunzte und zappelte ihr Mann; Sie vermutete, dass dieser Eingang für ihn wie ein Baden an einem kalten Tag war; So belebend das anschließende Schwimmen auch sein mochte, der Sprung war kühl. Aber sie kannte den wahren Grund seiner Verlegenheit und Besorgnis kaum; Wäre es in seiner Militärlaufbahn jemals zu einer Auseinandersetzung mit Beschuss gekommen (was nicht der Fall war), wäre er, auch wenn sein Mut nicht besonders hervorzuheben war, den Waffen wahrscheinlich mit größerer Freude entgegengetreten, als er auf den Moment gewartet hätte, der ihm nun unweigerlich bevorstand ihn. Dann waren sie an der Reihe; Es entstand eine Pause, dann wurde die Tür ihres Wagens aufgerissen, und sie stiegen aus dem unschuldigen Fahrzeug, das für ihn so unheilvoll wie ein Wäschekorb war. Gleich würde Kleopatra Kleopatra treffen, und er konnte sich nicht vorstellen, wie Kleopatra es aufnehmen würde. Die Kleopatra-Gastgeberin würde, wie er wusste, ebenfalls Sandalen tragen; Schlangen sollten ihre langen weißen Arme winden ...

Mrs. Ames rückte die birnenförmige Perle auf ihrer Stirn zurecht.

„Ich denke, wenn wir sagen, dass es halb eins ist, wird es spät genug sein, Lyndhurst", sagte sie. „Wenn wir nicht bereit sind, kann er warten."

Lyndhurst kam es so vor, als wäre halb eins wahrscheinlich ziemlich spät genug.

Die Versammlung der Gäste fand im Salon statt, der zum Garten führte; ein Kellner aus dem Gasthaus „Crown", mit Kinnbart und in einer Art weißem Chorrock gekleidet und eine Laterne in der Hand haltend, den man mit ebenso gutem Grund für den Mann im Mond aus dem *Sommernachtstraum halten könnte*, oder ein Totengräber aus *Hamlet*, sagte „Namen der Charaktere, bitte, Ma'am" und ging ihnen zur Tür dieser Kammer voran. Er schrie „Kleopatra und Markus Antonius".

Eine andere Kleopatra, eine „andere Vorstellung von diesem Teil", wie der *Kent Chronicle* in seiner nächsten Ausgabe schrieb, eine trübe, weiße und gertenschlanke Kleopatra, trat auf sie zu. Sie sah verärgert aus, aber als sie mit ihren Augen an Mrs. Ames' Figur auf und ab guckte, wie ein geübter Pianist, der eine chromatische Tonleiter spielt, schien sich ihr Ärger völlig zu verflüchtigen.

„Liebe Cousine Amy", sagte sie, „wie wunderschön! Ich habe nie gesehen – Wilfred, verneige dich vor Kleopatra. Und Antonius! Oh, Major Ames!"

Wieder bildete sie die chromatische Tonleiter, sozusagen von oben (seinem Gesicht) beginnend, mit einer langen Note, und verweilte wieder dort, als sie zu ihr zurückkehrte.

Es folgten weitere Gäste, und gerade Antonius und Kleopatra mischten sich unter die bereits versammelten Gäste. Der größte Teil hatte sich versammelt, und Mrs. Ames' gewohnte Art und Haltung passten hervorragend zu ihrer königlichen Rolle. Zumindest die Familie Turner, die etwas abseits von den anderen stand, nicht ganz „in" der Riseborough-Gesellschaft war und sich in den dicken Brokatstoffen, die zu Falstaff, Mistress Page und König Theseus passten, ziemlich heiß und fiebrig fühlte, Sie fühlten sich nicht mehr und nicht weniger unwohl, wenn sie ihnen ein paar lobende Bemerkungen machte, als wenn sie mit ihrem dicken Gebetbuch in der Hand nach dem Gottesdienst am Sonntag zu ihnen sprach. Anderswo war der junge Morton mit weißem Gesicht und roter Nase der traditionelle Apotheker, und Mrs. Taverner war als Königin Catherine so ausgiebig geschmückt, dass sie sich tatsächlich sehr auf den Moment freute, in dem die Prozession in die größere

Kühle aufbrechen würde der Nachtluft. Dann veranlaßte eine lautstarke Ansage des Kellners im Crown alle, sich wieder der Tür zuzuwenden.

„Antonius und Kleopatra zehn Jahre später", rief er.

Es entstand eine kurze Pause. Dann traten Herr und Frau Altham ein, die Hände an den Fingerspitzen verschränkt. Sie traten beide ziemlich hoch, sie hielt ihren Rock von ihren Füßen fern und beide zeigten mit den Zehen, als würde sie eine *Pavanne ausführen* . Dieser Eintrag war lange einstudiert worden, und er war so fesselnd, dass er eine Art Verblüffung hervorrief.

Mrs. Evans ließ ihren Blick über das Paar schweifen und war offenbar zufrieden.

„Liebe Frau Altham", sagte sie, „wie wunderbar schön! *Und* Herr Altham. Aber zehn Jahre später! Sie dürfen von uns nicht verlangen, das zu glauben."

Sie drehte sich zu ihrem Mann um und sprach schnell, mit einem Gesichtsausdruck, der weniger liebenswürdig war als den, den sie normalerweise in der Öffentlichkeit trug.

„Wilfred", sagte sie, „sag der Kapelle, sie soll sofort mit dem Eröffnungsmarsch für die Prozession beginnen, falls es noch mehr gibt –"

Aber er unterbrach …

„Hier ist noch einer, Millie", sagte er fröhlich. „Ja, wir sollten besser anfangen."

Seine Rede wurde von der Stimme des Kellners mit den dreisten Schritten übertönt.

"Kleopatra!" er schrie.

Mrs. Brooks trat mit allen Reihen Saatperlen ein.

Würde man die Volkszählungsunterlagen heranziehen, würde sich vielleicht herausstellen, dass Riseborough keinen ungewöhnlich hohen Prozentsatz an Einwohnern hatte, die das mittlere Alter erreicht hatten, aber bei den Feierlichkeiten seiner oberen Kreise hatte die Reife sicherlich eine überwältigende Mehrheit gegenüber der Jugend. So war es auch heute Abend, und von den halbhundert Leuten, die sich so verkleideten, gab es nur wenige, die zahlenmäßig nicht von durchaus diskretem Alter waren. Das weitverbreitete Wissen darüber gab ihrer Fröhlichkeit zweifellos Zuversicht, denn es gab keinen unbewussten Maßstab der gediegenen Jugend, an dem ihr leicht reifes Hochgefühl gemessen und festgestellt werden konnte, dass ihnen echtes und natürliches Aufbrausen fehlte. So erfasste trotz der etwas ungünstigen Verbindung der vier matronenhaften Kleopatras bald ein Geist außergewöhnlicher Fröhlichkeit die gesamte Gruppe. Es ist denkbar, dass abscheuliche Vergleiche morgen wie Pilze aus dem Boden schießen und (unpilzartig) über viele Tage und Abendessen hinweg weiter wachsen und gedeihen, aber heute Abend gab eine so große Umgebung älterer Menschen jedem einzelnen dieser älteren Menschen ein angenehmes Gefühl, nicht zu leiden, sondern im Vergleich zu den anderen zu glänzen. Sogar die Kleopatras selbst waren zufrieden; Mrs. Ames erkannte zum Beispiel, wie vernünftig es war, dass Mrs. Altham sich zehn Jahre später als Kleopatra ausgab, während Mrs. Altham, als sie Mrs. Ames beobachtete, erkannte, wie übertrieben ihre titelgebende Bescheidenheit gewesen war, und sich wunderte, dass Mrs . Ames legte Wert darauf, ihre Füße so zur Schau zu stellen, während Mrs. Brooks wusste, dass jeder im Geiste ihre königliche Größe mit Mrs. Ames' wenigen Zentimetern und ihre Fülle an schönen Haaren mit Mrs. Althams auffälliger Perücke verglich. Während Mrs. Evans, die das Erscheinen einer vierten Kleopatra für einen Moment ziemlich verärgert hatte, die ganze Zeit über das Gefühl hatte, dass sie in diesem Tempo problemlos länger Kleopatra bleiben könnte als „die zehn darauffolgenden", wie Mrs . Altham. Auf die gleiche Weise hatte Major Ames mit seinen eins achtzig starken englischen Knochen und Muskeln und seinem fünften Lebensjahrzehnt, das noch zur Hälfte aufgebraucht war, das Gefühl, dass Mr. Altham nur einen für ihn ungemein schmeichelhaften Vergleichsmaßstab geliefert hatte. Gleichzeitig dachte Herr Altham mit einem Lorbeerkranz um den Kopf darüber nach, wie unbehaglich er sich gefühlt hätte, wenn sein Lorbeerkranz auf keinem solideren Fundament als einer Perücke verankert gewesen wäre, und fragte sich, ob Gartenarbeit (nach dem Prinzip, dass alles Fleisch gilt). Gras) führte ausnahmslos zu einem so großen Gewebewachstum. Aber all diese angenehmen Gespräche waren in der Tat nur ein kleiner Nebenfluss des wahren Flusses der Freude, der durch die sternenklaren Stunden dieser Julinacht tanzte und plätscherte. Irgendwie schien die ganze Versammlung die natürliche und unvermeidliche Last ihrer Jahre von sich abgewälzt zu haben; Sie tanzten und flirteten leicht, sie saßen draußen im dämmrigen Gebüsch und spielten wieder am Meeresufer des Lebens, als sie feststellten, dass die Sandburgen wieder real geworden waren. Mrs. Ames zum Beispiel hatte vorgehabt, nur die Eröffnungsquadrille zu tanzen, aber bevor der zweite Tanz, der ein Walzer war, zu Ende ging, hatte sie Mr. Althams Angebot angenommen und tänzelte langsam mit ihm umher. Ein wenig Vorsicht war nötig, um die Sandalenriemen nicht zu sehr zu belasten, aber sie übte diese Vorsichtsmaßnahme und war traurig, wenn auch heiß, als der Tanz zu Ende ging. Dann gesellte sich Major Ames, der Mrs. Altham gesteuert hatte, zu ihnen an den Moselbechertisch.

„ Glauben Sie mir, Altham", sagte er, „ich weiß nicht, was ich Ihnen sagen soll. Du hast meine Kleopatra genommen, aber dann habe ich deine genommen. Kein Tausch gegen Raub, hey?"

Seine Frau klopfte ihm mit ihrem Palmettenfächer auf den Arm.

„Lyndhurst, geh mit dir!" sagte sie und benutzte dabei einen Ausdruck, von dem sie nicht wusste, dass das mentale Äquivalent davon jemals in ihrem Kopf existierte.

„Ich komme mit", sagte er. „Aber welche ist meine Kleopatra?"

In diesem Moment näherte sich Mrs. Evans.

„Meine beiden Kleopatras müssen mich entschuldigen", sagte dieser erstaunliche Mann. „Ich bin für den nächsten Tanz zur Kleopatra von uns allen verlobt. Ha! Ha!"

Er reichte Mrs. Evans seinen Arm, und sie verließen wieder die Höhle des Maulbeerbaums.

Die Musikkapelle hatte sich noch nicht für den nächsten Tanz eingesetzt, die Mehrheit der Gäste strömte nach Abschluss des letzten Tanzes unter den Maulbeerbaum und hatte für einen Moment die kühle, sternenklare Abenddämmerung für sich allein. Und dann, ganz plötzlich, verließ ihn die ausgelassene Freude des Majors; Es war ihm peinlich, insgeheim zu wissen, dass von ihm erwartet wurde, dass er etwas sagte, was mit dieser Privatsphäre übereinstimmte. Wie diese Erwartung vermittelt wurde, wusste er kaum; der leichte Druck auf seinen Arm schien es unmissverständlich anzukündigen. Es erinnerte ihn daran, dass er ein Mann war, und doch fühlte er sich trotz all der Fröhlichkeit und Galanterie, die in seinem Verhalten gegenüber Frauen in der Öffentlichkeit so auffällig waren, unbehaglich und unbehaglich. Er begann eine verzweifelte und überschwängliche Laudatio und sehnte sich in seinem Innersten nach dem Beginn der Band.

„, Meine Seele, du bist eine Zauberin, Millie!"' er sagte. „Du kommst in unser biederes, respektables altes Riseborough, und bevor du sechs Monate hier bist, entführst du uns alle ins Märchenland. Im wahrsten Sinne des Wortes Märchenland. Und – und ich habe dich noch nie so hübsch gesehen wie heute Abend."

„Lasst uns durch den Garten schlendern", sagte sie. „Ich möchte, dass Sie alles sehen, jetzt, wo es erleuchtet ist. Und das Gebüsch ist auch hübsch, mit dem Filter des Sternenlichts, das durch die Bäume fällt. Sagen Sie mir ehrlich, wie einem Freund: Geht es Ihnen gut? Haben sie Spaß?"

„Sie machen sich auf den Weg wie Zweijährige", sagte Major Ames.

„Wie böse von dir, das zu sagen! Aber ich hatte wirklich einen schlimmen Moment, als – als die letzte Kleopatra hereinkam."

Sie hielt einen Moment inne. Dann mit ihrer klaren, seidigen Stimme –

„Liebe alte Sachen!“ Sie sagte.

Nun war Mrs. Evans keineswegs eine kluge Frau, aber wenn sie den Verstand und den Witz von Kleopatra gehabt hätte, hätte sie nicht drei perfekter gewählte Worte sagen können. Das ganze kühle, instinktive Selbstvertrauen einer jüngeren Frau und einer hübschen Frau, die über die Älteren und Schlichteren spricht, war da; da war auch die bewusste Herausforderung der Kokette. Und Major Ames war der Einfachheit dieser Kunst völlig hilflos ausgeliefert. Bloße Manieren, der gewöhnliche Höflichkeitskodex verlangten, dass er seiner Gastgeberin zustimmen sollte. Außerdem konnte er, obwohl er in keiner Weise in sie verliebt war, der Annahme, die ihre Worte implizierten, nicht widerstehen, und schließlich war sie eine hübsche Frau, die er geküsst hatte, und er war allein im Sternenhimmel Abenddämmerung mit ihr.

„Arme liebe Amy!“ er sagte.

Millie Evans seufzte leise wie ein zufriedenes Kind. Er hatte mit der schonungslosesten Genauigkeit genau das zum Ausdruck gebracht, was sie von ihm erwartete. Dann sprach sie in der Art einer Frau, deren Natur durch und durch von einer leichten, aber tief verwurzelten Falschheit verzerrt ist, als ob sie es nicht gewesen wäre, die die drei Worte veranlasst hätte, die sie ihn fast hätte sagen lassen.

„Sie hat so viel Spaß“, sagte sie. „Ich habe Cousine Amy noch nie so glücklich und zufrieden gesehen. Ich fand sie auch so bezaubernd und was für liebe, dicke kleine Füße sie hat. Aber meine Liebe, es war eher eine Überraschung, als Sie und sie bekannt gegeben wurden. Es sah so aus, als ob diese arme Kleopatra ohne Antonius sein würde! Mein Gott, was für ein Wort.“

Dies war ein direkterer Appell, und wieder war Major Ames in ihrem sanften Griff machtlos. Ihre Hand war nicht gerade eine eiserne Hand in einem Samthandschuh, sondern eine Hand aus fliegenfangendem Papier. Sie hatte ihren Handschuh inzwischen ausgezogen. Und er fing an, an ihr festzuhalten.

"Pah!" er sagte.

Auch das klang für ihre Ohren völlig zufriedenstellend. Die Schroffheit und Unverblümtheit gefiel ihr mehr, als es jeder Protest hätte tun können. Er war so direkt, so schüchtern, so männlich.

Sie lachte leise.

„Still, das darfst du nicht sagen“, sagte sie. „Ah, da ist der Bandanfang, und es ist unser Tanz. Aber lasst uns einfach durch das Gebüsch laufen, bevor wir zurückgehen. Die Dämmerung und die Stille sind nach dem grellen Glanz eine große Erleichterung. Lyndhurst – ach, mein Lieber. Cousin Lyndhurst, ich sollte sagen: Du darfst wirklich nicht nach Hause gehen, bis mein kleiner

Tanz ganz zu Ende ist. Du sorgst dafür, dass die Dinge so gut laufen. Der liebe Wilfred ist für mich völlig nutzlos. Sieht er als Timon von Athen nicht wie ein alter Schatz aus? Eine Art Mischung aus Georg dem Vierten in Strumpfhosen und einem Löwenbändiger."

Mrs. Evans fühlte sich heute Abend aktiver und lebendiger als seit Jahren. Ihre Zunge, die im Allgemeinen ein eher zögerndes Hilfsmittel für ihre Blicke und kleinen, geschmeidigen Bewegungen war, wirkte dadurch fast belebt. Sicherlich war ihre Beschreibung ihres Mannes scharfsinnig und hatte einen Sinn für das Lächerliche, was sie inspirierte. Durch die Goldregenzweige im Gebüsch konnten sie ihn jetzt sehen, wie er die größte und älteste Kleopatra, Mrs. Brooks, zum Ende des Gartens begleitete. Durch den Vorhang der dazwischenliegenden Düsternis sahen sie undeutlich den dicht besiedelten Holzboden, der im Gras ausgelegt war; Mrs. Ames – der Tanz war eine Polka – drehte offen gesagt Pirouetten in den Armen eines gefürchteten Falstaff. Mrs. Altham rang mit der Apothekerin, und Elsie Evans, eine der wenigen jungen Leute, die anwesend waren, versuchte vergeblich, General Fortescue, der kaum als Heinrich VII. getarnt war, zu etwas Aktivität zu bewegen.

Mrs. Evans seufzte erneut, ein Seufzer von seltsamem Kaliber.

„Es scheint alles so weit weg zu sein", sagte sie. „Alle Lichter und Tänze sind weniger real als die Schatten und die Stille."

Das war nicht ganz spontan; sie hatte über so etwas nachgedacht. Es hatte zur Folge, dass Major Ames sich plötzlich eine beängstigende Hitze verspürte. Er begann die Wahrheit dessen zu erkennen, was er sich in seinen eigenen Äußerungen schelmisch eingebildet hatte, nämlich dass diese „arme kleine Dame" sehr, sehr an ihm hing. Er hatte schon oft mit abscheulicher, egozentrischer Befriedigung über diesen Gedanken nachgedacht; jetzt war der Gedanke weniger befriedigend; es war beunruhigend und leicht alarmierend. Wie die Fliege auf dem Fliegenpapier, bei der ein Bein bereits verklebt war, legte er ein zweites nieder, um eine Hebelwirkung zu bekommen, mit der er das erste befreien konnte, und stellte fest, dass es ebenfalls festklebte.

Frau Evans sprach erneut.

„Die Vorbereitungen haben mir großen Spaß gemacht", sagte sie. „Du hast dich so sehr für das Ganze interessiert. Sag mir, Cousin Lyndhurst, dass du nicht enttäuscht bist."

Es war ihm kaum möglich, weniger zu tun, als er tat. Was er tat, war wenig genug. Er drückte den Arm, der in ihm lag, ziemlich nah an seine weiße Toga, und eine ungewohnte romantische Sprache kam über seine Lippen.

„Du hast mich verzaubert", sagte er. „Ich, wir, wir alle."

Sie lachte ein wenig; in der Dämmerung klang es nicht lauter als eine wehende Brise.

„Das hättest du nicht hinzufügen müssen", sagte sie.

Wo sie stand, spielte eine Windel aus Licht und Schatten über ihr. Ein kleiner Goldregen zwischen ihrem Gesicht und den Lichtern auf dem Rasen draußen, der sich sanft in einer Brise bewegte, die in dieser ruhigen Nacht verflogen war, warf schwankende Schatten über sie. Jetzt leuchteten ihre Arme weiß unter den Sommersprossen des Schattens, jetzt war es ihr Gesicht, das für ihn wie ein Mond war. Oder wiederum, beide wären im Schatten und ein Diamantstern auf ihrem leuchtend gelben Haar konzentrierte das gesamte Licht in sich. Der ganze schwer fassbare, geheimnisvolle Charme ihrer Weiblichkeit war vorhanden, der durch die fantastische Kulisse noch realer wurde. Er wurde zu einer größeren Wärme entfacht, als er es bisher gekannt hatte, aber eine schreckliche Kreatur in seinem halb puritanischen, halb unmoralischen Gehirn sagte ihm die ganze Zeit, dass das alles „teuflisch ungezogen" sei. Er war an solche Skrupel genauso ungewohnt wie an solche Versuchungen, und auf seltsame Weise schämte er sich für die eine ebenso wie fürchtete er sich für die andere. Schließlich fasste er die Gesamtheit dieser verabscheuungswürdigen Schlussfolgerungen zusammen.

„Gibst du mir nur einen Kuss, Millie!", sagte er, „nur einen Cousinenkuss, bevor wir tanzen gehen?"

Die frühen Würmer, die am nächsten Morgen in Major Ames' Garten dem frühen Vogel entkommen waren, mussten sicherlich alle von der Gartenwalze gefangen und flachgelegt worden sein, so schnell und unaufhörlich waren ihre Reisen. Denn obwohl die Morgendämmerung den Himmel mit den farblosen Farben des nahenden Tages überzogen hatte, als Antonius und Kleopatra von einem schläfrigen Kutscher wieder nach Hause gelenkt wurden; obwohl Major Ames' Schlaf höchst fragmentarisch gewesen war und obwohl das Frühstück in Erwartung später Stunden am Abend zuvor ungewöhnlicherweise um halb zehn bestellt worden war, fand er sein Bett um sieben Uhr eine unerträgliche Behausung und hatte gehofft, durch schwere körperliche Anstrengung seiner Glieder etwas beunruhigende Gedanken aus seinem Kopf zu vertreiben.

Er und seine Frau waren die letzten Gäste gewesen, die gegangen waren; Tatsächlich blieben sie noch ein wenig, nachdem die anderen gegangen waren, und rauchten eine letzte Zigarette. Sogar Mrs. Ames hatte sich überreden lassen, sich eine anzuzünden, aber ein krampfhafter Hustenanfall, der die birnenförmige Perle wie ein Espenblatt zittern und zittern ließ, veranlasste sie, sie wegzuwerfen und sagte, sie habe es sehr genossen. Er hatte drei- oder viermal mit Mrs. Evans getanzt; Drei- oder viermal hatten sie in der kühlen Dunkelheit des Gebüschs gesessen, und er hatte ihr mehrere Dinge gesagt, die ihm im Augenblick unbedingt gesagt schienen, die er aber nicht wirklich meinte. Aber im Laufe des Abends hatte er sie immer ernster gemeint; Sie hatte einen hilflosen, kindlichen Charme an sich, der seine Sinne zu erregen begann. Und doch spürte er hinter dieser kindlichen, vertrauensvollen Art undeutlich, dass da eine eifrige Frauenseele war, die ihn suchte. Ihr Charme war eine Waffe; ein sehr effizienter Wille führte es. Trotzdem, überlegte er, während ihm heute Morgen in der heißen Morgensonne ehrliche Taue der Arbeit von der Stirn strömten, hatte er nicht viel gesagt ... er hatte gesagt, dass Riseborough ein anderer Ort sei, seit sie – oder hatte er gesagt: „ Sie"? war dorthin gekommen; dass ihre Augen im Sternenlicht schwarz aussahen, dass – ehrlich gesagt, er sich an nichts Intimeres als das erinnern konnte. Aber was sein Bett unerträglich gemacht hatte, war das Gefühl, dass die Situation letzte Nacht noch nicht beendet war, dass sein Boot sozusagen nicht sicher an Land gezogen worden war, sondern sich immer noch mitten in immer schneller werdenden Gewässern befand. Und doch lag es in seiner eigenen Macht, das Boot jederzeit an Land zu ziehen; Er brauchte nur einen entscheidenden Schlag zu wagen, um zu landen, auszusteigen, auf den Strand zu gehen und zu seinen normalen Gedanken und Aktivitäten zurückzukehren – was sicherlich nicht schwer war. Jahrelang hatten ihm sein Garten, sein Verein, seine häuslichen Angelegenheiten und seine Tageszeitung genügend Beschäftigungsmöglichkeiten geboten; Er brauchte nur in ihren sicheren, wenn auch eintönigen Kreis zurückzukehren und diese Störungen als episodisch zu betrachten. Aber er hatte bereits aufgehört, Mrs. Evans als „liebe kleine Frau" oder „arme kleine Frau" zu betrachten; Irgendwie schien es, als hätte sie – um eine prosaische Metapher zu verwenden – ihren Finger in seine Werke hineingesteckt. Sie tastete zwischen den inneren Rädern und Federn seines Mechanismus herum. Doch das brachte seinen Standpunkt zu stark zum Ausdruck; es war der Zufall, den er fürchtete. Aber mit der merkwürdigen Verantwortungslosigkeit eines eher selbstsüchtigen und einfallslosen Mannes erschien ihm die Tatsache, dass er sich erlaubt hatte, in ihrem inneren Mechanismus herumzustochern, als unwichtiges und vernachlässigbares Detail. Erst als sie anfing, in ihm herumzustochern und sozusagen ein außergewöhnliches kleines Surren und Radrennen hervorbrachte, das schon lange langsam und gleichmäßig war, begann er zu glauben, dass etwas Bedeutendes vor sich ging. Aber schließlich gab es nichts Schöneres, als an der Gartenwalze zu ziehen, um einem Kerl Appetit auf das Frühstück zu machen und Würmer und unnütze Gedanken zu zerquetschen.

Obwohl es ihr schon um halb neun „spät genug für alle" vorgekommen war, wie Mrs. Ames am Abend zuvor gesagt hatte, füllte sie erst gegen zehn einen zusätzlichen Löffel Tee in ihre silberne Teekanne, denn sie hatte das Gefühl, dass sie einen brauchte stärker als gewöhnlich stärkendes Getränk, um ihre Abneigung gegen den Tagesablauf zu beseitigen. Auch der Anblick ihres Kleopatra-Kostüms, das auf dem Sofa in ihrem Schlafzimmer lag und von einer fröhlichen und kompromisslosen Sommersonne beschienen wurde, hatte in ihr eine gewisse Unzufriedenheit, ein gewisses Gefühl der Enttäuschung, des Alters, der Trauer geweckt. Das vergoldete Papier hatte sich von einem der Sandalenriemen gelöst, ein Tropfen Erdbeereis hinterließ einen entstellenden Fleck auf der Tunika mit dem arabischen Schal, und sie selbst fühlte sich ein wenig unvergoldet und entstellt.

Auch die Zigarette – sie hatte so oft in großzügigster Weise gesagt, dass sie das Rauchen von Frauen nicht für böse, sondern nur für abscheulich halte. Sicherlich fühlte sie sich heute Morgen nicht böse, aber ebenso sicher fühlte sie sich geneigt, jeden anderen für schrecklich und – und möglicherweise böse zu halten. Dezidiert war eine Tasse starker Tee angebracht.

Major Ames war wieder nach oben gegangen, um sein Bad zu nehmen und sich nach seiner Übung im Garten anzuziehen, und kam ein paar Minuten später herunter, nach Seife riechend, mit einer fröhlichen, ausgelassenen Haltung, die nach Unwirklichkeit roch.

„Guten Morgen, meine liebe Amy“, sagte er. „Und wie fühlst du dich nach der Party? Ich bin schon ein paar Stunden wach; Es gibt nichts Besseres als eine Übungsphase, um nach später Stunde wieder auf die Beine zu kommen.“

„Willst du jetzt deinen Tee trinken, Lyndhurst?“ Sie fragte.

„Haben Sie es jetzt oder warten Sie, bis ich es bekomme, was? Ich werde es jetzt haben. Lecker! Ich sage immer, dass niemand so Tee macht wie du.“

Nun waren ausgelassene Stimmungen beim Frühstück bei Major Ames nicht üblich, und wie gesagt wurde, bemerkte seine Frau leicht, dass sie eine falsche Miene an den Tag legten. Ihr vages Gefühl der Enttäuschung und des Kummers nahm immer deutlichere Formen an.

„Es ist herrlich, Sie in so guter Stimmung zu sehen, Lyndhurst“, bemerkte sie mit einem leicht säuerlichen Unterton. „Langes Aufstehen verträgt man normalerweise nicht.“

Hier gab es genug, um Schlagfertigkeit hervorzurufen. Auch seine oberflächliche Ausgelassenheit verschwand schnell vor der Säure seiner Frau, wie Flecken bei der Berührung von Ammoniak.

„In diesem Fall scheint es nicht deiner Meinung zu sein, meine Liebe“, sagte er. „Ich hoffe, du hast keine Kopfschmerzen. Es war unklug von dir, so spät aufzuhören. Aber es besteht kein Zweifel, dass wir uns nach dem Frühstück besser fühlen werden. Soll ich dir etwas Speck geben? Oder probieren Sie etwas, das wie Fisch aussieht?"

„Ein bisschen Kedjeree, bitte", sagte Mrs. Ames und ignorierte diese Anspielung auf ihre Köchin demonstrativ.

„Kedjeree, oder? Na gut, lebe und lerne."

„Wenn Sie sich über Jephson beschweren möchten", sagte sie, „tun Sie es bitte."

"Nein überhaupt nicht. Ein *Cordon Bleu* erwartet man nicht . Aber ich wage zu behaupten, dass Mrs. Evans nicht mehr für ihre Köchin bezahlt als wir, und sehen Sie sich das Abendessen gestern Abend an."

„Ich fand die Wachteln besonders geschmacklos", sagte Mrs. Ames; „Und wenn Sie großartig sein und *Pêches à la Melba essen möchten* , würde ich meinen Gästen lieber echte Pfirsiche und richtiges Eis anbieten, statt Pfirsiche aus der Dose und Vanillesoße. Über den Champagner sage ich nichts, weil ich ihn kaum probiert habe."

„Na dann, meine Liebe, ich bin mir sicher, dass du völlig recht hast, wenn du es nicht kritisierst. Ich kann nur sagen, dass ich nie ein besseres Abendessen essen möchte."

Plötzlich wurde Mrs. Ames bewusst, dass ein weiterer fester Umriss ihrer vagen Unzufriedenheit und Reaktion aufgetaucht war.

„Zweifellos denken Sie, dass alle Arrangements von Millie in jeder Hinsicht perfekt sind", bemerkte sie.

„Ich weiß nicht, was Sie damit meinen", sagte er ziemlich hitzig; „Aber ich weiß, dass, wenn eine Frau all die Mühe und die Kosten auf sich genommen hat, um ihre Freunde zu unterhalten, ihre Freunde eine freundlichere Stimmung an den Tag legen würden, wenn sie davon absehen würden, sie zu meckern und herabzuwürdigen."

„Keine noch so große Wertschätzung würde Pfirsiche aus der Dose frisch machen oder Pudding in Eiscreme verwandeln", sagte Mrs. Ames und legte die Gabel weg, mit der sie sich mit dem Kedjeree beschäftigt hatte, das in der Tat nur eine schmutzige Kreation war. „Es ist töricht, so zu tun, als sei etwas perfekt, obwohl es das nicht ist. Auch ihre Manieren als Gastgeberin halte ich für keineswegs perfekt. Sie sah so verärgert aus wie zwei Stöcke, als die arme Mrs. Brooks auftauchte. Ich nehme an, sie dachte, dass außer ihr niemand das Recht hatte, Kleopatra zu sein. Natürlich sah die arme Mrs. Brooks sehr albern aus, aber wenn alle, die letzte Nacht albern aussahen, weggeblieben wären, wäre nicht viel getanzt worden."

Sie trank noch einige Schlucke von dem starken Tee, während er sich in die Morgenzeitung vertieft schien und unter ihrem anregenden Einfluss plötzlich und deutlich erkannte, wie unklug ihr Angriff war. Sie war vorübergehend schlecht gelaunt, was immer ein Fehler ist. Es stimmte, dass sie innerlich das Gefühl hatte, dass Lyndhurst letzte Nacht viel zu viel mit seiner Gastgeberin verbracht hatte; mit einem Wort, sie war eifersüchtig. Aus rein weltlicher Sicht war es daher abscheulich dumm, Millie ihm gegenüber zu kritisieren und herabzusetzen. Wenn es absolut keinen Grund für ihre Eifersucht gab — die derzeit nur eine bescheidene kleine grüne Knospe war —, war ein solcher Angriff unangebracht; Wenn es Boden gab, wäre es zumindest in diesem Stadium äußerst töricht, ihm auch nur den geringsten Grund zu der Annahme zu geben, dass er existierte. Aber sie war jetzt klug genug, ihren Fehler nicht überstürzt zu reparieren, sondern ihn langsam und absichtlich zu reparieren, als ob überhaupt keine Reparatur im Gange wäre.

„Aber ich muss sagen, der Garten sah bezaubernd aus", sagte sie nach einer Pause. „Hat sie dir gesagt, Lyndhurst, ob sie oder ihr Mann für die Beleuchtung verantwortlich waren? Das Programm war so umfassend; es nahm den gesamten Rasen ein; Daran war nichts lückenhaft. Ich vermute, dass Dr. Evans es geplant hat; es sah irgendwie eher wie die Arbeit eines Mannes aus."

Ein Ausdruck verstohlener Schuld huschte über das Gesicht des Majors; Zum Glück wurde es von der *Daily Mail* verschwiegen .

"NEIN; „Evans hat mir selbst gesagt, dass er nichts damit zu tun hat", sagte er. „Es war hübsch, dachte ich; sehr hübsch."

„Wenn die Nächte weiterhin heiß bleiben", sagte sie, „wäre es schön, wenn der Garten eines Nachts beleuchtet wäre, wenn die liebe Millie nicht der Meinung wäre, dass wir uns ihre Ideen aneignen." Ich glaube nicht, dass sie es tun würde; Sie steht über so etwas. Nun, Schatz, ich muss gehen und das Abendessen bestellen. Hast du irgendwelche Wünsche?"

Aus Sicht des Majors war es eindeutig klüger, diesen Strauß Olivenzweige anzunehmen. Schließlich war Amy viel zu vernünftig, um sich vorzustellen, dass es irgendetwas geben könnte, das den ehelichen Wachhund wecken könnte. Es war auch nicht da; hastig sagte er sich das. Ein Cousinkuss, auf den er im Moment gerne verzichtet hätte.

Sicherlich war er letzte Nacht ein wenig überreizt gewesen. Da war die Verantwortungslosigkeit der Verkleidung, da war das Wissen, dass Millie ihm gegenüber nicht unempfindlich war; da war das Gefühl seiner eigenen großen, wohlgeformten Beine in Strumpfhosen, es gab Tanz und Laternen, und das alles war starkes Rauschmittel für Riseborough gewesen, das so lange in Bezug auf solche Aufregungen Abstinenz praktiziert hatte. Amy selbst war von dieser überschäumenden Fröhlichkeit so hingerissen, dass sie eine Zigarette rauchte, und der Himmel wusste, wie weit ein solches Abenteuer von ihrem gewöhnlichen Verhaltenskodex entfernt war. Großzügigerweise hatte er darauf verzichtet, diese Zigarette während dieser erbitterten Episode beim Frühstück als Waffe gegen sie zu schwingen, und er hatte nicht die bewusste Absicht, sie wie ein Damoklesschwert über ihren Kopf zu hängen, für den Fall, dass sie ihren kritischen und nörgelnden Kurs gegen Millie fortsetzte . Aber was auch immer er letzte Nacht gesagt hatte, sie hatte es getan. Ohne die Absicht zu haben, sein Wissen zu nutzen, wusste er, dass es in seiner Macht stand, dies zu tun. Was würde Mrs. Altham zum Beispiel nicht dafür geben, von einem Augenzeugen darüber informiert zu werden, dass Mrs. Ames – mehr war es nicht – auf das verabscheuungswürdige Gras geblasen hatte? Da er sich einer Position bewusst war, die er nach Belieben anstößig machen konnte, nahm er den Olivenzweig an und schlug ein kaltes Curry zum Mittagessen vor.

Das Frühstück bei Mrs. Altham spiegelte weniger komplizierte Geisteszustände wider. Sowohl sie als auch ihr Mann waren äußerst zufrieden mit sich selbst und allen anderen gegenüber voller Leidenschaft. Da ihre Haltung typisch für die Ansicht war, die Riseborough im Allgemeinen über die Festlichkeiten der letzten Nacht vertrat, kann dies ausführlich in einer rhetorischen Redewendung von Mrs. Altham zum Ausdruck gebracht werden, mit der ihr Mann vollkommen übereinstimmte.

Zur Linderung kann erwähnt werden, dass beide zu einer ungewöhnlichen Zeit große Mengen an Essen zu sich genommen hatten. Durch den Körper erfolgt der Eintritt durch die subtilen Tore der Seele, und beißende Bemerkungen am Morgen sind oft das genaue Äquivalent zu ungewöhnlichem Genuss am Abend zuvor.

„Nun, ich bin mir sicher, wenn ich das gewusst hätte", sagte Frau Altham, „hätte ich mir nicht die Mühe gemacht, die ich gemacht habe. Natürlich sagten alle: „Wie schön dein Kleid ist", nur um jemanden dazu zu bringen, dasselbe zu sagen. Und ich möchte das Wort Kleopatra nie wieder hören, Henry, also bete, wiederhole es nicht. Stellen Sie sich vor, dass Mrs. Ames als Kleopatra auftritt und wir uns zehn Jahre später die Mühe machen, zu sagen, wir seien Antonius und Kleopatra! Zwanzig Jahre früher wäre das Datum gewesen, wenn wir es gewusst hätten. Vielleicht irre ich mich, aber wenn eine Frau im Lebensalter von Mrs. Ames ankommt, ist es klüger, ihre Füße zu verbergen, egal ob sie sich die Haare färbt oder nicht, ganz zu schweigen davon, wie sie im Gesicht einer anderen Person ausgesehen haben muss die Handwerker von Riseborough, die die Bürgersteige säumten, als sie aus ihrem Taxi stieg. Ich glaubte, ein lautes Gelächter zu hören, als wir die

Hauptstraße hinauffuhren. Ich würde mich nicht wundern, wenn es das Lachen aller war, als sie aus ihrer Kutsche stieg. Für die arme Mrs. Evans war natürlich alles sehr hübsch gemacht, aber ich frage mich, ob es Dr. Evans gefällt, dass sie so viel Geld ausgibt, denn so ungeeignet das Abendessen auch war, ich bin mir sicher, dass es sehr teuer war , denn es waren alles Trüffel und Sülze. In der Suppe, die ich zwischen zwei Tänzen getrunken habe, muss sich ein Rinderfilet befunden haben, und so eine starke Suppe macht mitten in der Nacht furchtbar satt. Und Mrs. Brooks erscheint als eine weitere Kleopatra, nach allem, was ich über Hermine gesagt habe! Nun, ich bin mir sicher, dass es niemanden außer ihr etwas angeht, wenn sie sich so albern macht. Sie ähnelte nichts anderem als einer großen weißen Stute mit den Schwankungen. Wenn du in den Club gehst, Henry, würde ich mich nicht wundern, wenn ich mit dir herausgekommen bin. Es scheint mir ein sehr stickiger Morgen zu sein, und ein wenig frische Luft würde mir gut tun. Was den großen deutschen Rubin in Ihrer Mütze betrifft, ich glaube nicht, dass ihn eine Menschenseele bemerkt hat. Sie alle blickten auf die langen weißen Arme von Mrs. Evans. Das arme Ding, sie ist wahrscheinlich sehr anämisch; So eine Blässe habe ich noch nie gesehen. Den ganzen Abend habe ich wenig von ihr gesehen. Sie schien die ganze Zeit mit Major Ames wie ein Kaninchen im Gebüsch herumzuhüpfen. Ich würde mich nicht wundern, wenn Mrs. Ames ihn in diesem Moment gut anspricht.“

Dann hatte sie, wie der ganze Rest von Riseborough und anders als der Skorpion, einen Segen statt eines Stachels in ihrem Schwanz.

„Aber auf jeden Fall war alles sehr hübsch“, sagte sie; „Obwohl mir damals alles sehr seltsam vorkam. Ich kann heute Morgen kaum glauben, dass wir alle so gekleidet im Freien herumhüpften. Kostümbälle sind sehr interessant; Du siehst so viel von der menschlichen Natur, und obwohl ich die Prozession von oben bis unten betrachtete, Henry, sah ich niemanden, der so gut gekleidet war wie dich. Aber ich vermute, dass es überall eine Menge Eifersucht gibt. Und überhaupt, Mrs. Evans hat Mrs. Ames inzwischen völlig verdrängt. In den nächsten zwei Wochen wird niemand über etwas anderes als letzte Nacht reden, und ich bin mir sicher, dass wir es drei Tage später alle vergessen hatten, als Mrs. Ames den Zauberer hatte, der das Omelett in eine Uhr verwandelte. Und schließlich ist Mrs. Evans eine sehr angenehme und gastfreundliche Frau, und ich hätte diese Party um keinen Preis verpasst. Wenn Sie im Club etwas darüber hören, dass sie ihre chinesischen Laternen und Lichterketten aus zweiter Hand verkaufen möchte, Henry, oder wenn Sie Grund zu der Annahme haben, dass sie sie für die Nacht in den Mercantile Stores gemietet hat, fragen Sie vielleicht der Preis, und wenn es angemessen ist, besorgen Sie sich ein paar Dutzend. Wenn das Wetter so heiß bleibt, könnten wir den Garten beleuchten, wenn wir im August unsere

Dinnerparty veranstalten. Zumindest nehme ich an, dass Mrs. Evans nicht der Meinung ist, dass sie das Monopol hat, Gärten zu beleuchten!"

Henry war völlig im Einklang mit dem Geist dieser Ansprache.

„Ich werde mich erinnern, meine Liebe", sagte er; „Wenn ich im Club etwas höre. Ich werde bald dorthin gehen, denn es würde mich nicht wundern, wenn die meisten Mitglieder ihren Morgen dort verbringen würden. Ich denke, ich werde noch eine Tasse Tee trinken."

„Du hast schon zwei gehabt", sagte seine Frau.

Er fühlte sich ein wenig gereizt.

„Dann sind es drei", bemerkte er.

Mrs. Evans frühstückte schließlich in ihrem Zimmer. Als sie die Treppe hinunterkam, stellte sie fest, dass ihr Mann das Haus bei seinen Besuchen bereits verlassen hatte, was eine Erleichterung war. Sie hatte das Gefühl, wenn sie heute Morgen sein fröhlich lächelndes Gesicht gesehen hätte, hätte sie es fast gehasst.

Sie bestellte das Abendessen und ging dann in den Garten. Arbeiter waren bereits da und entfernten die Tanzfläche, und ihr Gärtner sammelte die Lichterketten in Kisten und trug sie ins Haus. Hier und da waren verkohlte, verbrannte Stellen im Gras, und unter dem Maulbeerbaum waren die *Überreste* des Abendessens noch nicht entfernt worden. Aber das Gebüsch war, wie letzte Nacht, verschlossen und kühl, und sie saß eine Stunde lang dort auf der Gartenbank mit Blick auf den Rasen. Kleine Flocken goldenen Sonnenlichts fielen durch das Blattwerk, und ein Goldregen, zart besprüht, oszillierte in der leichten Brise. Sie wusste kaum, ob sie glücklich war oder nicht, und sie dachte nicht darüber nach. Aber sie fühlte sich bewusster lebendig als je zuvor.

KAPITEL VIII

DIE DISKUSSION über den Kostümball war, wie Mrs. Altham gesagt hatte, für mindestens zwei Wochen nach der Veranstaltung von größter Bedeutung gegenüber allen anderen Themen und vor der großen Frage, die jedes Jahr im Juli von so fesselndem Interesse wurde – nämlich, wo man Geld ausgeben sollte Der August war winzig klein und erreichte erst ziemlich spät im Monat seine gewöhnlichen Ausmaße. Diese Diskussionen trugen in der Regel keinerlei Früchte, da fast ausnahmslos jeder den August genau dort verbrachte, wo er in den letzten zwölf Jahren oder so den August verbracht hatte, aber es war eindeutig klug, das Problem noch einmal zu betrachten jedes Jahr, und seien Sie bereit, die Gewohnheit der Jahre zu ändern oder zumindest darüber nachzudenken, falls sich ein neuer Zufluchtsort bietet. Die Hotellisten am Ende von Bradshaw und die kleinen Handbücher, die von der South-Eastern Railway herausgegeben wurden, waren in der Regel fast die einzige Form der Literatur, der man sich an diesen Juliabenden hingab, und Mr. Altham, dessen Fantasie immer beflügelt war anhand von Bildern von Schiffen, studierte oft die Fahrten der River-Plate-Dampfer und kam zu dem Schluss, dass die Fahrpreise, insbesondere das Zwischendeck, sehr angemessen seien. Die Tatsache, dass er ein entsetzlich schlechter Seemann war, schmälerte in keiner Weise die Begeisterung, mit der er ihre Fahrten und deren Preise studierte. Anschließend verbrachten er und Mrs. Altham den August immer in Littlestone-on-Sea, in einer völlig freistehenden Villa namens Blenheim, wo eine fähige Schottin, die, um der Illusion Farbe zu verleihen, behauptete, ihr Name sei tatsächlich Churchill, Unterkunft und Unterkunft für sie bereitstellte auf fester Nahrung und Federbetten. Es sei bemerkt, dass es Mrs. Altham im Juli meist gelang, sich mit ihrer Köchin zu streiten, die ihr kündigte. So gab es während ihrer Abwesenheit einen Mund weniger zu füttern, und jedes Jahr, wenn sie zurückkamen, konnten sie sich über neue und überraschende Leckereien aus der Küche freuen.

Man kann sich erinnern, dass Mrs. Ames dieses Jahr bereits einen zweiwöchigen Urlaub in Overstrand genossen hatte, und in der letzten Juliwoche hatte sie immer noch keine Lust, Urlaubspläne zu schmieden. Sie hatten in den letzten ein oder zwei Jahren eine Art Bungalow in der Nähe von Deal gemietet, der neben anderen Vorteilen so gebaut war, dass jede Bemerkung, die in irgendeinem Teil des Hauses gemacht wurde, in jedem anderen Teil des Hauses gehört werden konnte. Als sie mit dem Anziehen fertig war, reichte es ihr fast, zu sagen: „Wir sind bereit für das Frühstück", um Parker aus der Küche antworten zu hören: „Der Wasserkocher kocht gerade, Ma'am." In diesem Jahr hatte sie jedoch zu spät nachgefragt, ob das Zimmer für August frei sei, und als ihr verspäteter Brief beantwortet wurde, stellte sie fest, dass es bereits vergeben war.

Diese Tatsache teilte sie ihrem Mann und Harry, der mit ungewöhnlich wildem und strähnigem Haar aus Cambridge zurückgekehrt war, mit verhaltener Empörung mit.

„Wenn man bedenkt, wie viele Jahre wir damit verbracht haben", sagte sie, „muss ich sagen, dass sie es uns meiner Meinung nach hätten sagen sollen, bevor wir es so über uns hinwegtragen ließen." Aber ich dachte immer, dass Mrs. Mackenzie eine sehr verständnisvolle Person sei, die wahrscheinlich das erste Angebot annehmen würde, das auftauchte, und ich bin mir sicher, dass es in dem Haus nie sehr komfortabel war. Ich habe keinen Zweifel, dass wir ohne großen Aufwand leicht ein besseres finden können!"

„Meine Schlafzimmerdecke war immer undicht", sagte Harry; „Und es gab keinen Ort zum Schreiben!"

Mrs. Ames hatte ihr Frühstück beendet und stand auf. Sie hatte das leise Gefühl, dass es nach dem Kostümball an der Zeit war, etwas Originelles zu unternehmen. Und doch war die ganze Idee so neuartig ... Riseborough würde mit Sicherheit sagen, dass sie sich keinen Urlaub leisten konnten. Aber im Grunde war das sehr unwichtig.

„Ich weiß wirklich nicht, warum wir uns immer die Mühe machen, im August in eine unbequeme Unterkunft zu fahren", sagte sie, „und unser eigenes gemütliches Haus leer stehen zu lassen."

Wäre Major Ames ein Pferd gewesen, wäre er darüber hellhörig geworden. Da das menschliche Ohr jedoch für solche Bewegungen nicht geeignet war, begnügte er sich damit, eifrig zuzuhören. Er hatte Millie in den letzten zwei Wochen kaum gesehen und begann zu begreifen, wie sehr er ihre Anwesenheit vermisste. Zwar waren sie zwischen ihnen einer Vertrautheit nahegekommen, die ihre Gefahren mit sich brachte, die er in Wirklichkeit mehr fürchtete, als ihm lieb war, aber er spürte mit jener Selbsttäuschung, die denen so leicht fällt, die nichts über sich selbst wissen, dass er war jetzt auf der Hut. In der Zwischenzeit vermisste er sie und vermutete ganz sicher, dass sie ihn vermisste. Und, armer Trottel, er sagte sich, dass er kein Recht hatte, das abzuschneiden, was ihr Vergnügen bereitete. Er könnte in seinen eigenen Angelegenheiten spartanisch sein, wenn er dazu gesinnt wäre, aber er darf vor anderen nicht Lykurg spielen. Und eine Idee, die ihm privat in den Sinn gekommen war und die damals unrealistisch schien, sprang plötzlich in den möglichen Horizont.

„Und du beschwerst dich immer über die Feuchtigkeit fremder Häuser, Lyndhurst", fügte sie hinzu; „Und wie Harry sagt, hat er keinen Platz zum Schreiben und Lernen. Warum sollten wir überhaupt weggehen? Ich bin mir sicher, dass es nach der Aufregung des letzten Monats eine völlige Ruhe wäre, hier zu bleiben, wenn alle anderen weg sind. Ich hatte diesen letzten Monat keinen Moment für mich und es sollte mir überhaupt nicht leid tun, hier stillschweigend innezuhalten.“

Major Ames wusste mit ausreichender Genauigkeit, welchen Einfluss er auf seine Frau hatte. Er war sich nämlich im vorliegenden Fall bewusst, dass ein leichter Widerstand seinerseits bei ihr meist eine entsprechende Entschlossenheit hervorrief. Verstärkter Widerstand führte zu unterschiedlichen Ergebnissen; manchmal gewann er, manchmal sie. Aber milde Proteste bestätigten immer ihre Ansichten im Gegensatz zu seinen. Er hatte bei dieser Gelegenheit einen eigenen Plan, und ihre Entschlossenheit, in Riseborough zu bleiben, würde sich als im Einklang damit erweisen. Deshalb erhob er milde Einwände.

„Sie würden es noch vor Ablauf des Monats bereuen“, sagte er. „Für mich bin ich ein alter Aktivist und hoffe, dass ich es mir überall bequem machen kann. Aber vor Ende August würde dir langweilig werden, Amy, und wenn du gelangweilt bist, ist deine Verdauung unweigerlich beeinträchtigt.“

„Ich würde gerne in Riseborough anhalten“, sagte Harry. „Ich hasse das Meer.“

„Du wirst dorthin gehen, wohin auch immer deine Mutter gehen will, mein Junge“, sagte Major Ames und verfolgte immer noch seinen Plan. „Wenn sie im August nach Sheffield fahren möchte, werden Sie und ich auch hingehen und – und zweifellos etwas Nützliches über Besteck lernen.“ Aber versuchen Sie nicht, in Riseborough anzuhalten, meine liebe Amy. Wenn du meinen Rat befolgst, wirst du es zumindest nicht tun.“

Major Ames war nicht sehr intelligent, aber der höchste Geheimdienst hätte es nicht besser machen können. Er hatte den Trick des leichten Widerstands gelernt, so wie ein dummer Hund mit einem konservativen Herrchen durch unaufhörliche Wiederholung lernen kann, Asquith anzuknurren. Wenn es es gelernt hat, macht es es richtig. Der Major hatte es diesmal richtig gemacht.

„Ich verstehe nicht, warum Harry bei der Frage, wo wir seinen Urlaub verbringen, kein Mitspracherecht haben sollte“, sagte sie. „Sicherlich war Ihr Zimmer im Bungalow Lyndhurst recht komfortabel, aber das war das einzige anständige Zimmer im Haus. Auf jeden Fall können wir den Bungalow für diesen August nicht bekommen. Habt ihr sonst noch Pläne, wohin wir gehen sollen?“

Es gab Raum für etwas mehr von seiner Oppositionspolitik.

„Nun gut, Brighton“, sagte er. „Warum nicht Brighton? Da ist ein Club; Ich wage zu behaupten, dass ich mir am Abend eine kleine Bridge gönnen sollte, und zweifellos würdest du ein paar Bekanntschaften machen, Amy. Ich glaube, die Westbournes waren letztes Jahr dort.“

Dieser bemerkenswerte Grund, nach Brighton zu gehen, machte Mrs. Ames fast epigrammatisch.

„Und dann könnten wir weiter nach Margate fahren", bemerkte sie, „und uns dort einschmeicheln."

„Auf jeden Fall, meine Liebe", sagte er. „Ich wage zu behaupten, dass das Curry recht günstig wäre."

Mrs. Ames öffnete die Tür zur Veranda.

„Bitte lassen Sie es mich wissen, Lyndhurst", sagte sie, „wenn Sie einen ernsthaften Vorschlag machen möchten."

Es war üblich, dass Major Ames sofort nach dem Frühstück mit der Arbeit im Garten begann, aber heute Morgen holte er stattdessen eine seiner großen Stumpen heraus (diese dienten der Meditation) und ließ sich auf einem Stuhl auf der Veranda nieder. Seine geistige Entwicklung war in den meisten Belangen nicht sehr hoch oder komplex, aber er besaß die eher seltene Fähigkeit, sich hinzusetzen und über eine Sache nachzudenken, ohne andere auszuschließen. Wenn wir uns für die meisten von uns hinsetzen und über eine Sache nachdenken, führt das schnell zu einem verwirrten Überblick über die meisten anderen Dinge. Major Ames hätte es besser machen können, denn er konnte alle anderen Themen aus seinem Kopf verbannen, und das tat er auch bei dieser Gelegenheit, und am Ende kehrte er sozusagen „mit seinen Garben mit" zurück. Er hatte einen klaren und vernünftigen Plan gemacht.

Harry hatte dem Omar Khayyam Club die interessante Tatsache seiner Leidenschaft für Mrs. Evans mitgeteilt und war natürlich verpflichtet, seine schändliche Intrige weiterzuverfolgen. Er hatte seiner Zauberin bereits mehrere galoppierende Texte geschrieben, die in Grammatik und Reimen etwas locker waren, und die er in ein kleines grünes Marokko-Notizbuch kopiert hatte, dessen Titelseite er mit „Mir gewidmet" beschriftet hatte. Das sah aus eine narzisstische Vorgehensweise für jeden, der sich nicht an die Initialen von Mrs. Evans erinnerte. Als er an diesem Nachmittag spürte, wie die poetische Begeisterung einen Sturm in ihm wehte, aber da er nichts Konkretes zu sagen hatte, beschloss er, den Inspirator seiner Muse aufzusuchen, um neuen Brennstoff für sein Feuer zu sammeln. Mit einem sehr niedrigen Kragen bekleidet, der die ganze Länge seines ziemlich dürren Halses zeigte, und mit einer roten Krawatte geschmückt, denn der Sozialismus war im Club ebenso eine Orthodoxie wie atheistische Prinzipien und unerlaubte Liebe, machte er sich heimlich auf den Weg und hatte die Er hatte Glück, die Göttin allein zu finden, und wurde mit der eher schüchternen, kindlichen Ehrerbietung begrüßt, die er zuvor so bezaubernd gefunden hatte.

„Aber wie nett von dir, mich zu besuchen“, sagte sie, „wenn ich sicher bin, dass du so viele Freunde haben musst, die dich wollen. Ich finde es so nett.“

Offensichtlich war sie schüchtern; Sie kannte ihre Macht nicht. Ihre Augen waren blauer als je zuvor; Ihr Haar war von hellstem Gold. „So wie ich sie früher in Erinnerung hatte“, dachte er bei sich und bezog sich dabei auf den Abend Ende Juni. Tatsächlich gab es ein Gedicht vom 28. Juni, ein ziemlich gewagtes.

„Die Freundlichkeit liegt ganz auf Ihrer Seite“, sagte er, „indem Sie mich kommen ließen und“ – er wollte sagen – „anbeten“, wagte es aber nicht ganz – „und Tee mit Ihnen trinken.“

„Meine Güte, das ist eine egoistische Art von Freundlichkeit“, sagte sie. „Lass uns in den Garten gehen. Ich denke, es war sehr unfreundlich von Ihnen, Herr Harry, letzte Woche nicht zu meinem Tanz zu kommen. Aber natürlich habt ihr Cambridge-Männer über ernstere Dinge nachzudenken als über kleine Landpartys.“

„Ich habe tagelang an nichts anderes gedacht als an deinen Tanz“, sagte er; „Aber mein Nachhilfelehrer weigerte sich einfach, mich dafür herunterkommen zu lassen. Ein engstirniger, pedantischer Kerl, der wohl nie getanzt hat. Erzähl mir von deinem Kleid; Ich stelle mir dich gerne in einem schicken Kleid vor.“

Sie konnte nicht umhin, den Anschein zu erwecken, sie wolle anziehen. Es lag sowohl an der Art, wie ihr Kopf am Hals saß, an der Farbe ihrer Augen als auch an ihrem Verstand.

„Oh, ein ganz einfaches weißes Kleid“, sagte sie; „Und ein paar Perlen. Sie wollten, dass ich die Rolle der Kleopatra verkörpere. So albern – ich mit einer erwachsenen Tochter. Aber mein Mann bestand darauf.“

Über den Kostümball war bei Mrs. Ames in letzter Zeit nicht die Rede gewesen, und er hatte in den zwei Tagen, die er zu Hause verbracht hatte, nichts davon gehört. Seine Eltern hatten beide gute Gründe, es in den Bereich der Fertigkeiten fallen zu lassen.

„Sind Mutter und Vater gegangen?“ er hat gefragt. „Ich nehme an, sie fühlten sich zu alt, um sich schick zu machen?“

"Ach nein. Sie kamen als Antonius und Kleopatra. Haben sie es dir nicht gesagt? Cousine Amy sah so – so interessant aus. Und dein Vater war großartig als Mark Antony.“

„Dann war Dr. Evans Mark Antony auch?“ fragte Harry.

"NEIN; er war Timon von Athen."

„Wer war dann Ihr Mark Antony?" er hat gefragt.

Mrs. Evans spürte, wie sie errötete, und ihr Ärger über sich selbst machte es ihr unangenehm, Tee einzuschenken. Sie spürte, dass Harrys schmale, bohrerartige Augen auf sie gerichtet waren.

„Sehen Sie, wie dumm ich bin", sagte sie. „Ich habe deinen Tee in der Untertasse verschüttet. Lieber Mr. Harry, wir hatten jede Menge Kleopatras: Mrs. Altham war eine, Mrs. Brooks eine andere. Wir haben mit Hamlets und – und jedem getanzt."

Aber dieser grobe, lächerliche Jugendliche hatte, so hatte sie das Gefühl, eine Idee im Kopf.

„Und haben Vater und Mutter den ganzen Abend zusammen getanzt?" er hat gefragt.

Sie spürte, wie sie ungeduldig wurde.

"Natürlich nicht. Jeder tanzte mit jedem. Wir hatten Quadrillen; alle möglichen Dinge."

Dann beschloss sie mit dem falschen Instinkt, der uns an der falschen Stelle vorsichtig sein lässt, noch etwas zu sagen.

„Aber dein Vater war so nett zu mir", sagte sie. „Er hat mir bei allen Arrangements geholfen. Ohne ihn hätte ich es nie geschafft. Wir hatten tolle Tage damit, darüber zu reden und zu planen. Jetzt erzähl mir alles über Cambridge."

Aber Harry witterte ein Sonett von höchst bemerkenswertem Charakter. Es könnte „The Rivals" heißen und sich mit einer Situation befassen, die der Omar Khayyam Club sicherlich als äußerst „parfümiert" empfinden würde.

„Ich nehme an, Mutter hat dir auch geholfen?" er sagte.

Das war Byronic, verletzend. Sie musste genauso leiden wie er … da war eine scharfe Linie bereits fertig. „Aber wer hatte so viel gelitten wie ich?" war der Refrain. Der Omar Khayyam Club erwartete Spannung. Nach ausreichend gelbem Wein.

„Cousine Amy war weg", sagte Mrs. Evans. „Sie blieb bis kurz vor meinem kleinen Tanz bei Cromer. Das ist nicht weit von Cambridge entfernt, oder? Ich nehme an, sie ist vorbeigekommen, um dich zu sehen."

Harry verschonte sie und stellte ihr keine Fragen. Aber es war genug gesagt worden, um zu zeigen, dass sie das Vertrauen zu ihm gebrochen hatte. Passenderweise könnten „Rivalen" gegen Ende ziemlich inkohärent werden.

Inkohärenz war manchmal eine große Annehmlichkeit, denn ausrufende Reime waren keine Seltenheit.

Er strich sich das strähnige Haar aus der Stirn und wechselte taktvoll das Thema.

„Und ich nehme an, dass du jetzt bald weggehst“, sagte er. „Ich habe das Glück, dich überhaupt gesehen zu haben. Ich denke, wir werden den ganzen August hier bleiben. Meine Mutter will nicht weg. Ich auch nicht; nicht, dass sie sich darum gekümmert hätten.“

Der leichte Ärger von Mrs. Evans über ihn verschmolz plötzlich mit Interesse.

„Wie weise!“ Sie sagte. „Es ist so absurd, an einen unbequemen Ort zu gehen, anstatt bequem zu bleiben. Ich wünschte, wir würden dasselbe tun. Aber mein Mann muss immer für ein paar Wochen nach Harrogate. Und er mag es, wenn ich bei ihm bin. Ich werde an Sie alle denken und Sie beneiden, wenn Sie hier in diesem bezaubernden Riseborough Halt machen.“

"Es gefällt dir?" fragte Harry.

„Wie sollte ich das nicht tun, wenn so viele nette Menschen freundlich zu mir sind? Beziehungen auch; Cousine Amy zum Beispiel und Major Ames, und mal sehen, wenn Mrs. Ames meine Cousine ist, sind Sie doch sicher Cousine Harry?“

Harry wurde besonders faszinierend und reckte seinen langen Hals nach vorne.

„Oh, lass den ‚Cousin‘ weg “, sagte er.

„Wie süß von dir – Harry“, sagte sie.

Dadurch wurden den geplanten „Rivalen“ sozusagen die Giftzähne entzogen, und an diesem Abend wurden von der Hand des Autors sechs geheimnisvolle Postkarten in den Briefkasten gelegt. Jeder bestand aus einem mystischen Satz. „Sie nennt mich bei meinem Vornamen.“ Durch einen äußerst bequemen Umstand, der zu wahrscheinlich ist, um als Zufall angesehen zu werden, war hier eine achtsilbige Linie von honigsüßer Süße und Einfachheit entstanden. Er zögerte nicht lange, dies zu nutzen, und als der Mond kurz vor Tagesanbruch unterging, wurde ein weiteres Juwel der ME-Serie vollendet.

Mrs. Evans saß an diesem Nachmittag, wie Major Ames an diesem Morgen, „da und dachte nach“, nachdem Harry sie verlassen hatte. Unabhängig davon, dass alle Bewunderer, selbst die seltsamsten, in ihren blassblauen

Augen immer willkommen waren, war sie Harry gegenüber wirklich dankbar, denn er hatte ihr die Informationen gegeben, auf denen sie einen Plan aufbaute, der genauso fundiert und einfach war wie der von Major Ames' und wurde entwickelt, um dasselbe Objekt zu sichern. Seit dem Abend des Kostümballs hatte sie ihn nur ein- oder zweimal und nie privat gesehen, und die größere Vitalität, die er durch die wundersamen Prozesse der Affinität in ihr geweckt hatte, hungerte nach ihrem Unterhalt. Es kann nicht gesagt werden, dass sie sich ihrer Untreue gegenüber ihrem Mann bereits jetzt wirklich bewusst war oder dass sie tatsächlich über einen Glaubensbruch nachdachte. Sie verfügte im Augenblick nicht über genügend Gefühlskraft, um sich eine entscheidende Situation vorzustellen; aber sie konnte höchstens ihr Ruder sozusagen festzurren, so dass der Wind ihr Boot in die Richtung lenkte, in die sie fahren wollte, und dann untätig an Deck sitzen und sagen, dass sie für den Kurs nicht verantwortlich sei sie verfolgte. Der Wind, die Flut, die Strömungen trieben sie unwiderstehlich an; Sie hatte nichts mit dem Ruder zu tun, nachdem sie es festgebunden hatte, berührte sie es nicht. Wie die Mehrheit in dieser Welt elender Sünder hat sie die Gefahr, die sie herbeisehnte, nicht aktiv angestrebt, sondern sie wartete darauf. Gleichzeitig behielt sie das Ufer, auf das sie zusteuerte, ängstlich im Auge. Kam es wirklich näher? Wenn ja, warum schien sie in letzter Zeit keinen Weg gefunden zu haben?

Heute deutete ihr Plan auf eine aktivere Beteiligung an dem hin, was sie als Schicksal ansah, aber unglücklicherweise wurde er, obwohl er an sich genauso vernünftig war wie der von Major Ames, unabhängig und ohne Kenntnis dessen gemacht, was heute Morgen zu seinem leichten Widerstand geführt hatte: So dass, obwohl jeder Plan für sich schon bewundernswert genug war, beide zusammengenommen im Erfolgsfall zu einem Fiasko führen würden, das in seiner Vollständigkeit fast erhaben ist. Die Art und Weise davon war wie folgt.

Elsie war an diesem Abend zufällig nicht zu Hause, und sie und ihr Mann aßen alleine und spazierten anschließend im Garten spazieren.

„Du wirst heute Abend dein Schach vermissen, Liebes", sagte sie. „Oder würde es dir Spaß machen, mir eine Königin und ein paar Läufer und Springer zu geben und zu sehen, wie lange es dauert, bis du mich besiegst? Oder verbringen wir einen gemütlichen, geselligen Abend miteinander? Ich hoffe, dass keine schrecklichen Menschen krank werden und schicke nach dir."

„Ich auch, kleine Frau", sagte er (sie begann, die Bezeichnung zu verabscheuen). „Und als ob ich nicht einen ruhigen Gesprächsabend mit Ihnen über fünfzig Schachpartien genießen sollte! Aber, mein Lieber, ich werde dieses Jahr froh sein, nach Harrogate zu reisen! Ich brauche dringend einen Monat davon. Ich werde den üblen Geruch nach alten, faulen Eiern auf jeden Fall genießen.“

Sie schauderte leicht.

„Oh, rede nicht darüber“, sagte sie. „Es ist schon schlimm genug, ohne vorher darüber nachzudenken.“

„Arme kleine Frau! Fast schade, dass du nicht auch an Gicht leidest. Dann sollten wir uns beide darauf freuen.“

Sie setzte sich auf einen der Sträuchersitze und zog ihre Röcke zur Seite, um Platz für ihn zu schaffen, der sich neben sie setzen konnte.

„Ja, aber da ich nicht an Gicht leide, Wilfred“, sagte sie. „Es nützt nichts, mir das zu wünschen. Und ich hasse Harrogate so sehr. Ich wundere mich--"

Sie seufzte leicht und legte ihren Arm in seinen.

„Na, was fragt sich die kleine Frau jetzt?“ er hat gefragt.

„Ich erzähle es dir kaum gerne. Du bist immer so nett zu mir, dass ich nicht weiß, warum ich Angst habe. Wilfred, fändest du es schrecklich von mir, wenn ich vorschlagen würde, dieses Jahr nicht mit dir zu gehen? Ich bin mir sicher, dass es mich krank macht, dort zu sein. Du wirst Elsie haben; Du wirst den ganzen Abend wie gewohnt mit ihr Schach spielen. Sie sehen, dass Sie den ganzen Morgen in Ihrem Bad sind und normalerweise den ganzen Nachmittag mit ihr Fahrrad fahren. Ich glaube nicht, dass du weißt, wie sehr ich es hasse.“

Sie hatte auf ihre schüchterne, zögernde Art begonnen. Doch ihre Stimme wurde immer kälter und entschiedener. Sie brachte ihre Argumente vor wie eine Frau, die alles sorgfältig durchdacht hat, was sie tatsächlich auch getan hat.

„Aber was wirst du mit dir machen, meine Liebe?“ er sagte. „Es scheint ein lustiger Plan zu sein. Du kannst hier nicht alleine anhalten.“

Sie setzte sich auf und nahm ihre Hand von seinem Arm.

„In der Tat sollte ich hier nicht so einsam sein wie in Harrogate“, sagte sie. „Wir kennen dort niemanden und wenn man darüber nachdenkt, bin ich die meiste Zeit wirklich allein. Bei dir ist es anders, weil es dir guttut, und wie gesagt, du fährst den ganzen Nachmittag mit Elsie Fahrrad und abends spielst du zusammen Schach.“

Auf dem Gesicht des Arztes zeichnete sich ein Anflug von Sorge und Verwirrung ab; Die Anklageschrift, denn sie war kaum geringer, war so geordnet und verdaut, als wäre sie für eine forensische Auseinandersetzung vorbereitet worden. Und die ruhige, leidenschaftslose Stimme fuhr fort.

„Denken Sie an meinen Tag dort", sagte sie und ging geordnet ins Detail. „Nach dem Frühstück gehst du ins Bad, und ich muss in diesem schrecklichen Wohnzimmer sitzen, während sie die Sachen wegräumen. Sogar ein Hotel wäre unterhaltsamer als diese möblierten Unterkünfte; man konnte den Leuten beim Ein- und Ausgehen zuschauen. Oder wenn ich morgens spazieren gehe, werde ich müde und muss mich nachmittags ausruhen. Du kommst zum Mittagessen herein und gehst danach mit Elsie weg. Das ist völlig richtig; Die Übung ist gut für dich, aber was nützt es, wenn ich dabei bin? Es gibt niemanden, den ich besuchen kann, niemand kommt, um mich zu sehen. Dann essen wir zu Abend und ich bin gespannt darauf, zu erfahren, wohin Sie und Elsie mit dem Fahrrad gefahren sind. Nach dem Abendessen spielt ihr beide Schach, und ich freue mich, wenn mir gesagt wird, wer gewonnen hat. Hier kann ich jedenfalls in einem Raum sitzen, in dem es nicht nach Abendessen riecht, oder ich kann im Garten sitzen. Ich habe meine eigenen Bücher und Dinge über mich, und es gibt Leute, die ich kenne, die ich sehen und mit denen ich sprechen kann."

Er stand auf und begann, den Weg vor der Bank, auf der sie gesessen hatten, auf und ab zu gehen, seine gütige Seele war etwas verwirrt.

„Ist alles in Ordnung, kleine Frau?" er hat gefragt.

"Sicherlich nicht. Warum solltest du das denken? Ich kann mir vorstellen, dass das, was ich Ihnen gesagt habe, Grund genug hat. Mir wird dort wirklich langweilig, Wilfred. Und ich hasse es, gelangweilt zu sein. Ich bin mir sicher, dass es auch nicht gut für mich ist. Versuchen Sie, sich mein Leben dort vorzustellen, und sehen Sie, wie sehr es sich von Ihrem unterscheidet. Außerdem tut es dir, wie gesagt, die ganze Zeit gut, und wie du selbst gesagt hast, ist dir der Gedanke an dieses schrecklich stinkende Wasser willkommen."

Er schlurfte immer noch in der Dämmerung auf und ab. Auch das ging ihr auf die Nerven.

„Bitte setz dich, Wilfred", sagte sie. „Dass du so herumläufst, verwirrt mich. Und sicherlich können Sie zu mir „Ja" oder „Nein" sagen. Wenn Sie darauf bestehen, dass ich mit Ihnen gehe, werde ich gehen. Aber ich halte es für sehr unvernünftig von Ihnen."

„Aber ich kann nicht so ‚Ja' oder ‚Nein' sagen, kleine Frau", sagte er. „Ich kann mir nicht vorstellen, dass Sie gedacht haben, wie langweilig Riseborough im August sein wird. Ich glaube, alle gehen weg."

Einen Moment lang dachte sie darüber nach, ihm zu sagen, dass die Ames hier anhalten würden, doch dann hielt sie es mit völlig unangebrachter Vorsicht für klüger, das für sich zu behalten. Sie war schuldig an dem wahren Grund, warum sie hier bleiben wollte, obwohl die Darstellung, die sie ihm über ihre Beweggründe gegeben hatte, schlüssig und logisch genug war, und glaubte, ihm grobes Unrecht zuzufügen, dass hierdurch ein Verdachtskeim in den Geist ihres Mannes gelangen könnte.

„Hier ist bestimmt jemand", sagte sie. „Die Althams zum Beispiel verschwinden erst Mitte August."

„Sie kümmern sich nicht besonders um sie", sagte er.

„Nein, aber sie sind besser als niemand. Den ganzen Tag in Harrogate habe ich niemanden. Es ist keine Kameradschaft, mit dir und Elsie im Zimmer zu sitzen und Schach zu spielen. Außerdem werden die Westbournes zu Hause sein. Ich wage zu behaupten, dass ich viel dorthin gehen werde. Außerdem werde ich in meinem eigenen Haus sein, das bequem ist und das mir gefällt. Unsere Unterkunft in Harrogate ist mir zuwider. Sie sind alle aus Wachstuch und Plüsch; Es gibt keinen Platz zum Sitzen, wenn sie wegräumen."

Sein Gesicht war immer noch getrübt.

„Aber es ist so seltsam, dass eine verheiratete Frau so alleine aufhört", sagte er.

„Ich finde es weitaus seltsamer, dass ihr Mann möchte, dass sie einen Monat lang einsam und gelangweilt in einer Unterkunft verbringt", sagte sie. „Weil ich mich nie beschwert habe, Wilfred, denkst du, ich hätte es nicht verabscheut. Aber wenn ich darüber nachdenke, erscheint es mir vernünftiger, Ihnen zu sagen, wie sehr ich es verabscheue, und Sie zu bitten, nicht zu gehen."

Er schwieg einen Moment.

„Sehr gut, kleine Frau", sagte er schließlich. „Du sollst tun, was du willst."

Augenblicklich veränderte sich die kalte Präzision ihrer Sprache. Sie stieß diesen kleinen Seufzer bewusster Zufriedenheit aus, mit dem sie oft morgens aufwachte, und hakte sich wieder bei ihm ein.

„Ah, das ist lieb von dir", sagte sie. „Du bist immer so ein Schatz für mich."

Er war kein Mann, der widerwillig zustimmte oder ein Geschenk verdarb, indem er es ohne äußerste Herzlichkeit anbot.

„Ich hoffe nur, dass du großen Erfolg hast, kleine Frau", sagte er. „Und in Harrogate muss es für Sie langweilig sein. Das ist also geklärt und wir sind alle zufrieden. Mal sehen, ob Elsie schon reingekommen ist."

Sie lachte leise.

„Du bist ein Schatz", sagte sie noch einmal.

Wilfred Evans war weder selbstkritisch noch neugierig auf Analysen, die das Handeln anderer erklären könnten. So wie er in seiner beruflichen Tätigkeit eher altmodisch, aber überaus sicher und vernünftig war, suchte er auch in seinem normalen Leben nicht nach abstrusen Ursachen und subtilen Motiven. Es genügte ihm völlig, dass seine Frau das Gefühl hatte, sie würde sich in Harrogate entsetzlich langweilen und hier weniger trostlos fühlen. Andererseits bedeutete es einen Verstoß gegen eine der einfachsten Lebensgewohnheiten, dass eine Frau an einem Ort und ihr Mann an einem anderen sein sollte. Das war für ihn irgendwie beunruhigend. Beunruhigend war auch die kalte, präzise Art, mit der sie ihren Fall geführt hatte. Vielleicht nur ein Dutzend Mal in ihrem ganzen Eheleben hatte sie diese eisige Starrheit des Verhaltens an den Tag gelegt; jedes Mal war er ihr erlegen. Wenn ihre Neigungen auseinandergingen, überredete und überredete sie ihn normalerweise, nachzugeben, oder sie ließ ihn gewähren, obwohl sie ruhig an ihrer eigenen Meinung festhielt. Doch mit ihrer ruhigen Starrheit, die er nur selten an den Tag legte, hatte er nie Erfolg gehabt; sie hatte eine Härte an sich, von der er wusste, dass sie stärker war als jeder Widerstand, den er ihr entgegensetzen konnte. Nichts schien sie zu beeinflussen, weder Argumente noch eheliche Befehle. Sie sagte immer wieder: „Ich stimme dir nicht zu“, so wie kaltes Wasser auf einen Stein tropft. Oder sie wiederholte mit derselben unerbittlichen Ruhe: „Ich habe eine ganz feste Meinung dazu: Ich finde es sehr unfreundlich von dir.“ Und wenn das genug war, war sein Widerstand immer wirkungslos: wenn ihr Wille einmal wirklich geweckt war, schien er seinen zu lähmen. Ein- oder zweimal hatte sich ihre Haltung als auffallend schlecht erwiesen. Das schien keinen Unterschied zu machen: die kalte, präzise Art war höher als das materielle Versagen, das daraus resultierte. Sie wiederholte lediglich: „Aber unter den gegebenen Umständen war es das Beste, was wir tun konnten.“

In diesem Fall wunderte er sich ein wenig darüber, dass sie sich auf diese Weise in einer Angelegenheit verhalten hatte, die so wenig wichtig schien wie die Frage von Harrogate, aber am nächsten Morgen hatte er aufgehört, sich weiter damit zu befassen. Sie war wieder ganz sie selbst, und kurz nach dem Frühstück machte sie sich auf den Weg, um ein paar kleine Besorgungen in der Stadt zu erledigen, und schaute bei ihm in seinem Labor vorbei, um zu erfahren, ob es irgendwelche Aufträge gäbe, die sie für ihn erledigen könnte. Sein Auge klebte im Moment an seinem Mikroskop: Eine Staphylokokkenkultur absorbierte ihn, und ohne aufzusehen, sagte er:

„Nichts, danke, kleine Frau.“

Er hörte, wie sie innehielt: Dann kam sie durch das Zimmer auf ihn zu und legte ihre kühle Hand auf seine Schulter.

„Wilfred, du bist mir so lieb“, sagte sie. „Du bist mir nicht böse?“

Er unterbrach seine Beobachtungen und legte seinen Arm um sie.

„Verärgert?“ er sagte. „Ich werde es dir sagen, wenn ich verärgert bin.“

Sie lächelte ihn an, feucht, schüchtern.

„Das ist dann in Ordnung“, sagte sie.

Damit wurde ihr Plan verwirklicht.

Die Affäre mit den Staphylokokken hielt den Arzt nicht lange auf, und kurz darauf wurde Major Ames bekannt gegeben. Er war gekommen, um Dr. Evans wegen bestimmter Gichtsymptome zu konsultieren, die der Arzt erkundigte und untersuchte.

„Es gibt überhaupt keinen Grund zur Sorge“, sagte er nach einer sehr kurzen Untersuchung. „Ich würde Ihnen empfehlen, ganz auf Alkohol zu verzichten und nicht mehr als einmal am Tag Fleisch zu essen. Eine zweiwöchige Diät wird Sie wahrscheinlich heilen. Und machen Sie viel Bewegung. Ich werde dir keine Medikamente geben. Es hat keinen Sinn, Drogen zu nehmen, wenn man die gleiche Wirkung erzielen kann, indem man keine anderen Dinge einnimmt.“

Major Ames war nervös und runzelte leicht die Stirn.

„Ich dachte“, sagte er schließlich, „daran, mich gründlicher in den Griff zu bekommen. Ich habe noch nie halbe Sachen gutgeheißen und kann jetzt nicht damit anfangen. Wenn ein Zahn schmerzt, lassen Sie ihn ziehen und fertig. Für mich gibt es kein Herumgefummel. Meine Frau will diesen August nicht wegfahren, und es schien mir, dass dies eine sehr gute Gelegenheit für mich wäre, hinzugehen, wie Sie es, glaube ich, tun, und eine Kur zu machen. Die Neigung loswerden, wissen Sie, sie ausmerzen. Was sagen Sie dazu? Harrogate jetzt; ich dachte an Harrogate, wenn Sie das gutheißen. Harrogate wirkt Wunder bei Gicht, nicht wahr?“

Der Arzt lachte.

„Ich hoffe auf jeden Fall, dass Harrogate Wunder für mich bewirken wird“, sagte er. „Ich gehe jedes Jahr dorthin. Und zweifellos würden viele von uns, die in die Jahre gekommen sind, davon profitieren. Aber Ihre Symptome sind sehr gering. Ich denke, dass Sie sie bald loswerden werden, wenn Sie dem von mir vorgeschlagenen Kurs folgen.“

Aber Major Ames zeigte ein seltsames Verlangen nach Harrogate.

„Nun, ich mache die Dinge gerne gründlich“, sagte er. „Mir gefällt es, etwas komplett loszuwerden, wissen Sie. Sie sehen, ich bekomme möglicherweise keine weitere Gelegenheit. Amy möchte, dass ich sie im August in den Urlaub begleite, aber es gibt keinen Grund, warum ich in Riseborough Halt machen sollte. Ich habe noch nicht mit ihr gesprochen, aber wenn ich sagen könnte, dass Sie Harrogate empfohlen haben, würde sie sicher wünschen, dass ich gehe. Tatsächlich würde sie darauf bestehen, dass ich gehe. Sie ist oft besorgt wegen meiner Gichtneigung, mehr als nötig, wie ich ihr oft sage. Aber eine Tante von ihr hatte einen Anfall, der ihr völlig unerwartet ins Herz traf und sie, das arme Ding, tötete. Ich denke tatsächlich, dass es Amy eine Last von den Schultern fallen würde, wenn sie wüsste, dass ich mich gründlich in die Hand nehmen würde und nicht nur an Diät herumbasteln und damit hausieren würde. Könnten Sie mir also empfehlen, nach Harrogate zu gehen?"

„Ein Gang Harrogate wäre für jeden von uns, der jeden Abend ein gutes Abendessen isst, nicht schlecht", sagte Dr. Evans. „Aber ich denke, wenn du es versuchen würdest –"

Major Ames stand auf und wischte jede weitere Diskussion beiseite.

„Das reicht, Doktor", sagte er. „Wenn es mir gut tun würde, würde Amy sicher wünschen, dass ich gehe; Sie wissen, was Ehefrauen sind. Jetzt stehe ich heute Morgen unter Zeitdruck, und das gilt sicher auch für Sie. Übrigens brauchen Sie meinen Plan erst zu erwähnen, wenn ich ihn mit Amy besprochen habe. Aber jetzt zur Unterkunft. Empfehlen Sie eine Unterkunft oder ein Hotel?"

Dr. Evans erwähnte nicht, dass seine Frau dieses Jahr nicht bei ihm sein würde, denn nachdem er die Erlaubnis erhalten hatte, zu sagen, dass Harrogate ihm gut tun würde, hatte Major Ames eine ungeheure Eile entwickelt und ging wenige Augenblicke später unbeschwert nach Hause , mit der Adresse von Dr. Evans' Unterkunft in der Tasche. Er vertraute auf seine eigene Übertreibungskraft, um jeden möglichen Widerstand seiner Frau aus dem Weg zu räumen, und kam sich selbst wie der Teufel von einem Diplomaten vor.

Also wurde sein Plan arrangiert.

Der dritte Faktor in diesem Netzwerk falsch konzipierter Verschwörungen ereignete sich am selben Morgen. Mrs. Ames, die wegen einer vorgerückten Melone die High Street besuchte, traf Cousine Millie auf einer ähnlichen Besorgung wie beim Metzger wegen vorgerückter Koteletts, denn das Wetter war schwierig. Es war nur natürlich, dass sie ihre Absicht ankündigte, im August mit ihrer Familie in Riseborough zu bleiben; es war auch nur natürlich, dass Cousine Millie den Abschied aus Harrogate bedeutete. Cousine Amy äußerte sich herzlich zu diesem Thema und kehrte nach Hause zurück. Wahrscheinlich hätte sie diesen Umstand ihrem Mann gegenüber erwähnt, wenn er ihr Zeit dafür gegeben hätte. Aber er strotzte vor einer unmittelbareren Kommunikation.

„Ich wollte es dir vorher nicht sagen, Amy", sagte er, „weil ich dich nicht unnötig beunruhigen wollte. Und jetzt besteht kein Grund zur Sorge."

Frau Ames war nicht sehr einfallsreich, aber ihr fiel auf, dass die neu gepflanzte Magnolie nicht gediehen war.

„Kein wirklicher Grund zur Sorge", sagte er. „Aber Tatsache ist, dass ich heute Morgen zu Dr. Evans gegangen bin – haben Sie keine Angst, mein Lieber – und von ihm gründlich überarbeitet wurde, gründlich überarbeitet. Er sagte, es gebe keinen Grund zur Sorge, versicherte er mir. Aber ich habe Gicht, meine Liebe, daran besteht kein Zweifel, und natürlich erinnerst du dich an deine arme Tante Harriet. Nun, da ist es. Und er sagt Harrogate. Natürlich langweilig, aber Harrogate. Aber kein Grund zur Sorge: Er hat es mir zweimal gesagt."

Mrs. Ames widmete sich einen Moment ruhiger, klarer, austernartiger Reflexion, ohne Eile, ohne Beunruhigung. Es gab keinen Grund, warum sie ihm sagen sollte, welche Pläne Mrs. Evans hatte. Aber es war seltsam, dass sie plötzlich beschloss, in Riseborough anzuhalten, anstatt nach Harrogate zu fahren, nachdem sie von Harry gehört hatte, dass die Ames zu Hause bleiben sollten, und Lyndhurst plötzlich gezwungen war, nach Harrogate zu fahren, anstatt in Riseborough anzuhalten . Ein merkwürdiger Zufall. Jeder schien Pläne zu schmieden. Auf jeden Fall würde sie ihre Zahl nicht erhöhen, sondern sich nur mit denen abfinden, die gemacht wurden.

„Mein lieber Lyndhurst, was für eine Überraschung!" Sie sagte. „Wenn Sie mir sagen, dass es keinen Grund zur Sorge gibt, werde ich natürlich keine Angst haben. Empfiehlt Ihnen Dr. Evans, jetzt nach Harrogate zu gehen? Du musst mir alles sagen, was er gesagt hat. Sie gehen immer im August, nicht wahr? Das wird Ihnen angenehm sein. Aber ich fürchte, Sie werden das Wasser alles andere als schmackhaft finden."

Major Ames hatte das Gefühl, dass er keinen ausreichend wichtigen Eindruck hinterlassen hatte.

„Natürlich habe ich Dr. Evans gesagt, dass ich nichts entscheiden kann, bis ich Sie konsultiert habe", sagte er. „Es scheint ein großer Bruch zu sein, Sie und Harry hier zu lassen und so wegzugehen. Daran habe ich gedacht, nicht daran, ob Wasser genießbar ist oder nicht. Ich bin mehr als halb entschlossen, nicht zu gehen. Ich vermute, dass ich mir auch ohne alles andere Sorgen machen werde."

Wieder machte Mrs. Ames eine kleine Pause.

„Sie müssen tun, was Dr. Evans Ihnen sagt", sagte sie. „Ich bin sicher, er ist weder wählerisch noch pingelig."

Die Erfahrungen, die Major Ames heute Morgen mit ihm gemacht hat, haben diese Ansicht voll und ganz untermauert. Ganz sicher war er weder das eine noch das andere gewesen, was auch immer der Unterschied zwischen den beiden sein mochte.

„Nun, meine Liebe, wenn Sie und Dr. Evans einer Meinung sind", sagte er, „darf ich mich nicht gegen Sie stellen."

„Hat er dir jetzt gesagt, wohin du gehen sollst?"

„Er gab mir die Adresse seiner eigenen Unterkunft."

„Was für eine praktische Vereinbarung! Nun, meine Liebe, ich bitte dich, keine Zeit zu verschwenden. Schicken Sie ein Telegramm ab, bezahlen Sie die Antwort, und wir verabschieden Sie morgen. Ich bin sicher, dass es das Richtige ist."

Plötzlich überkam Major Ames die schmerzlich reale Überzeugung, dass er sich ungezogen verhielt. Das Gefühl war für ihn so völlig neu, dass er es am liebsten auf eine Gichtsucht an einem anderen Ort zurückgeführt hätte — zum Beispiel im Gewissen, denn er konnte kaum glauben, dass er sich eines armseligen Verhaltens bezichtigen sollte. Er hatte das Gefühl, dass da ein Irrtum vorliegen musste. Er wünschte fast, Amy hätte Schwierigkeiten gemacht; dann wäre da noch die kompensatorische Vorstellung gewesen, dass sie sich auch schlecht benahm. Aber sie hätte sich nicht argloser und mitfühlender verhalten können; Sie schien es nicht für unwahrscheinlich zu halten, dass Dr. Evans Harrogate beraten hatte, und es bestand kein Zweifel daran, ob es ratsam war, seinem Rat zu folgen. Es war ihm fast unangenehm, dass die Dinge so angenehm gemacht wurden.

Doch dann verschwand dieser heilsame Eindruck, denn alles, was nach Selbstvorwürfen roch, konnte in seinem Geist nicht lange Halt finden. Stattdessen stellte er sich vor, wie er am Bahnhof Harrogate die Familie Evans begrüßte. Sie würde nach der Reise wahrscheinlich ziemlich müde und zerbrechlich aussehen, aber er würde ein Taxi für sie bereithalten und Tee würde auf sie warten, wenn sie die Unterkunft erreichten ...

KAPITEL IX

EINE WOCHE später saß Mrs. Ames beim Frühstück, Harry ihr gegenüber, und erwartete die Frühpost, und unter den Geschenken der Frühpost befand sich ein Brief ihres Mannes. Er hatte sehr bald nach seiner Ankunft in Harrogate einen geschrieben, in dem er sagte, dass es ihm bereits besser ginge. Das Wasser konnte, wie Amy vermutet hatte, nicht als angenehm bezeichnet werden, da seine Zusammensetzung hauptsächlich aus den besonderen Zutaten bestand, die faulen Eiern ihren charakteristischen Geschmack verliehen, aber was, so sagte der Tapfere, machte einen schlechten Geschmack im Mund aus? Wenn du wüsstest, dass es dir gut tut? Ein hervorragendes Band regte zum Schlucken dieser unangenehmen Flüssigkeit an, und zur Mittagszeit war das Baden und Trinken für den Tag vorbei. Er freute sich auf die Ankunft der Evans; Es wäre schön, jemanden zu sehen, den er kannte. Er würde in wenigen Tagen wieder schreiben.

Die Post ist angekommen; Da war ein Brief für sie in der großen, weitläufigen Handschrift des Majors, und sie öffnete ihn. Aber es war kaum ein Brief: Eine Blase voller Schimpfwörter bedeckte die rauchenden Seiten … und die Evans – zwei von ihnen – waren angekommen.

Mrs. Ames' kleines, krötenähnliches Gesicht drückte selten mehr als damenhafte Gelassenheit aus, aber wenn Harry seine Mutter beobachtet hätte, hätte er vielleicht gedacht, dass darin eine Spur von Belustigung schwebte.

„Ein Brief von deinem Vater", sagte sie. „Eher ein besorgter Brief. Ich glaube, das Heilmittel wirkt schwächer und führt dazu, dass man sich unwohl fühlt."

Harry sah ziemlich gelb und zerzaust aus. Er war in der Nacht zuvor sehr lange aufgestanden, und die Suche nach Reimen war besonders ermüdend und erfolglos gewesen.

„Mir geht es auch überhaupt nicht gut", sagte er. „Und ich glaube nicht, dass es Cousine Millie gut geht."

"Warum?" fragte Frau Ames gelassen.

„Ich habe sie gestern besucht und sie ist nicht erschienen. Sie schien schrecklich überrascht zu sein, als sie hörte, dass Vater nach Harrogate gegangen war."

„Ich nehme an, Dr. Evans hatte es ihr nicht gesagt", bemerkte Mrs. Ames. „Bitte rufen Sie sie nach dem Frühstück an, Harry, und bitten Sie sie, heute Abend mit uns zu essen."

"Ja. Wie neugierig sind doch Frauen! An einem Tag scheinen sie sich so zu freuen, dich zu sehen, an einem anderen Tag bist du für sie nicht mehr als Schaum auf einer gebrochenen Welle."

Dies war eines der Fragmente der letzten Nacht.

„Auf einem kaputten Was?" fragte Frau Ames. Das Rascheln des Blattes der *Morning Post* hatte dazu geführt, dass sie es nicht hörte. Ihre Anfrage hatte keine sarkastische Absicht.

„Das spielt keine Rolle", sagte Harry.

Seine Mutter sah zu ihm auf.

„Ich sollte eine kleine Dosis nehmen, Liebes", sagte sie, „wenn du so fühlst. Die Hitze macht uns allen manchmal zu schaffen. Könntest du jetzt bitte anrufen, Harry? Dann weiß ich, was ich zum Abendessen bestellen soll."

Mrs. Ames' Natur war unbestreitbar einfach; Auf der runden, glatten Oberfläche ihres Lebens gab es keine nebligen Tiefen oder merkwürdigen, schwach beleuchteten Spalten, aber gelegentlich sind einfache Naturen zu merkwürdig komplexen Gefühlen fähig, die umso schwerer zu fassen sind, weil sie selbst nicht in der Lage sind, genau zu registrieren, was sie fühlen. Sicherlich sah sie einen Zusammenhang zwischen der Nichterscheinung der lieben Millie in Harrogate und dem hitzigen Brief ihres Mannes. Sie hatte auch einen Zusammenhang zwischen der Entscheidung der lieben Millie, den August in Riseborough zu verbringen, und ihrer Überzeugung, dass Major Ames dies auch tun würde, vermutet. Aber die Vollständigkeit des Fiasko raubte ihr den Groll, den sie sonst vielleicht empfunden hätte: Es war unmöglich, auf so traurige Verschwörer wütend zu sein. Gleichzeitig verspürte sie im Hinblick auf ihren Mann die lebhafteste innere Befriedigung über seine glühende Mitteilung und las sie noch einmal durch. Der Gedanke an ihre eigene beleidigte oder besser gesagt unbemerkte Verjüngung machte dies noch deutlicher; sie hatte das Gefühl, dass er „ausgeliefert" worden war. Sie verdächtigte ihn nicht einen Moment lang, etwas anderes als die unschuldigsten Flirts begangen zu haben, und sie war geneigt, der lieben Millie zuzuschreiben, dass sie solche Flirts provoziert hatte. Zu diesem Zeitpunkt muss es auch für beide vereitelten Parteien völlig klar gewesen sein, dass sie sich ihrer vergeblichen Absichten voll bewusst war; Offensichtlich bestand ihre eigene *Beau-Rolle darin* , sich dessen völlig unbewusst zu sein und unbewusst jedem von ihnen mit lächelndem Gesicht böse kleine Stiche zu verpassen. „Sie haben sich albern gemacht", drückte sie ihr nachsichtiges Urteil über die ganze Angelegenheit aus. Dann verspürte sie auf eine seltsam weibliche Art eine Art heimlichen Stolz auf ihren Mann, der die Männlichkeit besessen hatte, mit der Frau eines anderen zu flirten, wenn auch nur sanft; aber sofort folgte der Groll darüber, dass er keine Neigung gezeigt hatte, mit den Seinen zu flirten, als sie ihn ermutigt hatte. Aber er hatte sich jedenfalls die hübscheste Frau in Riseborough ausgesucht, und er war der hübscheste Mann.

Aber ihre Stimmung änderte sich; Jedenfalls erschien der Gedanke, ihm ein paar fiese kleine Spritzen zu verabreichen, in einem immer verlockenderen Licht. Die beiden Dummköpfe wollten nach ihrer eigenen Musik tanzen; Sie sollten stattdessen zu ihrem Tanz tanzen, und um ihre eigene Melodie anzustimmen, schrieb sie sofort Folgendes an ihren Mann.

„ MEIN LIEBSTER LYNDHURST ,

„Ich kann Ihnen gar nicht sagen, wie froh ich war, Ihre beiden Briefe zu bekommen und zu wissen, wie viel Gutes Harrogate Ihnen tut. Was für eine hervorragende Sache, dass Sie zu Dr. Evans gegangen sind (bitte erinnern Sie sich an mich) und dass er so stark darauf bestanden hat, dass Sie sich gründlich in die Hand nehmen.“

Sie hielt einen Moment inne und fragte sich, wie stark diese Beharrlichkeit genau gewesen war. Es war möglich, dass es nicht sehr stark war. Umso mehr Grund, das Urteil stehen zu lassen. Sie unterstrich nun die Worte „so stark“.

„Natürlich ist das Wasser widerlich, und ich behaupte, dass ich es fast riechen kann, wenn ich Ihre anschauliche Beschreibung lese, aber wie Sie in Ihrem ersten Brief sagten, was ist ein schlechter Geschmack im Mund, wenn man weiß, dass es einem schadet Gut? Und Ihr zweiter Brief überzeugt mich davon, wie richtig Sie waren, und wenn Dinge wie Gicht auftreten, fühlen Sie sich natürlich ein wenig niedergeschlagen und besorgt. Ich möchte, dass Sie den ganzen August dort bleiben und es gründlich loswerden.

„Hier verstehen wir uns sehr gut und ich bin so froh, dass ich nicht ans Meer gegangen bin. Millie ist hier, wie Sie wissen, und wir sehen viel von ihr. Sie kommt ständig vorbei, *en fille* , wie man es wohl nennen würde, ist bester Laune und sieht so hübsch aus. Aber ich fühle mich wegen Harry nicht ganz wohl (das ist privat). Er fühlt sich sehr zu ihr hingezogen, und sie scheint mir nicht sehr klug im Umgang mit ihm zu sein, denn sie scheint ihn in seiner Albernheit zu ermutigen. Vielleicht werde ich mit ihr darüber reden, und doch möchte ich es kaum.“

Wieder machte Mrs. Ames eine Pause: Sie hatte keine Ahnung, dass sie bei der Verabreichung dieser Impfungen so ein brillantes Gespür hatte. Was sie sagte, war vielleicht nicht ganz zutreffend, aber es hatte durchaus Sinn.

„Ich erinnere mich auch daran, was Sie gesagt haben, dass es für einen Jungen so gut sei, sich mit einer durch und durch netten Frau einzulassen, und dass es ihn davor bewahrte, Unfug zu treiben. Ich bin mir sicher, dass Harry ihr allerlei Gedichte schreibt, denn er seufzt viel und hat einen sehr tintenschwarzen Zeigefinger, wofür ich ihm Bimsstein gebe. Aber wenn sie keine so nette Frau wäre und so weit von so etwas wie Flirtverhalten entfernt wäre, würde ich mich verpflichtet fühlen, mit Harry zu sprechen und ihn zu warnen. Sie scheint sehr glücklich und fröhlich zu sein. Ich gehe davon aus, dass es ihr wie mir geht und sie sich darüber freut, dass Harrogate ihrem Mann Gutes tut.

„Schreiben Sie mir bald noch einmal, mein Lieber, und geben Sie mir noch einmal einen ausgezeichneten Bericht über sich selbst. War es nicht seltsam, dass Sie sich entschieden haben, nach Harrogate zu gehen, als Millie sich dagegen entschied? Wenn Sie nicht so gute Freunde wären, würde man meinen, Sie wollten einander aus dem Weg gehen! Nun, ich muss aufhören. Millie speist mit uns und ich muss das Abendessen bestellen.“

Sie las das Geschriebene mit beachtlichem Inhalt durch. „Das wird schlimmer sein als die Gewässer von Harrogate“, dachte sie bei sich, „und genauso gut für ihn.“ Und dann, mit einer gewissen Größe, die sich hinter all ihren Kleinigkeiten verbarg, verdrängte sie die ganze alberne Angelegenheit praktisch aus ihrem Kopf. Aber sie benutzte weiterhin die rein natürlichen Mittel zur Wiederherstellung der Haarfarbe und klopfte und betupfte ihre Augenwinkel mit der wundersamen Hautnahrung. Das war eine prophylaktische Maßnahme; Sie wollte nicht als „Schreckgespenst“ wirken, als Lyndhurst aus Harrogate zurückkam.

Mrs. Ames war sich bewusst, dass der berühmte Kostümball ihr in ihrer Eigenschaft als Königin der Gesellschaft in Riseborough einen gewissen Prestigeverlust eingebracht hatte. Es folgte unmittelbar auf ihre Erfindung, Mann und Frau getrennt zum Abendessen einzuladen, und hatte ihrer Leistung etwas den Glanz genommen, und tatsächlich war letztere nicht so bahnbrechend gewesen, wie sie erwartet hatte. In den letzten ein oder zwei Wochen hatte sie das Gefühl, dass etwas Neues von ihr verlangt wurde, aber wie so oft stellte sie fest, dass das Erkennen einer solchen Wahrheit nicht unbedingt zur Entdeckung der Neuheit führt. Vielleicht brachte Lyndhursts erbärmliches Verhalten, das zu Überlegungen über ihre eigene überlegene Weisheit führte, sie auf den Weg, denn etwa zu dieser Zeit begann sie, sich erneut für die Suffragettenbewegung zu interessieren, die, wie sie in den Zeitungen sah, produktiv war solche abenteuerlichen Alarums in London. Sie selbst war von Natur aus im Wesentlichen gesetzestreu, und obwohl sie im Gegensatz zu Lyndhurst Frauen gegenüber sympathisch eingestellt war, die das Wahlrecht wollten, hatte sie einmal gesagt, dass es an sich undamenhaft sei, Premierminister mit Steinen zu bewerfen, und sich nur auf die Wählerstimmen stützte Die Täter lenken die Aufmerksamkeit der Polizei auf sich selbst und nicht auf die Aufmerksamkeit der Öffentlichkeit für das Problem. Aber eine Wiederholung ähnlicher Taten im letzten Sommer hatte sie dazu gebracht, sich zu fragen, ob sie zu diesem Thema wirklich das letzte

Wort gesagt oder den letzten Gedanken gedacht hatte. Sicherlich hatte das sensationelle Interesse an solchen Gewalttaten sie dazu gebracht, sich über die Stärke der Gefühle zu wundern, die sie dazu veranlassten. Anscheinend benahmen sich Damen, deren Abstammung – bei Mrs. Ames immer ein wichtiges Wort – sie nicht in Frage stellen konnte, wie Hooligans. Die Angelegenheit interessierte sie an sich, abgesehen von ihrem möglichen Wert als Neuheit für den Herbst. Auch eine Wahl sollte voraussichtlich im November stattfinden. Bisher hatte der Teil von Riseborough, in dem sie lebte, seine Ruhe nicht durch politische Aufregungen stören lassen, sondern wie ein Mann im Schlaf schläfrig einem konservativen Abgeordneten zugestimmt. Aber was wäre, wenn sie in einer politischen Agitation die Führung übernehmen würde und wenn sie ein Suffragetten-Element in die Wahl einbringen würde? Das war eine solidere Angelegenheit, als dass eine Menge Kleopatras in einem Hintergarten herumhüpfte.

Sie hatte schon immer ein gewisses Interesse an der Bewegung verspürt, aber es war der Wunsch, für den Herbst etwas Neues zu schaffen, sozusagen gespickt mit Ungeduld angesichts des vergeblichen Verrats der Harrogate-Pläne ihres Mannes und dem Ehrgeiz, eine Linie zu vertreten Als sie gegen ihn kämpften, präsentierten sie ihr ihren Kreuzzug in einem ernsten Licht. Sie hatte bisher geglaubt, dass die militanten Kreuzfahrer von einem seltsamen Wahnsinn befallen seien, und der männliche Kommentar ihres Mannes: „Sie sollten gut geschlagen werden, bei Jupiter!" hatte den Klang von gesundem Menschenverstand, zumal er zugunsten der Kreuzfahrer mit höherem sozialen Rang hinzufügte: „Sie sind wahrscheinlich verrückte, arme Dinger."

Aber in diesem ruhigen Augustmonat wurde ihr ernsteres Interesse geweckt, und sie kaufte, wenn auch heimlich, die Literatur in Form kleiner Traktate und Adressen, die zu diesem Thema zugänglich war. Und langsam, obwohl immer noch der Wunsch nach einer Herbstneuheit, die die Erinnerung an die Gemeinden von Kleopatras in den Schatten stellen würde, eine treibende Kraft in ihrem Kopf war, begann etwas von der wahren Gärung in ihr zu brodeln, und sie erfuhr durch private Nachforschungen, was die Suffragette war Farben waren. Natürlich war die Einführung einer abstrakten Idee in ihren Geist ein mühsamer Prozess, da ihr Leben jahrelang aus einer endlosen Kette kleiner konkreter Ereignisse bestanden und unter Menschen gelebt hatte, die noch nie eine abstrakte Idee wild erlebt hatten, genauso wenig wie sie hatte einen Elefanten in einem echten Dschungel gesehen. Es war immer gezähmt und aß Brötchen, wie im Zoo, genauso wie ihnen andere Ideen aufgepeppt durch die Kolumnen der Tageszeitungen kamen. Aber hinter dem gehorsamen Stamm lauerte ein wildes Ding; Hinter den Berichten über lächerliche Auftritte im Palace Yard in Westminster verbarg sich etwas Wildes.

Der August war immer noch schwül und Major Ames war immer noch in Harrogate, als sie und Harry eines Abends mit Millie speisten. Da sich in diesem verlassenen Monat in Riseborough nichts Wesentliches ereignete, konnte die einleitende Diskussion darüber, welche Ereignisse seit ihrem letzten Treffen in der High Street an diesem Morgen stattgefunden hatten, nicht weiter ausgebaut werden. Keiner von ihnen hatte das Flugzeug gesehen, das vermutlich am Nachmittag über der Stadt geflogen war, und niemand hatte etwas von Frau Altham gehört. Dann feuerte Mrs. Ames den Schuss ab, der Riseborough in Rauch und Schwefel versetzen sollte.

„Lyndhurst und ich", sagte sie, „waren nie einer Meinung über die Suffragetten, und jetzt, wo ich etwas über sie weiß, bin ich anderer Meinung als je zuvor."

Millie sah leicht schockiert aus: Sie dachte an Suffragetten wie an die Personen, die in den Polizeinachrichten auftauchen. Tatsächlich taten sie es oft. Sie wusste, dass sie über etwas abstimmen wollten, aber das war praktisch alles, was sie wusste, außer dass sie ihren Wahlwunsch dadurch zum Ausdruck brachten, dass sie andere schlugen.

„Ich weiß nichts über sie", sagte sie. „Aber sind sie nicht sehr undamenhaft?"

„Sie sind eine Schande für ihr Geschlecht", sagte Harry. „Wir haben sie bald dazu gebracht, Cambridge zu verlassen! Sie versuchten, ein Treffen im Hintergrund abzuhalten, aber ich und ein paar andere gingen dorthin und — nun ja, man hörte nicht mehr viel von ihnen. Ich nenne sie überhaupt nicht Frauen. Ich nenne sie Weibchen."

Mrs. Ames hatte gute Gründe, in dem Bericht ihres Sohnes über seine Heldentaten eine Romanze zu vermuten.

„Erzähl mir genau, was hinten in Cambridge passiert ist, Harry", sagte sie.

Harry zog sich leicht zurück.

„Es gibt nicht viel zu erzählen", sagte er. „Unser Verein fühlte sich verpflichtet, zu protestieren, und wir sind, wie gesagt, dorthin gegangen. Es schien sie ein wenig einzuschüchtern!"

„Und dann sind die Aufseher gekommen und haben Sie eingeschüchtert?" fragte seine unerbittliche Mutter.

„Ich glaube, dass ein Aufseher gekommen ist; Darauf habe ich nicht gewartet. Sie haben jedenfalls ein perfektes Fiasko gemacht. Sie sagten mir, es sei alles völlig gescheitert, und wir hörten nichts mehr davon."

„Das war also alles?" sagte Frau Ames.

„Und das reicht völlig aus. Ich stimme Vater zu. Sie entehren ihr Geschlecht!"

„Meine Liebe, du weißt genauso wenig darüber wie dein Vater", sagte sie.

„Aber sicherlich das Urteil eines Mannes –" sagte Millie und warf Harry einen schwachen Blick zu.

„Liebe Millie, das Urteil eines Mannes hat keinen Wert, wenn er nichts darüber weiß, was er urteilt. Wir haben alle Berichte in den Zeitungen gelesen und gehört, dass sie sehr gewalttätig sind und sich an unbequeme Orte wie Geländer ketten und von Polizisten abgeführt werden. Manchmal geben sie den Polizisten eine Ohrfeige, aber es muss doch irgendetwas dahinter stecken, das sie so macht. Ich finde heraus, was es ist. Es ist alles höchst interessant. Sie sagen, dass sie ihre Abgaben und Steuern zahlen müssen, aber keine Privilegien bekommen. Wenn ein Mann Zinsen und Steuern zahlt, bekommt er eine Stimme, und warum sollte eine Frau das nicht tun? Es ist alles sehr gut ausgedrückt. Sie scheinen mir genauso gut zu denken wie ein Mann. Ich möchte noch viel mehr darüber herausfinden. Persönlich zahle ich keine Gebühren und Steuern, denn das ist Lyndhursts Angelegenheit, aber wenn wir uns anders geeinigt hätten und ich das Haus sowie die Gebühren und Steuern bezahlt hätte, warum sollte ich dann nicht an seiner Stelle eine Stimme haben? Und soweit ich weiß, hat der Gärtner eine Stimme, genau wie Lyndhurst, obwohl Lyndhurst die gesamte Gartenarbeit übernimmt und Parkins nicht die Blumen berühren lässt."

Mrs. Evans seufzte.

„Es scheint alles sehr verwirrt und auf den Kopf gestellt zu sein", sagte sie. „Rauchen Sie, Harry, wenn Sie Lust dazu haben. Willst du eine Zigarette, Cousine Amy? Ich fürchte, ich habe keine. Ich rauche nie."

Harry war ein wenig verärgert über den Umgang seiner Mutter und war nicht abgeneigt, zurückzuschlagen.

„Ich wusste nie, dass Mutter raucht", sagte er. „Rauchst du, Mutter? Wie entzueckend! Wie orientalisch! Ich wusste nie, dass du orientalisch bist. Ich dachte immer, Sie sagten, es sei für Frauen nicht böse, zu rauchen, sondern nur abscheulich. Seien Sie schrecklich. Ich bin sicher, dass Suffragetten rauchen."

Mrs. Ames warf Millie einen flehenden Blick zu und flehte um Vertrauen. Dann hat sie gelogen.

„Liebe Millie, woran denkst du?" Sie sagte. „Natürlich rauche ich nie, Harry."

Aber der Reiz der Augen hatte keine Wirkung gezeigt.

„Aber am Abend meines kleinen Tanzes, Cousine Amy", sagte sie, „hattest du bestimmt eine Zigarette gehabt. Es hat dich zum Husten gebracht und du hast gesagt, wie schön es war!"

Mrs. Ames wünschte, sie wäre gegenüber den Suffragetten in Cambridge nicht so rücksichtslos gewesen.

„Es ist ein großer Unterschied, etwas einmal zu tun", sagte sie, „und es zur Gewohnheit zu machen." Ich glaube, ich wollte sehen, wie es ist, aber ich habe nie gesagt, dass es schön ist, und was die Ostküste betrifft, bin ich sicher froh, zum Westen zu gehören. Ich dachte immer, es sei unweiblich, und dann wusste ich es. Ich fühlte mich erst wieder, als ich meine Zähne geputzt und meinen Mund ausgespült hatte. Nun, liebe Millie, ich interessiere mich wirklich für die Suffragetten. Ihre Forderungen sind vernünftig, und wenn wir unvernünftig sind, sie zu erfüllen, müssen sie auch unvernünftig sein. Seit Jahren sind sie vernünftig und niemand hat ihnen Beachtung geschenkt. Was bleibt ihnen anderes übrig, als gewalttätig zu sein und Aufmerksamkeit zu erregen? Es ist alles so gut ausgedrückt; Sie können nicht umhin, interessiert zu sein."

„Wilfred würde niemals zulassen, dass ich einen Polizisten schlage", sagte Milly. „Und ich glaube nicht, dass ich es schaffen könnte, selbst wenn er es wollte."

„Aber es ist nicht das Ziel der Bewegung, Polizisten zu schlagen", sagte Frau Ames. „Es tut ihnen sehr leid, dass sie –"

„Es tut ihnen danach noch mehr leid", sagte Harry.

Mrs. Ames warf ihrem Sprössling einen kleinen, verwelkten Blick zu.

„Wenn du abgewartet hättest, was sie zu sagen hatten, anstatt wegzulaufen, bevor der Aufseher kam", sagte sie, „hättest du vielleicht ein wenig über sie erfahren, mein Lieber. Es tut ihnen hinterher überhaupt nicht leid; Sie gehen ganz fröhlich ins Gefängnis, auch in der zweiten Abteilung, was furchtbar unangenehm ist. Und viele von ihnen wurden genauso luxuriös erzogen wie jeder von uns."

„Ich könnte nicht ins Gefängnis gehen", sagte Frau Evans schwach, aber bestimmt. „Und selbst wenn ich es könnte, wäre es sehr falsch von mir, denn ich bin sicher, es würde Wilfreds Praxis schaden. Menschen möchten nicht zu einem Arzt gehen, dessen Frau im Gefängnis war. Sie könnte etwas gefangen haben. Und Elsie würde sich so für mich schämen."

Mrs. Ames stieß den unterdrückten Seufzer aus, der für sie üblich war, als Lyndhurst sich darüber beschwerte, dass das Wasser für sein Bad nicht heiß sei, obwohl sie wusste, dass der Küchenboiler gereinigt wurde.

„Aber du musst nicht ins Gefängnis gehen, um Suffragette zu werden, liebe Millie", sagte sie. „Das Gefängnisleben gehört nicht zu den Zielen der Bewegung."

Mrs. Evans wirkte schüchtern und entschuldigend.

„Ich wusste es nicht", sagte sie. „Es ist so interessant, das zu erfahren. Ich dachte, alle Mutigen würden ins Gefängnis gehen und nach ihrer Entlassung gemeinsam frühstücken. Ich bin mir sicher, dass ich gelesen habe, dass sie zusammen frühstücken."

Ein schwaches Lächeln zitterte auf ihrem Mund. Sie war sich bewusst, dass Cousine Amy sie für sehr dumm hielt, und es bereitete ihr ein leichtes Vergnügen, so ziemlich idiotisch zu wirken. Es brachte Cousine Amy dazu, innerlich vor Verärgerung zu tanzen und es noch sorgfältiger zu erklären.

„Ja, liebe Millie", sagte sie, „aber ihr gemeinsames Frühstück hat nicht viel mit ihren Zielen zu tun —"

„Das weiß ich nicht", sagte Harry; „In Cambridge gibt es einen Club, dem ich angehöre, dessen Ziel es ist, gemeinsam zu speisen."

„Dann ist es sehr gierig von Ihnen, Liebes", sagte Mrs. Ames, „und die Suffragetten sind nicht so. Sie gehen ins Gefängnis und tun für ihre Überzeugung alle möglichen undamenhaften Dinge. Sie wollen gerecht behandelt werden. Seit Jahren fordern sie Gerechtigkeit, und niemand hat ihnen die geringste Beachtung geschenkt; Jetzt locken sie die Leute dazu, teilzunehmen. Ich versichere Ihnen, dass ich, bis ich anfing, über sie zu lesen, sehr wenig Verständnis für sie hatte. Aber jetzt habe ich das Gefühl, dass alle Frauen davon wissen sollten. Sicherlich hat mir das, was ich gelesen habe, sehr die Augen geöffnet, und es gibt tatsächlich eine Menge Frauen aus sehr gutem Hause, die zu ihnen gehören."

Harry zog sein Taschentuch aus dem Ärmel seines Fracks; er bewahrte es gewöhnlich dort auf. Gerade war der Omar Khayyam Club bei den Klassenunterschieden ziemlich groß.

„Ich verstehe nicht, worauf es ankommt", sagte er. „Weil die Urgroßmutter eines Mannes zur Herzogin ernannt wurde, weil sie die Mätresse eines Königs war —"

Mrs. Evans und Mrs. Ames standen gleichzeitig auf; Wenn überhaupt, stand Mrs. Ames zuerst ein wenig auf.

„Ich glaube nicht, dass wir darauf näher eingehen müssen, Harry", sagte Mrs. Ames.

Millie milderte den Wind.

„Wirst du bald zu uns kommen, Harry?" Sie sagte. „Wenn du zu lange brauchst, werde ich dich abholen. Wir waren heute Abend politisch! Wird es dir im Garten zu kalt sein, Cousine Amy?"

Sich selbst überlassen widmete Harry mehrere Minuten lang dem Gemütszustand seiner Mutter. Trotz ihres erwachten Interesses an der Suffragettenbewegung kam sie ihm beklagenswert altmodisch vor. Aber als er das zweite Glas Portwein trank, nahmen seine Gedanken einen rosigeren Ton an und er beschloss zu warten, bis Cousine Millie kam, um ihn abzuholen. Bestimmt wollte sie, dass er das tat: Zweifellos wollte sie nur ein einziges privates Wort mit ihm sprechen. Während des Abendessens war sie ihm oft mit einem abfälligen Blick aufgefallen, als wollte sie sagen, dass dieses lästige Geschwätz über Suffragetten nicht ihre Schuld sei. Er hatte das Gefühl, dass sie sich verstanden...

Über der Anrichte befand sich ein großer Chippendale-Spiegel, und er stand vom Tisch auf und betrachtete den oberen Teil seines Körpers, der sich darin spiegelte. Eine Haarsträhne fiel ihm in die Stirn; Man könnte es mit Recht als Wolke bezeichnen. Er schien ein äußerst interessantes Gesicht zu haben, ungewöhnlich und fesselnd. Auch er war interessant und charakteristisch gekleidet, mit einem Byron typisch niedrigen Kragen, einem weichen Rüschenhemd und anstelle einer Weste einen schwarzen Kummerbund. Dann bestieg er hastig einen Stuhl, um seine ganze schlanke Gestalt zu sehen, die so schlank wirkte. Es war ärgerlich, dass in diesem Moment kritischer Wertschätzung ein Stubenmädchen vorbeischaute, um zu sehen, ob sie wegräumen konnte ...

Es gibt nichts, was den Individualismus in irgendeiner Form so bestätigt wie Perioden vergleichsweiser Einsamkeit. Bei Männern kann eine solche Bestätigung durch die Langeweile ihres Geschlechts beeinträchtigt werden, aber Frauen, die seltener Opfer dieses lähmenden Gefühls werden, wenn die Anforderungen, die Haushaltspflichten und häusliche Kameradschaft an sie stellen, wegfallen, geraten sehr schnell in diese lähmende Emotion die Königreiche ihrer selbst. Dieser Prozess war gerade bei Millie Evans sehr stark am Werk; Oberflächlich betrachtet waren ihre Gelassenheit und ihre bedeutungslose Glätte unverändert, so dass sich Mrs. Ames jedenfalls fast fragte, ob sie recht gehabt hatte, als sie ihr irgendeine Beteiligung an den Harrogate-Plänen zugeschrieben hatte, so ungerührt war ihre fade und ehrerbietige Herzlichkeit, aber tief unten Sie erforschte sich selbst und entdeckte eine Gefühlsfähigkeit, die sie durch ihre Intensität in Erstaunen versetzte. Ihr ganzes Leben lang hatte sie sich damit begnügt, Emotionen zu wecken, ohne sie mit anderen zu teilen, und es gefiel ihr, Männer zu sehen, die ihr Aufmerksamkeit schenkten, sie mochte es, wenn sie sich von ihr angezogen fühlten und zur Zärtlichkeit neigten. So waren sie interessanter, und sie sonnte sich sanft in der Wärme ihres Scheins, wie eine Eidechse an der Wand. Sie hatte nicht mehr als das gewollt; Sie war eine Eidechse, kein Vampir, und sich auf der Wand zu sonnen und dann wieder sanft in eine Felsspalte zu gleiten, schien völlig ausreichende Übung für ihre Gefühle zu sein. Zum Glück oder zum Unglück (diejenigen, die Ruhe und vollkommene Seriosität für das Ziel der Existenz halten, würden das erstere Adverb bevorzugen, diejenigen, die denken, dass die Entwicklung der Individualität das Risiko einer kleinen Sensation wert ist, das letztere) hatte einen Mann geheiratet, der wenig verlangte oder nichts weiter, als sie zu geben bereit war. Er hatte keine unruhige Verzückung erwartet, sondern ein gemütliches Zuhause mit einer „kleinen Frau", die immer da war, gut gelaunt wie Millie und fröhlich und geschmeidig, wie sie es immer gewesen war, abgesehen von einem Dutzend Ausnahmen, wenn die ruhige Präzision ins Spiel kam . Vom Temperament her war er fast so unentwickelt wie sie, und die Ehe war, wie man sagt, eine sehr vernünftige. Aber solch vernünftige Ehen ignorieren die Tatsache, dass Menschen, wie die Küsten der Bucht von Neapel, periodisch vulkanischen Ursprungs sind, und die Siedler dort gehen davon aus, dass ihr kleiner Besitz, weil an der Oberfläche keine schwefelhaltigen Spuren aufgetaucht sind, im Wesentlichen ruhig ist, und vernachlässigt das Tatsache ist, dass hin und wieder mit emotionalen Störungen zu rechnen ist. Aber weil viele ruhige Jahre ungestört vergangen sind, glauben sie, dass die menschlichen und natürlichen Feuer aufgehört haben zu schwelen und unter den Wurzeln ihrer angenehmen Weinreben und Olivenbäume nicht mehr lebendig sind. Ihr ganzes Leben lang war Millie Evans wie eine dieser stillen Siedlungen gewesen; Jetzt, als sie das mittlere Alter erreichte, begann sie die Bewegung der Lebenskräfte zu spüren. Die Oberfläche ihres Lebens war noch ungestört, sie ging mit ihrer gewohnten Sorgfalt den bescheidenen Geschäften des Haushalts nach, und in den Wochen dieses einsamen Augusts strickte sie ein paar Krawatten für ihren Mann und las ein paar Romane aus der Umlaufbibliothek , mit einem Interesse, das nicht deutlich schwächer war als gewöhnlich. Doch unter der Erde herrschte reges Treiben, auch wenn an der Oberfläche keine feuerspeienden Spalten zu erkennen waren. Unterbewusst webte sie Bilder und Träume, ohne zu wissen, dass aus solchen Träumen unweigerlich die Ereignisse und Taten des Lebens entstehen. Sie hatte sich selbst kaum eingestanden, dass ihre Pläne für August schief gelaufen waren: Die Überzeugung, dass Lyndhurst Ames gichtkrank gewesen war und Harrogate pünktlich zu dem Zeitpunkt benötigt hatte, als er wusste, dass sie dort erwartet werden würde, korrigierte sie hinreichend. Die Absicht hat das Scheitern der Ereignisse mehr als wettgemacht.

Heute Abend, als ihre beiden Gäste gegangen waren, geschah der unvermeidliche Schritt: Ihre unkontrollierten Impulse wurden stärker und eindeutiger, und aus dem nebligen Unterbewusstsein ihres Geistes flammte die Störung nach oben ins Licht ihres Alltagsbewusstseins. Mit echter Flamme stieg es auf; es war keine einsame Vorstellung von ihr, die es entfacht hatte; Sie wusste, dass er ein bewusster Partner war, und sie hatte als Zeichen die Erinnerung daran, dass er sie geküsst hatte. Irgendwie bedeutete das tief in ihrem erwachenden Herzen etwas Erstaunliches für sie. Damals war es noch nicht bewusst gewesen, aber es war wie die Berührung von etwas Ätzendem, Süßem und Saurem, das sich eingegraben hatte, sie gefressen und sie dennoch gefüttert hatte. Bisher schien es wenig Bedeutung zu haben, jetzt verleiht es ihm eine ungeheure Bedeutung. Wahrscheinlich bedeutete es ihm wenig; Männer machten solche Dinge leicht, aber es war das, was sich in ihr eingegraben hatte und einen so unbedeutenden Eingang ermöglichte, aber so weit durchdringend war. Es war kein Beweis dafür, dass er sie liebte, aber es war zu einem Zeichen dafür geworden, dass sie ihn liebte. Sonst hätte es nicht passieren können. Am Anfang war etwas Endgültiges. Dann hatte er sie am Abend des Kostümballs ein zweites Mal geküsst. Er hatte das einen Cousinenkuss genannt, und sie lächelte bei dem Gedanken daran, denn es zeigte, dass es einer Rechenschaftspflicht und einer Entschuldigung bedurfte. Sie verspürte eine Art Zärtlichkeit für diese flatternde, mit gebrochenen Flügeln versehene Täuschung, so durchsichtig, so nicht trügerisch. Wenn Cousins sich küssten, erinnerten sie sich im Nachhinein nicht mehr an ihre Beziehung, insbesondere wenn es keine Beziehung gab. Er hatte sie nicht geküsst, weil sie eine Art Cousine seiner Frau war.

Dennoch wäre es kaum zutreffend, zu sagen, dass er sie geküsst hatte. Zweifellos war es sein Kopf, der sich bei diesem ersten Mal unter dem Maulbeerbaum zu ihrem gesenkt hatte, während sie passiv blieb und wartete. Aber sie war es, die ihn dazu gebracht hatte, und sie freute sich über den sanften Zwang, den sie ihm auferlegt hatte. Schon als sie heute Abend daran dachte, funkelten ihre Augen. „Er konnte nicht anders", sagte sie sich. „Er konnte nicht anders."

Aus dem abgeschiedenen, klösterlichen Zwielicht ihrer Seele war etwas hervorgetreten, das dort ihr ganzes Leben lang geschlummert hatte, etwas Heidnisches, etwas, das weder Skrupel noch Reue fähig war und so morallos war wie eine Nymphe oder ein Bacchanal auf einem griechischen Fries. Es schien ihr kein Problem zu sein, die Traditionen und Prinzipien, nach denen sie all die Jahre gelebt hatte, in Frage zu stellen oder sich ihnen zu widersetzen; es schien nichts von ihrer Existenz zu wissen, oder es waren höchstens Schatten, die in substanzlosen Streifen auf einem sonnenbeschienenen Bürgersteig lagen. Im Moment stand es zitternd und ruhig da, wie eine Motte, die kürzlich aus ihrer umhüllten Puppe ausgebrochen war, aber jetzt, da es herausgekommen war, würde es stärker werden, und seine zerknitterten Flügel dehnten sich zu mit Silber und Gold gefiederten Schwingen aus.

Aber sie machte keine Pläne, sie blickte kaum in die Zukunft, denn die Zukunft würde sicherlich genauso unausweichlich sein wie die Vergangenheit. Einer nach dem anderen fielen die heißen Augusttage ab wie die Blütenblätter einer Pfirsichblüte, die erst abfallen muss, bevor die Früchte anschwellen. Sie wollte ihr Absterben weder verzögern noch beschleunigen. Es blieben nur noch wenige Tage, nur noch wenige Blütenblätter, die noch fallen mussten, denn innerhalb einer Woche, so hatte ihr Mann geschrieben, würde er zurückkommen, weitaus besser für seine Heilung, und Major Ames würde mit ihm kommen. „Ich werde mich so freuen, meine kleine Frau wiederzusehen", hatte er gesagt. „Elsie und ich haben sie vermisst."

Gelegentlich versuchte sie, an ihren Mann zu denken, aber sie konnte sich nicht auf ihn konzentrieren. Sie war zu sehr an ihn gewöhnt, als dass sie ihre Gedanken emotional auf ihn richten konnte. Sie war genauso gut an Elsie gewöhnt, oder besser gesagt, genauso gut an ihre völlige Unwissenheit über Elsie. Sie hätte die Gedanken des Mädchens genauso wenig zeichnen können, wie sie ein Bild von den Zweigen des Maulbeerbaums hätte zeichnen können, unter dem sie so oft saß und das Geflecht seiner Zweige betrachtete, sie aber nie wirklich sah. Sie hatte nie das psychische Band der Mutterschaft kennengelernt; selbst die körperliche Untersuchung hatte ihr wenig bedeutet. Sie war sozusagen zufällig Elsies Mutter; und sie war nur wie ein Baum, von dem ein Gärtner einen Schnitt gemacht und ihn nahe beieinander gepflanzt hat, so dass Schössling und Mutterstamm in Sichtweite voneinander wachsen, aber ganz unabhängig voneinander, ohne das Gefühl ihrer ursprünglichen Einheit. Selbst als ihr Baby hilflos an ihrer Brust gelegen hatte und immer noch alles von ihr bezog, war das süße, innige Geheimnis des Lebens, das sie beide gemeinsam hatten, für sie nur ein geflüstertes Rätsel gewesen; Und das war lange her, seine Erinnerung war zu einem verblassten Foto geworden, das in Wirklichkeit nicht sie selbst und ihr Baby, sondern irgendeine Mutter und ihr Kind hätte darstellen können. Es war durchaus möglich, dass Elsie bald durch Heirat verpflanzt würde und sie selbst etwas mehr über Schach lernen müsste, um abends mit ihrem Mann spielen zu können.

So war bisher ihr Gefühlsleben gewesen; diese Zusammenfassung davon und seine dürftige Gesamtheit sind alles, was mit Recht zur Ehre gewürdigt werden kann. Sie mochte ihren Mann, sie wusste, dass er freundlich zu ihr war, und so war auch das Essen, das sie aß, auf seine unbelebte Art freundlich zu ihr, indem es sie nährte und unterstützte. Aber ihre Dankbarkeit dafür war frei von Emotionen; Sie war beim Frühstück nicht sentimental, denn die Aufgabe des Essens war es, Unterstützung zu geben, und die Aufgabe ihres Mannes war für sie nicht viel mehr gewesen. Weder die Ehe als auch die Mutterschaft hatten ihre Weiblichkeit erweckt. Doch da sie eine Frau war, war sie das Gefährlichste aller geschaffenen oder hergestellten Dinge, eine nicht explodierte Hülle, die sowohl sich selbst als auch jeden, der sie berührte, in Stücke sprengen konnte. Die Hülle war noch am Leben, ihr Gehäuse war nicht korrodiert und ihr Inhalt war immer noch potenziell gewalttätig. Diese Gewalt lag derzeit dunkel und still darin; seine Hülle war glatt und leicht glänzend. Es schien nur ein Spielzeug zu sein, ein Wohnzimmerschmuck; es könnte auf jedem Tisch in jedem Wohnzimmer stehen. Doch die Liebe, die ihre Gewalt in Stärke umwandeln konnte, hatte ihr Innerstes nie durchdrungen: Jetzt war ihr Deckel zugeschraubt und ihre Sicherung fixiert. Bis die Feuchtigkeit und der Verfall des Alters ihm seine Kraft raubten, würde es immer Gefahr laufen, sich selbst und seine Umgebung zu zerstören.

Dieselben Tage, die für sie gefährlich waren, vergingen für Mrs. Ames in einem *Crescendo* erwachenden Interesses. Ihr ganzes Leben lang war sie wie der Kern einer Nuss von der harten, trockenen Schale der Konventionalität umhüllt gewesen, ihr Leben war von einer Abfolge winziger Ereignisse umhüllt, und im wahrsten Sinne des Wortes hatte sie nie die Außenluft der Ideen geatmet . Wie man bemerkt hat, war sie regelmäßig Schirmherrin der St.-Barnabas-Kirche und verbrachte jede Woche ein oder zwei Stunden damit, sie mit den Produkten aus dem Garten ihres Mannes zu schmücken, vom ersten Frühling an, als die schwachen, scheuen Schneeglöckchen zur Verfügung standen Spätherbst, als die Fröste im Oktober und November die Salvias und Chrysanthemen endgültig schwarz machten. Aber all das hatte der Natur der Routine zugestimmt: Eine gewisse Bewunderung für den Pfarrer, eine leidenschaftslose Wertschätzung seines edlen, asketischen Lebens, seines starken, schlanken Gesichts und des Feuers seiner Äußerungen hatten dafür gesorgt, dass sie regelmäßig erschien und zu seinen Beiträgen beitrug Die Wohltätigkeitsorganisationen sind im Verhältnis zu ihren nicht sehr großen Mitteln recht üppig. Aber sie hatte sich nie etwas versagt, um sie zu vermehren, und die Zeit, die sie mit den Blumen verbrachte, wurde reichlich entschädigt, als sie die Verfinsterung sah, die sie aus den Stickereien von Mrs. Brooks machten, oder als die Lilien ihren orangefarbenen Pollen darauf fallen ließen zum Altartuch. Aus emotionaler Sicht war ihr jüngster Versuch, sich zu erneuern, vielleicht seltsamer gewesen, aber selbst das war eine kalkulierte und materialistische Anstrengung gewesen. Es war kein Ausdruck ihrer Liebe zu ihrem Mann oder des Wunsches gewesen, seine Liebe zu ihr zu wecken. Es war lediglich ein dekorativer Versuch, seine Aufmerksamkeit zu erregen und zu verhindern, dass sie woanders hinwanderte.

Aber jetzt, mit ihrer entfachten Sympathie für die Suffragettenbewegung, keimte in ihr das Bewusstsein einer Verwandtschaft mit ihrem Geschlecht auf, das sie bisher als eine Gruppe von Menschen betrachtet hatte, denen sie, sowohl was das Essen als auch das Essen anbelangte, etwas bedeutete Sie musste ein Vorbild und ein Gesetz sein, um korrektes soziales Verhalten zu zeigen, während selbst ihre Gastfreundschaft nicht vom Geist der Gastfreundschaft bestimmt war, sondern eher von einer Art pompöser und vornehmer Konkurrenz. Jetzt begann sie zu begreifen, dass hinter den bloßen Ereignissen des Lebens, wenn sie überhaupt etwas wert sein sollten, eine Idee stecken musste, und hinter dem Kreuzzug dieser Frau mit all seinem Rowdytum, seiner Hysterie, seinem affenähnlichen Fanatismus steckte eine Idee davon Gerechtigkeit und Schwesternschaft. Es schienen einfache Worte zu sein, und sie hätte spontan gesagt, dass sie wusste, was sie bedeuteten. Aber als sie allmählich begann, sie zu verstehen, wurde ihr klar, dass sie von ihnen genauso wenig gewusst hatte wie von dem, was Australien wirklich war. Für sie war Gerechtigkeit ein abstrakter Ausdruck, da es nur ein geografischer Ausdruck war. Aber die Bedeutung der Gerechtigkeit war denen bekannt, die um ihrer willen auf die Annehmlichkeiten und Annehmlichkeiten des Lebens verzichteten und um ihretwillen fröhlich Spott, Gefängnisleben und Missverständnisse ertrugen. Und die Dämpfe einer Idee berauschten sie für jemanden, der so gut wie nie eine davon probiert hatte, so wie frischer Wein in den Kopf eines Abstinenzlers steigt.

Ideen sind gefährliche Dinge und sollten unter Verschluss gehalten werden, aus Angst, dass die Kinder, aus denen diese Welt größtenteils besteht, sich die Finger verbrennen, weil sie denken, dass diese hellen, funkelnden Spielzeuge zum Spielen da sind. Obwohl Mrs. Ames mit ihnen nicht vertraut war, beging sie diesen Fehler nicht. Sie erkannte, dass sie, wenn sie sich wärmen und den Schein des Feuers in ihre verkrampften und gefrorenen Glieder bekommen wollte, es mit Respekt behandeln und lernen musste, damit umzugehen. Das jedenfalls war ihre Absicht, und sie besaß eine gewisse Fähigkeit zur Gründlichkeit.

In der letzten Augustwoche wurde Major Ames nach dreiwöchiger Behandlung zurückerwartet. Zunächst waren seine Erfahrungen, wie aus seinen Briefen hervorgeht, schrecklich gewesen; Das Wasser bereitete ihm Übelkeit, und das irritierende Scheitern des Plans, der der eigentliche Grund für seine Reise nach Harrogate war, verursachte bei ihm Anfälle schwacher Wut, die umso wahnsinniger waren, als sie heimlich und still ertragen werden mussten. Auch die Unterkunft, die er sich besorgt hatte, schien ihm unnötig teuer zu sein, und all dieser Goldschmuggel wurde für eine Behandlung verschwendet, die Dr. Evans ihm gesagt hatte, sie sei eigentlich völlig unnötig. Regelmäßige und glänzende Briefe seiner Frau, in denen er den in Riseborough verbrachten August lobte, trafen weiterhin ein und erfüllten ihn mit ohnmächtigem Neid. Auch er würde den August möglicherweise in Riseborough verbringen, wenn er nicht so überstürzt gewesen wäre. So wie es war, verbrachte er seine Vormittage damit, schreckliche Zugluft zu sich zu nehmen und sanft im stinkenden Wasser der Starbeck-Quelle zu schmoren: Seine Mahlzeiten waren bis zur Groteske schlicht, seine Abende verbrachte er mit albernen Geduldsspielen, während Elsie und der Arzt brüteten schweigend über ihrem Schachbrett und sagten sich in regelmäßigen Abständen „Schach". Aber durch die Tage und ihre langweilige Gleichförmigkeit herrschte eine gewisse Unruhe und Sehnsucht. Es war klar, dass Millie, genau wie er, geplant hatte, dass sie im August zusammen sein sollten, aber sein Wunsch nahm ihn nicht gefangen, sondern machte ihn eher unruhig und ängstlich hinsichtlich der Zukunft. Er wusste nicht einmal, ob er in sie verliebt war; er wusste nicht einmal, ob er es sein wollte. Der Gedanke an sie regte seine Fantasie an, und er konnte sich vorstellen, wie er sich in sie verliebte. Gleichzeitig war er sich nicht sicher, ob er sich, wenn die letzten zwei Monate noch einmal durchlebt werden könnten, in die Lage versetzen würde, in der er sich jetzt befand sich selbst gefunden. In seinem Herzen war weder Eifer noch irgendetwas Zwanghaftes; zwar wurde etwas erhitzt, aber es schwelte und rauchte nur. Es hatte die Natur eines solchen Feuers, wie es in Heuhaufen ausbricht: Es entstand aus der Verstopfung und der beengten Enge und war so unterschiedlich, wie zwei Dinge derselben Natur nur sein können, vom schnellen Zischen und der lobenswerten Flamme, die von der Sonne und der Brise entzündet wird -gespeiste Flamme. Es beunruhigte und verärgerte ihn; Er konnte nicht nüchtern an die Bilder glauben, die seine Fantasie von seiner unwiderstehlichen Liebe zu ihr zeichnete: Ihre Farbe verblasste schnell, ihre Umrisse waren schwankend und unsicher. Und der Hintergrund war noch schwieriger auszufüllen ... wie sollte die Komposition arrangiert werden? Wo würde Amy stehen? Welchen Aspekt würde Riseborough tragen? Und dann, nach langem Schweigen, sagte Elsie „Check."

Major Ames sollte kurz nach vier Uhr nachmittags in Riseborough eintreffen, und Mrs. Ames war bemüht, zu dieser Stunde zu Hause zu sein, um ihn zu begrüßen und ihm Tee zu geben, und hatte Harry überredet, zum Bahnhof hinaufzugehen, um ihn abzuholen . Sie hatte eine bezaubernde Blumendekoration zusammengestellt, um den Raum hell zu machen, und noch ein paar Vasen davon in seinem Ankleidezimmer aufgestellt. Es dauerte nicht lange, bis ein Taxi mit seinem Gepäck vom Bahnhof kam, aber weder er noch Harry besetzten es. Daher war es naheliegend, zu dem Schluss zu kommen, dass sie hinuntergingen, und sie kochte Tee, da sie nicht viele Minuten hinter dem gemächlichen Vierrad zurückbleiben würden. Sie wollte ihm ganz besonders eine glückliche und angenehme Rückkehr ermöglichen: Er durfte nicht denken, dass sie, weil diese Suffragettenbewegung sie so sehr beschäftigte, nachlässig werden würde, wenn es um ihn ginge. Doch die Minuten vergingen, und sie nahm selbst eine Tasse Tee und stellte fest, dass der Tee bereits adstringierend wirkte. Was ihn hätte aufhalten können, konnte sie nicht erraten, aber er hätte sich auf jeden Fall noch einen Tee aufbrühen lassen sollen, denn er hasste das, was er in Momenten der Verärgerung „Tinktur aus Tannin" nannte. Es schlug fünf Uhr und die darauf folgenden zwei Viertelstunden. Zuvor hatte sich in ihrem Kopf eine Vermutung gebildet.

Dann ertönte das Klappern seines Hutes und seines Stockes im Flur und das Klappern der Türklinke, an der er eintrat.

„Nun, Amy", sagte er, „und hier ist dein zurückgekehrter Verschwender. Trainiere wie üblich spät, und ich bin zu Fuß gegangen. Wie geht es dir?"

Sie stand auf und küsste ihn.

„Sehr gut, Lyndhurst", sagte sie; „Und es besteht kein Grund, dich zu fragen, wie es dir geht."

Sie hielt einen Moment inne.

„Ihr Gepäck ist vor fast einer Stunde angekommen", sagte sie.

Er hatte dieses Detail vergessen.

"Vor einer Stunde? Sicherlich nicht", sagte er.

Sie gab ihm noch eine Pause, in der er mehr sagen konnte, aber es kam nichts.

„Du hast wohl Tee getrunken", sagte sie.

"Ja; Evans bestand darauf, dass ich zu ihm nach Hause komme und dort eine Tasse trinke. Dieser Schurke, den Harry angehalten hat. Naja: Wir waren alle einmal jung! Du erinnerst dich an die alte Geschichte, die ich dir von der Frau des Colonels erzählt habe, als ich ein Junge war."

Sie erinnerte sich perfekt daran. Sie war sich auch sicher, dass er ihr seit seiner Ankunft am Bahnhof nicht sagen wollte, wo er gewesen war.

KAPITEL X

ES war Anfang Oktober, und Dr. Evans, der seinen schnellen, stabilen Kolben an den leichten Hundekarren gespannt die ebene Straße nach Norton entlangfuhr, hatte Muße, die Schönheit der flammenden Jahreszeit zu beobachten. Er hatte nur ein paar Besuche vor sich, und keiner der Fälle bereitete ihm berufliche Sorgen. Aber mit bewusster Anstrengung befahl er seinem gehorsamen Geist, sich keine Sorgen mehr zu machen und den wohltuenden Einfluss dieses angenehmen Morgens zu genießen, der auf eine Nacht folgte, die ihnen den ersten Frost des Jahres beschert hatte. Nachdem wir Riseborough verlassen hatten, verlief die Straße durch ein paar ebene Meilen köstlicher Wälder. Auf beiden Seiten säumten Gräben, die mit dem ausgewachsenen Gras und den Kräutern des Sommers gefüllt und verstopft waren. Auf der linken Seite hatte die Sonne den gefrorenen Nachttau in eine flüssige Heraldik verwandelt, auf der rechten Seite, wo das Laub am Straßenrand noch im Schatten lag, festigten die facettierten Juwelen des Frosts, die auf den kommenden Winter hindeuteten, das Gras noch immer und waren weiß auf den grauen Bärten der wuchernden Clematis in den Hecken. Aber hoch über diesen niedrig wachsenden Vegetationsbüscheln flammte eine große Pracht auf, und der große Buchenwald erstrahlte in orangefarbenen und roten Flammen, die im Wind zitterten. Hier und da schien eine Eibe mit gelbbraunem Stamm und grünem Samt mit Laubblättern wie ein schwarzer Fleck unverbrauchten Brennstoffs im Feuer des Herbstes; Hier wirkte eine Gruppe kräftiger Eichen wie eine Gruppe breitschultriger junger Männer inmitten der Mädchen des Waldes. Es gab auch seine Feen, die sylphenähnlichen Birken, deren kleine Blätter wie ein Konfettiregen über ihre weiße Form zu fallen schienen. Dann, in den offeneren Lichtungen, glitzerten kurze, von Kaninchen geschnittene Rasenflächen smaragdgrün zwischen den nüchternen Grau- und Brauntönen des verdorrten Heidekrauts und den rostroten Geweihen des Adlerfarns. Hin und wieder flüchtete ein Kaninchen mit weißem Gebiss, das seiner Familie ein punktförmiges Gefahrensignal gab, beim Rattern des herannahenden Hundekarrens in einen Unterschlupf. Ab und zu entfernte sich ein Fasan, dessen Gefieder in Metall die Farbtöne des goldenen Herbstes zu reproduzieren schien, mit gesenktem Kopf und Schwanz aus der gefährlichen Nähe des Menschen. Unter den Buchen war der Boden von keiner Vegetation bedeckt, aber schon begannen die „gefallenen Prachtstücke" der Blätter dort zu liegen, und ab und zu rannte ein Eichhörnchen raschelnd über sie hinweg, und als es die Sicherheit seiner hohen Wege zwischen den Bäumen erlangt hatte, schimpfte es Puckartig über die Unterbrechung, die ihn dazu gebracht hatte, sein Frühstück mit den geplatzten Bucheckern aufzugeben. Zur Rechten, unterhalb der hohen, ebenen Straße, fiel das Gelände steil ab und gab einen Blick auf das ferne, sonnenglänzende Meer frei; Oben flatterten kleine Scharen federleichter Wolken, versammelt wie auf einer Winterwanderung, vor dem sommerlichen Azurblau des Himmels.

Dr. Evans' wacher und fröhlicher Blick verweilte bei diesen köstlichen Dingen, und im Gehorsam gegenüber seinem Gehirn nahm er die mannigfaltige Festlichkeit des Morgens zur Kenntnis und schätzte sie, aber er tat dies nicht wie gewöhnlich, aus Instinkt und eifrigen Impulsen, sondern weil er es bewusst befahl Es. Es brauchte den Ansporn; Seine Wachsamkeit und seine Fröhlichkeit wurden auf ihn gedrückt, und nach und nach konnte der Sporn ihn nicht mehr stimulieren, und er begann, die gepflegten Körperteile seines lang tretenden Kolbens zu betrachten, die ihm normalerweise einen so angenehmen Anblick der starken und harmonischen Muskulatur ermöglichten . Aber an diesem Morgen konnten ihn selbst sie nicht erfreuen, und der Rhythmus seines festen Trabs erzeugte in seinem Kopf keine Musik. Zwischen seinen Augen bildete sich eine Falte, die sich zu einem entschiedenen Stirnrunzeln vertiefte, und er kommunizierte mit dem Ärger in seinem Kopf.

Es gab verschiedene kleinere Sorgen, die nicht von ausreichender Wichtigkeit waren, um den Gleichmut eines vielbeschäftigten und ausgeglichenen Mannes ernsthaft zu stören, und obwohl jede für sich trivial genug war und eindeutig eine humorvolle Seite für einen ansonsten zufriedenen Geist hatte, war die kumulierende Wirkung dieser Sorgen war nicht amüsant. Erstens war da die Affäre mit Harry Ames, der auf eine hinreichend lächerliche und alberne Weise mit seiner Frau geschlafen hatte. Wie jeder andere vernünftige Mann hätte Wilfred Evans bei seiner Rückkehr nach Riseborough fast sofort erkannt, dass Harry geneigt war, sich lächerlich zu machen, und hatte seiner Frau ein freundliches Wort der Warnung übermittelt.

„Stör ihn ein bisschen, kleine Frau", hatte er gesagt. „Wir haben etwas zu viel von ihm. Es ist auch gerechter gegenüber dem Jungen. Du bist zu nett zu ihm. Eine Frau wie du verdreht einem Jungen so leicht den Kopf. Und Sie haben oft gesagt, dass er ein ziemlich schrecklicher junger Mann ist."

Aber aus irgendeinem Grund nahm sie die Worte schlecht auf und wurde ziemlich präzise.

„Ich weiß nicht, was du meinst", sagte sie. „Würden Sie es bitte erklären?"

„Ganz einfach, meine Liebe. Er ist zu oft hier; er baumelt hinter dir her. Lachen Sie ihn ein wenig aus oder gähnen Sie ein wenig."

„Du meinst, er ist in mich verliebt?"

„Nun, das ist ein zu großes Wort, kleine Frau, aber du verstehst sicher, was ich meine."

„Das glaube ich. Ich denke, dein Vorschlag ist ziemlich grob, Wilfred, und ziemlich unbegründet. Soll jeder, der höflich und aufmerksam ist, in mich verliebt sein? Ich bitte nur um Informationen."

„Ich denke, Ihr gesunder Menschenverstand wird Ihnen alle notwendigen Informationen liefern", sagte er.

Aber ihr gesunder Menschenverstand hatte offenbar nichts dergleichen bewirkt, und schließlich hatte Dr. Evans mit Harrys Vater über das Thema gesprochen. Danach hatten die Besuche mit erstaunlicher Plötzlichkeit aufgehört, und als Dr. Evans auf der Straße an Harry vorbeikam, war er mit einem Blick ausdrucksloser Unerkenntlichkeit konfrontiert worden, und er hatte das Gefühl, dass er die Lippen unter vier Augen geübt hatte. Aber der Omar Khayyam Club würde der Gewinner sein, denn er verdankte ihm die traurigen und verbitterten Strophen namens „Parted".

Hier grenzte die Komödie an eine Farce, aber die Farce machte ihm keinen Spaß. Er wusste, dass seine eigene Interpretation von Harrys eifriger Anwesenheit richtig war, warum sollte seine Frau also so präzise bestreiten, dass diese absurden Aufmerksamkeiten nichts bedeuteten? An der vernünftigen Warnung, dass ein Mann sich sehr zu ihr hingezogen fühlte, gab es nichts zu meckern. Es gab auch keinen Grund für das Entsetzen und die Bestürzung von Colonel Ames über diesen Vorschlag, als der Arzt mit ihm darüber sprach. „Berüchtigter junger Wüstling" war sicherlich ein übertriebener Ausdruck.

Dr. Evans schnippte den Kolben unbewusst ziemlich scharf mit seinem Peitschenhieb, zur Überraschung dieses hervorragenden Tieres, denn er legte seine Meilen jeweils in fünf Minuten zurück, und der Arzt entschuldigte sich für seinen unbeabsichtigten Hinweis mit einer beruhigenden Bemerkung. Dann wanderten seine Gedanken wieder zurück. Das war aber nicht das ganze Problem der Familie Ames, denn seine Frau hatte einen Streit mit Mrs. Ames gehabt. Dieser freundliche Mann hasste es, mit irgendjemandem zu streiten, und weigerte sich seinerseits erfolgreich, dies zu tun, und dass seine Frau sich in einer solchen misslichen Lage befand, war für ihn gleichermaßen beunruhigend. Zweifellos war alles ein Sturm in einer Teetasse, aber wenn Sie zufällig auch in der Teetasse leben, ist ein Sturm dort genauso beunruhigend wie ein Sturm auf hoher See. Es ist zwar noch schlimmer, denn auf hoher See kann ein Schiff auf schöneres Wetter stoßen, aber es gibt kein Entrinnen vor diesen Unruhen. Die ganze Teetasse war beteiligt: ganz Riseborough, das ihm vor einem Jahr als ein so geeigneter Ort erschienen war, um in der Ruhe einer kleinen Gesellschaft und häuslicher Gemütlichkeit einer nicht anspruchsvollen Praxis nachzugehen, milde Originalarbeiten zu verrichten, wurde zu einem Sturm widerstreitender Winde. „Und das alles aus solch einem Haufen Unsinn", dachte der Arzt ungeduldig und konnte gerade noch verhindern, dass der Peitschenhieb erneut auf den fleißigen Kolben fiel.

Anlass zu all dem war das Interesse von Mrs. Ames an der Suffragettenbewegung. Sie hatte vor nunmehr zwei Wochen eine Salonbesprechung in ihrem Haus angekündigt, und die Salonbesprechung war mitten in ihrer Karriere wie eine Zündpille explodiert und hatte Funken und brennbares Material über ganz Riseborough verstreut. Offenbar hatte Mrs. Ames die Ehefrauen und Töchter von Handwerkern gebeten, sich daran zu beteiligen, da sie feststellte, dass sich das Verständnis der Suffragettenziele auch auf die bürgerlichen Kreise in Riseborough erstreckte. Es dauerte nicht lange, bis Mrs. Altham deutlich hörbar bemerkte, dass sie nicht gewusst hatte, dass sie das Privileg haben würde, so viele Damen zu treffen, die sie vorher nicht kannte, und dass die sarkastische Absicht ihrer Worte nicht verloren ging ihre neuen Freunde. Tee schien die anfängliche Entzündung nur zu verstärken, und das Interesse, das Mrs. Ames für das Thema Frauenstimmen wecken wollte, verwandelte sich in ein Interesse herauszufinden, wer am offensivsten höflich sein konnte – ein sehr schönes Spiel. Es ist nicht verwunderlich, dass Mrs. Altham noch vor Ablauf von vierundzwanzig Stunden eine Anti-Suffragetten-Liga ins Leben gerufen hatte und Millie, immer noch fest davon überzeugt, dass sie unter keinen Umständen ins Gefängnis gehen könne, sich das erlaubt hatte hineingezogen werden. Am nächsten Abend machte sie beim Abendessen leise eine schreckliche Ankündigung.

„Ich bin gerade auf der Straße an Cousine Amy vorbeigekommen", sagte sie. „Sie schien mich nicht zu sehen."

„Vielleicht hat sie dich nicht gesehen, kleine Frau", sagte ihr Mann.

„Also schien ich sie nicht zu sehen", fügte Millie hinzu, die ihren Satz noch nicht beendet hatte. „Aber wenn sie Lust hat, zu mir zu kommen und es mir zu erklären, werde ich mich ganz wie immer ihr gegenüber verhalten."

„Komm, komm, kleine Frau!" sagte Dr. Evans in versöhnlichem Geist.

„Und ich sehe keinen Sinn darin, ‚Komm, komm' zu sagen " , sagte sie mit beträchtlicher Präzision.

All dies reichte aus, um bei einem Mann, der so großen Wert auf friedliche und harmonische Lebensbedingungen legte, sehr spürbare Beunruhigung hervorzurufen, doch es war nur eine Kleinigkeit im Vergleich zu einer weitaus tieferen Sorge, die über ihm brütete. Bis jetzt hatte er sich noch nicht dazu entschlossen, direkt darüber nachzudenken, aber heute, als er von seinen beiden Besuchen zurückkam, stellte er sich dieser letzten geheimen Schwierigkeit. Er hatte das Gefühl, dass es für ihn nicht weniger als für ihn selbst wichtig war, sich zu vergewissern, welcher Teil seiner Unruhe, wenn überhaupt, auf Gewissheit beruhte, welcher Teil, wenn überhaupt, das Produkt einer überängstlichen Einbildung sein könnte . Aber er wusste, dass sein Temperament weder ängstlich noch dazu neigte, sich Probleme auszumalen. Vielmehr neigte er in seinem Wunsch nach einem angenehmen und fleißigen Leben eher dazu, die Augen vor dem offensichtlichen Herannahen eines Sturms zu verschließen und darauf zu vertrauen, dass er vorbeiziehen würde. Er machte sich Sorgen um Millie, nicht ohne Grund; Hundert Symptome rechtfertigten seine Angst. Sie, die schon so lange von so unerschütterlicher Heiterkeit gewesen war, dass ein Mann, der ihren Charme nicht spürte, sie vielleicht Qualle genannt hätte, war die Beute von fünfzig Launen am Tag. Sie hatte seltsame kleine Anfälle von Zärtlichkeit ihm gegenüber, mit ebenso seltsamen Anfällen von Verdrießlichkeit. Sie war unruhig und erfüllt von einer Energie, die flammte und flackerte und verschwand und sie träge und träge zurückließ. Am Vormittag schrieb sie Briefe, zerriss ein paar Notizen, zog ihre Gartenhandschuhe an und ging zum Staudenbeet. Dann würde sie einen zwingenden Grund finden, in die Stadt zu gehen, und sich zum Üben an ihr Klavier setzen. Ihr Appetit, der sich normalerweise auf ein konstantes, zuverlässiges Niveau bezog, ließ nach, und sie verbrachte unruhige und unruhige Nächte. Wäre sie ein Mädchen gewesen, hätte er gesagt, dass diese Symptome alle in eine Richtung zeigten; und es wäre wahrscheinlich nicht schwer gewesen zu erraten, wer der junge Mann war, um den es ging. Dennoch konnte er die Schlussfolgerung, die auf seine Frau zutraf, kaum ertragen. Es war abscheulich, dass ein Ehemann solch einen Verdacht hegte, noch abscheulicher, dass der Ehemann er selbst sein sollte. Und vielleicht noch abscheulicher war, dass er – wieder ohne Schwierigkeiten – erraten konnte, wer der Mann war, um den es ging.

Er hatte keine Ahnung, was er tun sollte oder ob er nichts tun sollte; Es schien, dass Handeln und Nichthandeln gleichermaßen in einer Katastrophe enden könnten. Und wiederum könnte seine gesamte Erklärung von Millies Symptomen falsch sein. Es könnte andere Erklärungen geben – tatsächlich wären auch andere möglich. Was das betrifft, wird die Zeit zeigen; Im Moment war es der beste Weg, vielleicht der einzig richtige Weg, wachsam zu sein, aber nicht misstrauisch, aufmerksam, nicht neugierig. Anstatt neugierig zu sein oder misstrauisch zu sein, ging er zu Millie selbst und erzählte ihr vorbehaltlos alles, was ihm durch den Kopf gegangen war. Er war sich wohl bewusst, was die heroische Haltung gewesen wäre, die Haltung des männlichen, ungestümen Engländers, der dem Melodram am Herzen liegt. Es fiel ihm ziemlich leicht, Major Ames mit Niedrigkeit zu „belasten", seine Frau mit den Zähnen zu knirschen und dann in männliche Tränen auszubrechen, von denen jedes Schluchzen ihn zu zerreißen schien. Aber seiner ruhigen, vernünftigen Natur schien es schwer zu erkennen, was als nächstes passieren sollte. Im Melodram fiel der Vorhang, und zehn Jahre später begann man in Queensland mit der Verbreitung von „Regenerationed

Natures". Aber im wirklichen Leben war es unmöglich, zehn Jahre später oder zehn Minuten später noch einmal von vorne zu beginnen. Man musste die ganze Zeit weitermachen. Gerne hätte er an diesem göttlichen Oktobermorgen auf unbestimmte Zeit noch einmal von vorne begonnen. Die Schwierigkeit bestand darin, wie es jetzt weitergehen sollte.

Seine Fälle hatten ihn nicht lange aufgehalten, und es war noch nicht lange nach Mittag, als der Maiskolben, immer noch erfreut und aufmerksam über jede Bewegung, aber mit rauchenden Flanken, vor seiner Tür stand. Die klare Kühle des Morgens war vollständig vorüber, und die Luft im Becken oder in der Teetasse einer Stadt war still und schwül. Auf dem Tisch im Flur stand ein bekannter Hut, daneben lag ein Strauß langstieliger gelbbrauner Chrysanthemen. Und bei diesem Anblick hallte in ihm ein entferntes Echo eines barbarischen und einfachen Menschen wider, der für die Glätte der Zivilisation bedauerlich und völlig veraltet war. Er warf die Chrysanthemen auf die Straße, wo sie wie eine Sternschnuppe dicht am Kopf von General Fortescue vorbeiflogen, der zum Club hintaumelte, und schlug die Tür zu. Es war melodramatisch und albern genug, aber der Wunsch, der es hervorrief, war ziemlich aufrichtig und unwiderstehlich, und wenn Major Ames in diesem Moment in dieser kühlen, mit Eichenholz getäfelten Halle gewesen wäre, hätte Dr. Evans kaum bezweifelt, dass er sein Bestes getan hätte Wirf ihn nach seinen Blumen raus.

Der Arzt gönnte sich einen Moment, um sich von seiner oberflächlichen Gewalt zu erholen, und ging dann in den Garten. Sie saßen zusammen auf der Bank unter dem Maulbeerbaum, und Major Ames stand mit seiner gewohnten Flinkheit auf, als er näher kam. Irgendwie hatte Dr. Evans das Gefühl, willkommen zu sein und sich wie zu Hause zu fühlen.

„Guten Morgen", sagte Major Ames. „Herrlicher Tag, nicht wahr? Ich bin gerade mit einer Handvoll Blumen herübergekommen, und wir haben ein bisschen geplaudert, ein bisschen geplaudert."

„Cousin Lyndhurst ist freundlicherweise gekommen, um über all diese kleinen Unruhen zu sprechen", sagte Millie.

Sie sah ihn an.

„Soll ich es erklären?" Sie fragte.

Dr. Evans nahm den Platz ein, den Major Ames geräumt hatte, und ließ ihm die Freiheit, sich auf einen Gartenstuhl gegenüber zu setzen oder zu stehen, ganz wie er wollte.

„Es ist so, Wilfred", sagte sie. „Cousine Amy gefiel es nicht, dass ich der Anti-Suffragetten-Liga beigetreten bin, die Mrs. Altham ins Leben gerufen hat, und ich habe Lyndhurst gesagt, dass es mich auf die eine oder andere Weise völlig egal sei, außer dass ich nicht ins Gefängnis gehen könne, um Cousine Amy zu gefallen oder …" irgendjemand anderes. Aber es sah so aus, als würde man Partei ergreifen, dachte sie. Also dachte Lyndhurst, es würde alles einfacher machen, wenn ich überhaupt keiner Liga beitreten würde. Ich finde es sehr klug und taktvoll von ihm, darüber nachzudenken, und ich werde Frau Altham auf jeden Fall sagen, dass ich zu beschäftigt bin. Natürlich gibt es keinen Streit zwischen Cousine Amy und mir, und Lyndhurst möchte uns versichern, dass er nicht darin verwickelt ist, obwohl es keinen gibt – und natürlich, wenn Cousine Amy mich nicht gesehen hat Als ich neulich dachte, sie tat so, als ob sie es nicht täte, macht das einen Unterschied."

Millie übermittelte diese klaren Aussagen mit ihrer gewohnt respektvollen Miene.

„Ich denke, es ist sehr nett von Cousin Lyndhurst, sich so viel Mühe zu geben", fügte sie hinzu. „Er macht Mittagspause."

Major Ames machte eine edle kleine Geste, die jegliche Anerkennung ablehnte.

„Es ist nichts, ein bloßes Nichts", sagte er ganz wahr. „Aber ich bin mir sicher, dass Sie kleine Haushaltsgläser genauso sehr hassen wie ich. Wie Amy einmal sagte, war es mein Beruf, ein Mann im Krieg zu sein, aber mein Instinkt war es, ein Mann des Friedens zu sein. Ha! Ha! Ich bin nur froh, dass mein kleiner Olivenzweig Erfolg hatte", fügte er eher schwach hinzu, da ihm keine botanische Metapher einfiel.

Der Arzt stand auf. Es ist zu befürchten, dass er in seinem gegenwärtigen Geisteszustand nicht die geringste Bewunderung oder Dankbarkeit für die Arbeit von Lyndhurst, dem Friedensstifter, empfand, sondern darin nur einen rein persönlichen Wunsch sah, einen ununterbrochenen *va et vient* zwischen den beiden Häusern sicherzustellen .

„Ich bin sicher, dass ich nicht die geringste Absicht habe, mit irgendjemandem zu streiten", sagte er. „Es scheint mir die beklagenswerteste Zeit- und Energieverschwendung zu sein, abgesehen davon, dass es sehr unangenehm ist. Lass uns zum Mittagessen gehen, Millie; Um zwei Uhr muss ich wieder raus."

Millie schrieb eine liebenswürdige und unaufrichtige kleine Nachricht an Mrs. Altham, die Major Ames auf dem Heimweg zu überbringen verpflichtete, und erklärte, dass Elsie, seit sie nach Dresden gegangen war, um sich in der deutschen Sprache zu vervollkommnen, selbst so beschäftigt war, dass sie es tat Ich weiß nicht, in welche Richtung ich mich wenden soll, außerdem vermisse ich Elsie sehr. Da sie dieser sehr interessanten Anti-Suffragetten-Bewegung nicht so viel Zeit widmen konnte, wie sie wollte, kam sie daher zu dem Schluss, dass es besser wäre, ihr überhaupt keine Zeit zu widmen. Dies schrieb sie, gleich nachdem ihr Mann wieder ausgegangen war, und brachte es Major Ames, der darauf wartete. Auch er hatte gesagt, er müsse sofort gehen. Sie gab ihm den Zettel.

„Da ist es", sagte sie; „Und vielen Dank, dass du es verlassen hast. Aber Sie eilen doch nicht sofort weg, oder?"

„Halte ich dich nicht drin?" er hat gefragt.

Sie zog die Spitzenjalousien vor dem Fenster herunter, das auf die Straße hinausging; Die Oktobersonne brannte zwar ziemlich heiß in den Raum, aber der Instinkt, der ihr Handeln diktierte, war eher der Wunsch nach Privatsphäre.

„Als ob ich mich nicht lieber hinsetzen und mit dir reden würde", sagte sie, „als hinauszugehen. Ich habe niemanden, mit dem ich ausgehen kann. Ich bin ziemlich einsam, seit Elsie weg ist, und ich wage zu behaupten, dass ich Wilfred vor dem Abendessen nicht wiedersehen werde. Es ist ziemlich amüsant, dass ich Frau Altham gerade geschrieben habe, um zu sagen, wie beschäftigt ich bin."

Er kam und setzte sich etwas näher zu ihr.

„Auf mein Wort", sagte er, „ich sitze im selben Boot wie Sie. Ich habe Amy den ganzen Vormittag nicht gesehen, und heute Nachmittag weiß ich, dass sie ein paar Besprechungen hat. Es ist außergewöhnlich, wie diese Idee des Frauenwahlrechts sie erfasst hat. Aber keine schlechte Sache, solange sie sich nicht in der Öffentlichkeit lächerlich macht und solange sie keinen Streit mehr mit dir hat."

„Was hätten Sie getan, wenn sie wirklich mit mir über Mrs. Althams Liga streiten wollte?" Sie fragte.

„Genau das, was ich ihr gesagt habe. Ich sagte, dass ich kein Partner sein würde, und solange du mich hier *en garçon empfangen würdest*, würde ich immer kommen."

„Das war lieb von dir", sagte sie leise.

Sie hielt einen Moment inne.

„Manchmal denke ich, dass wir einen Fehler gemacht haben, als wir uns hier niederließen", sagte sie; „Aber Sie wissen, wie hartnäckig Wilfred ist und wie wenig Einfluss ich auf ihn habe. Aber dann denke ich wieder an unsere Freundschaft. Ich hatte nicht viele Freunde. Ich denke, vielleicht bin ich zu schüchtern und schüchtern gegenüber Menschen. Wenn ich sie sehr mag, fällt es mir schwer, mich auszudrücken. Es ist ziemlich traurig, nicht ganz offen zeigen zu können, was man fühlt. Es verhindert, dass Sie von den Menschen verstanden werden, die Sie am liebsten verstehen möchten."

Aber hinter diesem Bekenntnis der Inkompetenz schien Major Ames eine sehr wirksame Stärke zu verbergen. Er spürte, wie er nach und nach von einer überlegenen Macht überwältigt wurde, einer Macht, die nicht zuschlug, sie außer Gefecht setzte und überwältigte, sondern die Macht ihres Gegners einschränkte und lähmte, ihn umhüllte und sich an ihn klammerte. Es war immer noch etwas in ihm, ein Teil seines Willens, der ihr feindselig und entgegengesetzt war: Es war genau das, was sie angriff. Und im Einklang mit dieser lähmenden Kraft standen ihre Anziehungskraft und ihr Charme — sanft, nachgiebig, weiblich; die beiden rückten Seite an Seite vor, schreckliche Zwillinge.

Er antwortete einen Moment lang nicht, und es kam ihm plötzlich in den Sinn, dass dieser kühle Raum, der durch die Spitzenvorhänge vor der grellen Helligkeit der Straße geschützt und vom grünlichen Schein des vom Rasen draußen reflektierten Sonnenlichts durchdrungen war, wie eine Falle wirkte. .. Sie lachte ein wenig.

„Sehen Sie, wie schlecht ich mich ausdrücke", sagte sie. „Du bist rätselhaft, stirnrunzelnd. Stirnrunzeln Sie nicht, Sie sehen am schönsten aus, wenn Sie lachen. Ich habe die stirnrunzelnden Gesichter so satt. Wilfred runzelt so oft während des Abendessens die Stirn, wenn er über etwas nachdenkt, das mit Mikroben zu tun hat. Und er runzelt die Stirn über sein Schachspiel, wenn er sich nicht entscheiden kann, ob er die Läufer tauschen soll. Wir spielen jeden Abend Schach."

Instinktiv hatte sie sich ein wenig zurückgezogen, als sie sah, dass er ihr nicht entgegentrat, und sprach, als wären Schach und das Pathos ihrer Dummheit, Freundschaft auszudrücken, gleichrangige Dinge. Es gab keine Berechnung: Es war der Ausdruck eines Typs, des ewigen Weiblichen, das angezogen wurde und anziehen wollte. Ihre Annäherung an diese Gemeinplätze stellte sein Selbstvertrauen wieder her; Das Zimmer war keine Falle mehr, sondern der angenehme Salon, den er so gut kannte, mit seiner bezaubernden Geliebten, die neben ihm saß. Es war fast unvermeidlich, dass er die heißen Plüschstoffe und Satteltaschenkissen seines eigenen Hauses, die eckigen Stühle und Axminster-Teppiche mit den kühlen Chintzstoffen hier, den mit Spitze bedeckten Fenstern und den Perserteppichen kontrastierte. Deutlicher war der Kontrast zwischen den Herrinnen der beiden Häuser. Amy hatte in letzter Zeit viel in ihrem Bettsofa geschrieben, und ihr kleiner, steifer Rücken war das aktuelle Bild von ihr. Hier war eine Frau, die im Halbdunkel schimmerte und mit ihm reden, schüchterne Vertraulichkeiten zeigen und ihm klar machen wollte, wie viel ihr seine Freundschaft bedeutete. Sein Selbstvertrauen kehrte mit entwaffnender Vollkommenheit zurück.

„Nun, ich bin mir sicher, dass ich es zu Hause ziemlich trostlos finden würde", sagte er, „wenn ich nicht irgendwohin gehen könnte, obwohl ich wüsste, dass ich hier willkommen sein würde. Wohlgemerkt, ich gebe Amy keine Vorwürfe. Seit Jahren, wenn wir abends allein waren, hat sie ihre Arbeit getan, und ich habe die Zeitung gelesen, und ich glaube, wir haben kein Dutzend Worte gesagt, bis Parker Kerzen ins Schlafzimmer gebracht hat, oder manchmal haben wir gespielt Picket – aus Liebe. Aber jetzt kommen mir solche Abende sehr trostlos und trostlos vor. Vielleicht ist es Harrogate, das mich ein bisschen geschmeidiger und jugendlicher gemacht hat, obwohl ich sicher bin, dass es lächerlich genug ist, dass ein harter alter Aktivist wie ich so etwas empfinden sollte …"

Mrs. Evans streckte ihr Kinn vor und hob ihr Gesicht zu ihm.

„Aber warum lächerlich?" Sie fragte. „Du musst so viel jünger sein als die liebe Cousine Amy. Ich frage mich – ich frage mich, ob sie das auch fühlt?"

Es gab einen sehr teuflischen Vorschlag, umso mehr, als im Verhältnis zu dem Vorschlag so wenig gesagt wurde. Es ist vortrefflich gelungen.

„Arme liebe Amy!" sagte er.

Das hatte er schon einmal gesagt, als Cleopatra-Amy mit Cleopatra-Millie verglichen wurde. Aber die Wiederholung hatte eine Bedeutung. Nachdem die angenommene Identität des Charakters den Kommentar nahegelegt hatte, gab es nun keinen angenommenen Charakter mehr. Es betraf Millie und Amy selbst.

Mrs. Evans legte ihr Kinn zurück.

„Ich bin sicher, Cousine Amy sollte sehr glücklich sein", sagte sie leise. „Du bist ihr so ergeben und so. Ich glaube fast, dass du sie verwöhnst, Lyndhurst. Es ist alles so romantisch. Stell dir vor, eine Frau zu sein und so alt wie Cousine Amy und doch einen so hingebungsvollen jungen Mann zu haben. Harry auch!"

Wieder strömte über Major Ames eine Woge des Selbstvertrauens, gepaart mit Selbstachtung, auf. Schließlich war seine Frau viel älter als er, denn er war noch ein junger Mann, und seine Jugend wurde durch Wicken und die Gartenwalze erweitert. Und er geriet in einen Höhenflug philosophischer Vermutungen.

„Mein Gott, was ist das Leben für ein Rätsel!" er beobachtete.

Sie erreichte diese Hochwassermarke.

„Und es könnte so einfach sein", sagte sie. „Es sollte so einfach sein, glücklich zu sein."

Dann wusste Major Ames, wo er war. In gewisser Hinsicht war er dieser Gelegenheit würdig, in anderer Hinsicht fühlte er sich allem, was dies mit sich brachte, nicht gewachsen. Er stand hastig auf.

„Ich sollte besser gehen", sagte er ziemlich heiser.

Aber er hatte seit dem Mittagessen fünf Zigaretten geraucht. Die Heiserkeit könnte leicht die Folge dieser Nachsicht gewesen sein.

Sie versuchte nicht, ihn zu behalten, noch machte sie es ihm zur Pflicht, ihr einen Kuss zu geben, wie freundschaftlich er auch sein mochte. Sie stand nicht einmal auf, sondern schaute nur von ihrem niedrigen Stuhl zu ihm auf, als sie ihm die Hand reichte und lächelte ein wenig heimlich, wie Monna Lisa lächelt. Aber sie war mit ihrem Gespräch ganz zufrieden; er würde darüber nachdenken und darin neue Signale und private Winkungen entdecken.

„Komm und sieh mich wieder", sagte sie. In ihrem Ton lag ein Anflug von Imperativismus.

Sie schaute durch den Spitzenvorhang und sah ihn auf die Straße gehen. Im Rinnstein der Fahrbahn befand sich etwas, dem er mit der Spitze seines Stocks nachspürte. Es sah aus wie ein verwelkter Strauß staubiger Chrysanthemen.

Mrs. Ames hatte inzwischen zu Hause zu Mittag gegessen und war unmittelbar danach, wie ihr Mann vermutet hatte, zu einer Besprechung aufgebrochen. Im letzten Monat war die Mitgliederzahl ihrer Liga stark gestiegen, und es war nicht mehr möglich, ihre Sitzungen in ihrem eigenen Salon abzuhalten, da sie etwa fünfzig Personen zählte, darunter ein Dutzend Männer mit aufgeklärten Grundsätzen. Schon anfangs hatte sie, wie wir gesehen haben, mehrere Damen willkommen geheißen (was sich Mrs. Althams Missbilligung zugezogen hatte), mit denen sie normalerweise keinen Umgang pflegte, und nun war die Zusammenkunft völlig unabhängig von allen Klassenunterschieden. Die Frau des Bahnhofsvorstehers zum Beispiel war eines der aktivsten Mitglieder und ging mit einer großen Rosette in Suffragette-Farben den Bahnsteig auf und ab und verkaufte aktuelle Exemplare des *Clarion* . Und nicht weniger bemerkenswert als dieses Wachstum der Liga war das Wachstum von Mrs. Ames. Sie war weder aufgeblasen noch herablassend gegenüber jenen Personen, die sie vor ein paar Monaten noch für kaum existent gehalten hätte, es sei denn, sie wären alle in der Kirche gewesen, wo sie höchstwahrscheinlich mit jedem von ihnen ein Gesangbuch geteilt hätte , die „Idee", für die sie sich versammelt hatten, mobilisierte sie, wenn auch nur vorübergehend, in die Klasse der existierenden Menschen. Nun hatte die Idee, die sie in dem geräumigen Lagerhaus zusammenbrachte, das Mr. Turner freundlicherweise zur Verfügung gestellt und ausreichend ausgestattet hatte, ihnen eine dauerhafte Existenz beschert, und sie wurden nicht automatisch aus ihrem Lebensbuch gestrichen, sobald diese Treffen vorüber waren Sie wären noch vor so kurzer Zeit in der Kirche gewesen, als das letzte „Amen" gesagt wurde. Die Fesseln ihrer unfruchtbaren und barbarischen Konventionalität platzten; Tatsächlich war es nicht so sehr so, dass andere, nicht einmal die „ihrer Klasse", für sie zu Frauen wurden, sondern dass sie selbst eine Frau wurde. Bisher war sie kaum eine gewesen; Sie war ein Stück vollkommener Anstand gewesen. Und wie weit sie sich von ihrer ursprünglichen Vorstellung entfernt hatte, die Suffragettenbewegung sei geeignet, für den Herbst eine Neuheit zu liefern, die die Erinnerung an den Shakespeare-Ball in den Schatten stellen würde, lässt sich aus der Tatsache ersehen, dass sie bei diesen Treffen nicht mehr den Vorsitz innehatte. war aber ein ordentliches Mitglied. Herr Turner hatte weitaus mehr Erfahrung mit den Aufgaben eines Vorsitzenden: Sie hatte ihn selbst vorgeschlagen und hätte ihn auch unterstützt, wenn ein solcher Schritt angebracht gewesen wäre.

Heute wurde die Versammlung einberufen, um die Rolle zu besprechen, die die Liga bei den bevorstehenden Wahlen übernehmen sollte. Die Tory-Regierung war derzeit an der Macht und wird wahrscheinlich im Amt bleiben, während Riseborough selbst ein ziemlich sicherer Sitz für das Tory-Mitglied, Sir James Westbourne, war. Bevor über polemische oder hinderliche Maßnahmen entschieden werden konnte, war es offensichtlich notwendig, Sir James' Ansichten zum Thema Frauenstimmen zu ermitteln, und heute war seine Antwort eingegangen und wurde der Versammlung vorgelesen. Es war ebenso unbefriedigend wie kurz, und ihr „gehorsamer Diener" hatte kein Verständnis für ihre Sache und lehnte es daher ab, irgendeine Unterstützung für sie zu versprechen. Mr. Turner las dies vor und legte es auf seinen Schreibtisch.

„Werden uns meine Damen oder Herren ihre Meinung zu dem Kurs mitteilen, den wir einschlagen sollen?" er sagte.

Ein Dutzend stand gleichzeitig auf und setzte sich gleichzeitig wieder. Der Vorsitzende bat Frau Brooks, bei der Versammlung eine Rede zu halten. Eine weitere und eine weitere folgte ihr nach, und in ihren Vorschlägen herrschte völlige Einstimmigkeit. Die Versammlungen von Sir James und seine Reden vor seinen Wählern dürfen nicht ohne Unterbrechung stattfinden. Wenn er kein Verständnis für die Sache hätte, würde die Sache einen deutlichen Mangel an Sympathie für ihn zeigen. Danach löste sich die Liga in einem Mittel- und Wegekomitee auf. Der Präsident des Handelsausschusses kam, um die Kandidatur von Sir James auf einer Sitzung

zu unterstützen, deren Termin bereits in zwei Wochen festgelegt war, und es
wurde beschlossen, eine Demonstration mit Kraft durchzuführen. Und als
die Diskussion weiterging und wirklich praktische Pläne geschmiedet
wurden, begann die seltsame Faszination und Aufregung bei dem Gedanken,
bei einer öffentlichen Versammlung zu schreien und zu unterbrechen, zum
ersten Mal von Bedeutung zu werden, zu brodeln und zu gären. Die meisten
Mitglieder waren Frauen, deren Leben in ständiger Selbstunterdrückung
verbracht worden war und die vom narkotischen Eis eines völlig
konventionellen und eintönigen Daseins eingefroren waren. Viele von ihnen
waren unverheiratet und bereits im mittleren Alter; Ihre natürlichen
menschlichen Instinkte hatten nie gekannt, welche Blüte und welchen Honig
die Erfüllung ihrer Natur mit sich gebracht hätte. Zu der Begeisterung und
Aufrichtigkeit, mit der sie ein Werk begrüßten, das Gerechtigkeit für ihr
Geschlecht forderte, kam noch die Aufregung hinzu, endlich etwas zu tun.
Es bestand die Möglichkeit, sich zu erweitern und durch den Reiz einer Idee
in eine reale Erfahrung hineinzutreten. In gewisser Weise ähnelte dies den
Märtyrern, die jubelten und sangen, wenn die Aussicht auf eine
Strafverfolgung näher rückte; So wie Märtyrer um ihres Glaubens willen fast
mit Freude an die Folter und das Verbrennen dachten, so schien die bloße
Aussicht auf Unannehmlichkeiten und grobe Behandlung durchaus
verlockend, wenn auf diese Weise die Sache unendlich vorangetrieben wurde.
Zu diesem aufrichtigen und durchaus lobenswerten Wunsch kam der
persönlichere Anreiz hinzu. Sie würden etwas tun, anstatt die Langeweile der
Passivität zu ertragen, handeln, anstatt sich auf sie einwirken zu lassen. Denn
nur durch jahrhundertelange Tradition ist die Frau, körperlich schwach und
leicht niedergeschlagen, zur Dienerin des anderen Geschlechts geworden. Sie
ist im Herzen grimmiger, mutiger und verächtlicher gegenüber
Konsequenzen als er; Es ist nur die Unterlegenheit ihrer Muskeln , die sie an
den Platz gedrängt hat, den sie einnimmt, und an die Zeiten, in denen sie sich
für den Fortbestand der Rasse monatelang zärtlicher und starker Untätigkeit
unterwerfen muss. Dort findet sie die Verwirklichung ihrer Natur und
erweckt in ihr eine süße Hingabe an die seltsame, kindliche Lust, Herr zu
sein, seine zufällige Macht beim Erlassen von Gesetzen und Konventionen
zur Schau zu stellen, den Anschein von Souveränität, die von ihr beansprucht
wurde Mann. Im Grunde weiß sie, dass er sich nur eine Lametta-Krone auf
den Kopf gesetzt und sich in Pailletten gehüllt hat, die echtes Gold nur
parodieren. Sie legt die Hand einer Frau auf den Kopf seines Kindes und sagt
zu seiner Freude: „Wie weise du bist, wie stark, wie klug." Und das Kind freut
sich und liebt es dafür. Und da ist ihre Schwäche, denn das Dominanteste in
ihrer Natur ist das Bedürfnis, geliebt zu werden. Von Anfang an muss es so
gewesen sein. Als Adam im Schlaf die Rippe abgenommen wurde, verlor er
mehr, als ihm noch übrig war, und als er aufwachte, stellte er fest, dass all
sein feineres Selbst von ihm verschwunden war. Ihm blieb eine tapfere

Hummel zurück: An der Rippe, die ihm abgenommen wurde, hafteten der Mut der Löwin, die Weisheit der Schlange, die Sanftmut der Taube, die List der Spinne und der geheimnisvolle Charme des Glühwürmchens Tänze in der Dämmerung. Aber an dieser Rippe haftete auch der Wunsch, geliebt zu werden. Andernfalls würde in der Menschheit das Männchen jedes Jahr wie die Drohne des Bienenstocks getötet werden. Aber das seltsame Ding, das aus der Rippe wuchs, wie Blumen aus vergrabenem Aas, verlangte nach Liebe. Es gab seine Stärke und seine Schwäche.

Es verlangte nach Liebe, und in seinem Verlangen erduldete es jede Erniedrigung, um sie zu erlangen. Und keine Magerkeit der Seele ging in die Befriedigung ihres Verlangens ein. Erst als ihr Verlangen unterdrückt und rationiert wurde oder als ihr durch die Anwendung des zivilisierten Gesetzes jede Frucht des Verlangens vorenthalten wurde, so dass die Blüte des Geschlechts zu einer unfruchtbaren Knospe wurde, kam es zur Revolte. Lange Generationen haben den Keim hervorgebracht, lange Generationen haben ihn aktiv gemacht. Schließlich schwamm es schwach und gewalttätig aus der Dunkelheit des Wassers in Sichtweite, sich der Gerechtigkeit seiner Sache bewusst und forderte Gerechtigkeit. Aber was dazu beitrug, den Wunsch nach Gerechtigkeit so attraktiv zu machen, war die Gewalt, der Ausweg aus der Selbstunterdrückung, den die Forderung vielen ermöglichte, die ihr ganzes Leben lang in Bequemlichkeiten verpfuscht oder verkabelt waren, die keine Frau interessieren , oder versiegelt in der Jungfrauschaft und der anständigen Leere der Tage. In der Forderung lag Gerechtigkeit und in der Forderung hysterische Aufregung.

Für andere, und davon gab es in dieser kleinen Liga von Riseborough viele, war die Aussicht, solche Forderungen zu stellen, vor allem entsetzlich, und für niemanden mehr als für die arme Mrs. Ames, als der Wahlkampfplan besprochen, beschlossen und ihr anvertraut wurde die Mitglieder der Liga. Es erforderte fast mehr Mut, als die Idee zu wecken vermochte, sich, selbst in Erwartung, dem Gedanken zu stellen, „Stimmen für Frauen" zu rufen, als der gutgelaunte Cousin James aufstand und „Meine Damen und Herren!" sagte. Sehr wahrscheinlich würde Lyndhurst, wie schon oft bei früheren Kandidaturen von Cousin James geschehen, seine Frau bitten, ihn und den Präsidenten des Handelsausschusses vor dem Treffen zum Abendessen einzuladen, ein Anlass, der die Verwirklichung des prächtigsten von allen rechtfertigen würde Die Abendessen waren auf den gedruckten Menükarten aufgeführt, während Sherry zur Suppe und Haxenhaxe zum Fisch gereicht wurden und anschließend bis zur Hafenzeit ein ständiger Champagnerfluss aufrechterhalten wurde. In diesem Fall würde Cousin James sie sicherlich bitten, sich auf den Bahnsteig zu setzen, und sie würden üppig in seinem Motor zum Rathaus rollen, ganz in den Farben der Konservativen leuchtend, während sie in einer kleinen Tasche heimlich ihre große Suffragette dorthin bringen würde Rosette und einer kleinen Stahlkette mit Vorhängeschloss. Sie würde wahrscheinlich neben dem Bürgermeister sitzen, der die Redner vorstellen und zweifellos auf „die Anwesenheit des schönen Geschlechts" hinweisen würde, das die Bühne zierte. Währenddessen musste sie ihre Farben an ihr Kleid heften, sich wie Andromeda anketten, den patentierten Schnappverschluss des Vorhängeschlosses öffnen, und als Sir James aufstand ... konnte ihre Fantasie sich nicht mit dem Bild auseinandersetzen: es wandte sich kränklich ab , weigerte sich darüber nachzudenken. Und das für eine Cousine und einen Gast, die sozusagen das beste Salz ihres Tisches gegessen hatte, von jemandem, der ihr ganzes Leben lang ein so vollkommener Anstand gewesen war! Sie fühlte sich als eine viel zu alte Flasche für solch einen neuen Wein. Umringt von Mitkreuzfahrern zu sitzen und von der Nähe ihrer unverfälschten Begeisterung angesteckt zu werden, wäre schon schwierig genug, wenn sie sich nicht vielleicht an das Tischbein kettete, auf das Cousin James bald in seiner Inbrunst schlagen würde Es war nicht nur eine unmögliche, sondern eine undenkbare Leistung, rednerisch zu reden, als er all die Tory-Plattitüden verkündete, an die sie so fest glaubte und die sie so schrill unterbrechen musste, während sie einsam in der Wüste seiner eleganten und biederen Anhänger saß. Welche Schrecken das Schicksal, diese grausame Weberin von Albträumen, auch immer für sie bereithalten mochte, sie hatte das Gefühl, dass hier etwas war, das ihre Vorstellungskraft überstieg. Sie konnte nicht mit Lyndhurst und Cousin James und dem Bürgermeister und Lady Westbourne auf dem Podium sitzen und im Interesse eines Kreuzzugs tun, was von ihr verlangt wurde. In dieser Nacht müsste sozusagen die Ausgangssperre läuten.

Sie und Lyndhurst aßen am Abend nach diesem Treffen der „Wege und Mittel" allein zu Abend, er in einem Geisteszustand, den sie nicht zu Unrecht als „besorgt" beschrieb, wenn sie freundlich war, und als „verärgert", wenn sie sich anders fühlte. Er war heiß von seinem Spaziergang nach Hause gekommen und hatte einen heftigen Hexenschuss erlitten, als er in seinem Zimmer gesessen hatte, wo es kein Feuer gab, als der Abend kühl wurde. Somit gab es eindeutig zwei Gründe, sich gegen Amy zu beschweren, und ein drittes beunruhigendes Thema, denn es bestand kein Zweifel daran, dass es sein Chrysanthemenstrauß war, den er auf der Straße vor Dr. Evans' Haus und sogar vor dem Hexenschuss gefunden hatte Obwohl er den charakteristischen Pessimismus hervorgerufen hatte, war es ihm nicht gelungen, eine ermutigende Erklärung für diesen Blumenverstoß zu finden.

„Ich weiß sicher nicht, was es für einen Sinn hatte, den ganzen August in diesem dreckigen Loch von Harrogate zu verbringen, auch wenn ich den ganzen Winter über verkrüppelt sein sollte." . Aber Sie haben mich so dringend dazu gedrängt: Ich hätte sonst nie daran denken sollen, dorthin zu gehen.“

„Meine Liebe, du bist derzeit erst seit einer halben Stunde verkrüppelt“, bemerkte sie. „Es ist sehr langweilig, aber wenn du heute Abend nur ein gutes heißes Bad nimmst und ein sehr leichtes Abendessen zu dir nimmst, gehe ich davon aus, dass es dir morgen früh viel besser gehen wird. Parker, sagen Sie ihnen, sie sollen dafür sorgen, dass im Küchenboiler genügend heißes Wasser vorhanden ist.“

„Es wird das einzig warme Ding im Haus sein, wenn es eines gibt“, sagte er. „Als ich hereinkam, war mein Zimmer wie ein Eishaus. Im wahrsten Sinne des Wortes wie ein Eishaus. Genug, um einem Mann eine Lungenentzündung zu bescheren, geschweige denn einen Hexenschuss. Suppe auch kalt.“

„Meine Liebe, du solltest mehr auf dich aufpassen“, sagte Mrs. Ames gelassen. „Warum hast du nicht das Feuer angezündet, anstatt kalt zu sein? Ich bin sicher, dass es gelegt wurde.“

„Und es beim Abendessen einfach verbrennen lassen“, sagte er, „wenn ich es nicht mehr wollte.“

Es war noch früh im Laufe des Abendessens.

„Zünde das Feuer im Wohnzimmer an, Parker“, sagte Mrs. Ames. „Lass es ein gutes Feuer geben, wenn wir vom Abendessen kommen.“

„Lassen Sie sich bei lebendigem Leibe rösten“, sagte Major Ames, halb im Stillen, aber in der Absicht, gehört zu werden.

Aber Mrs. Ames hatte sich schon seit Wochen in Gedanken mit Dingen beschäftigt, die eine solidere Existenz hatten als die unvernünftigen Beschränkungen ihres Mannes. Seitdem sie diese neue Diät gemacht hatte, hatten sein Geschnappt und sein Knurren keine Wirkung gezeigt: Sie verärgerten sie oft bis zur Schlagfertigkeit, und höchstwahrscheinlich hätte sie vor ein paar Monaten gesagt, dass sein Rotwein ein sehr schlechtes Getränk zu sein schien. Aber heute Abend verspürte sie nicht den geringsten Wunsch, etwas zu erwidern. Sein Hexenschuss tat ihr sehr leid, aber sie verspürte keine Neigung, den Krieg auf sein Territorium auszuweiten oder ihm zu sagen, dass, wenn Menschen, die stark schwitzen und an Gicht leiden, sich dazu entschließen, sich ohne Umziehen hinzusetzen und zu frieren, damit rechnen müssen Vergeltung für ihre Unvorsichtigkeit.

„Dann machen wir das Fenster auf, Liebes“, sagte sie, „wenn wir feststellen, dass es uns frisiert. Aber ich glaube nicht, dass es zu heiß sein wird. Im Oktober sind die Abende kühl. Hattest du ein angenehmes Mittagessen, Lyndhurst? Tatsächlich weiß ich nicht, wo Sie zu Mittag gegessen haben. Ich habe Curry für dich bestellt. Ich habe mich um Viertel vor zwei hingesetzt, da du nicht reingekommen bist."

Es war alles so winzig klein ... und doch war es die mentale Ernährung, die sie jahrelang unterstützt hatte. Vielleicht würden sie nach dem Abendessen Pikett spielen. Der Garten, die Küche, das waren jahrelang, abgesehen von Klatsch und Tratsch, der viel weniger real war, die Themen gewesen. An der Schönheit des Gartens hatte er sich nicht gefreut, sondern nur ein angenehmes Besitzgefühl, wenn eine seltene Pflanze blühte oder es mehr Rosen als gewöhnlich gab. Sie selbst hatte sich ein wenig gefreut, wenn Lyndhurst zwei Portionen eines Gerichts zu sich genommen hätte, und beide waren ein wenig beunruhigt gewesen, als Harry Swinburne zitiert hatte.

„Ich habe mit den Evans zu Mittag gegessen", sagte er. „Übrigens habe ich heute Nachmittag Ihren Cousin James Westbourne getroffen, als ich spazieren ging. Er ist außerordentlich herzlich, wenn ein Geschäft ansteht, das ihn nach Riseborough führt, und er ein oder zwei Abendessen mitnehmen möchte. Den Rest des Jahres schenkt er uns kaum Beachtung, und ich bin mir sicher, dass es schon ein paar Jahre her ist, seit er uns auch nur ein paar Fasane geschickt hat, und noch mehr, seit er mich gebeten hat, dort zu schießen. Aber wie gesagt, wenn er in Riseborough ein oder zwei Abendessen einnehmen möchte, ist er ganz herzlich und sagt, dass er nicht halb genug von uns sieht. Er scheint sich nicht anzustrengen, mehr zu sehen, und es gibt selten ein Wochenende, an dem er und seine tolle Frau nicht das Haus voller Leute haben. Ich nehme an, wir sind nicht schlau genug für sie, es sei denn, es ist praktisch, in Riseborough zu speisen. Dann scheut er sich nicht, eine Flasche meines Champagners zu trinken."

Frau Ames unterstützte ihren Mann eifrig.

„Ich bin mir sicher, dass es keinen Anlass für dich gibt, noch mehr Flaschen für ihn zu öffnen, meine Liebe", sagte sie. „Wenn Cousin James uns sehen möchte, kann er an der Reihe sein, uns zu fragen. Und Harriet ist, wie Sie sagen, ein toller Kerl mit ihrem großen Geigenkopf."

Major Ames zuckte ziemlich prächtig mit den Schultern.

„Ich bin sicher, dass ich ihm sein Abendessen nicht gönne", sagte er, „und tatsächlich habe ich ihm gesagt, dass er vor seinem ersten Treffen mit uns essen könnte. Er hat einen Kabinettsminister bei sich, und ich sagte, er könne ihn auch mitbringen. Du veranstaltest vielleicht eine kleine Party, wenn ich nicht mit diesem höllischen Hexenschuss im Bett liege. Und Cousin James wird unsere Gastfreundschaft erwidern, indem er uns Plätze auf dem Bahnsteig gibt, damit wir ihn stampfen, stammeln und schimpfen hören können. Ein höllisch schlechter Redner. Noch nie etwas Schlimmeres gehört. Schlechte Lieferung, nichts zu sagen und alles fünfzig Mal wiederholt.

Genug, um einen Mann zum Radikalen zu machen. Allerdings wird er es sich bei meiner Mama gemütlich gemacht haben und vielleicht schläft er selbst, bevor er uns wegschickt.“

Dies vertrat natürlich die Hexenschuss-Sicht. Major Ames war Cousin James gegenüber überaus freundlich gewesen und hatte selbst zu dem Abendessen gedrängt, das er jetzt als aufgezwungen ansah.

„Hast du ihn tatsächlich gefragt, Lyndhurst?“ sagte Mrs. Ames ziemlich schwach. „Hat er gesagt, dass er kommen würde?“

„Wussten Sie jemals, dass Ihr Cousin James ein anständiges Abendessen ablehnte?“ fragte Lyndhurst. „Und er war so freundlich zu sagen, dass es ihm um Viertel nach sieben gefallen würde. Cool, auf mein Wort! Ich wünschte, ich hätte ihn gefragt, ob er dicke oder klare Suppe hätte und ob er einen Flügel einem Bein vorziehen würde. An so etwas denkt man erst hinterher.“

Mrs. Ames schaute nicht genau hin: Da war etwas unter der Oberfläche, das ihren ganzen Verstand beanspruchte. Folglich entging ihr die Schärfe dieser Ironie, da sie nur die Worte hörte.

„Cousin James isst überhaupt keine Suppe“, sagte sie. „Er sagte mir, dass es immer widersprüchliche Meinungen gab.“

Major Ames seufzte; sein Hexenschuss fühlte sich weniger akut an, seine schlechte Laune hatte durch Worte Linderung gefunden und er hatte schon vor langer Zeit herausgefunden, dass Frauen keinen Sinn für Humor hatten. Im Großen und Ganzen war es erfreulich, die Wahrheit dieser Aussage so umfassend bestätigt zu finden. Im Moment war er dadurch recht gut gelaunt.

„Ich fürchte, ich habe das ganze Abendessen über gemurrt“, sagte er. „Sollen wir in den anderen Raum gehen? Es macht wenig Sinn, mir die Dekanter anzusehen, wenn ich nicht mein Glas Portwein nehmen darf. Äh! Das war ein Stich!“

KAPITEL XI

„ ES nützt nichts, Henry", sagte Mrs. Altham am selben Abend, „mir zu sagen, das sei alles Zeug und Unsinn, wenn ich mit eigenen Augen gesehen habe, wie das Paket mit dem Suffragettenband tatsächlich an Mrs. Brooks geschickt wurde; Denn Feder und Tinte bleiben letztlich Feder und Tinte. Tapworth maß sechs Yards davon auf dem Gegenmaß ab, das zwei Fuß ergibt, denn er gab neun Längen davon an, schrieb es zu Papier und leitete es. Natürlich, wenn neun Längen von zwei Fuß nicht achtzehn Fuß ergeben, also sechs Yards, dann irre ich mich und Sie haben Recht, und zweimal zwei ergibt nicht mehr vier. Und es gab bereits zwei weitere Parzellen mit genau der gleichen Form. Du wirst sehen, ob ich nicht recht habe. Oder nehmen Sie an, dass Mrs. Brooks es nur bestellt, um ihr Nachthemd damit zu schmücken?"

„Ich habe nie etwas über das Nachthemd von Mrs. Brooks gesagt", sagte Henry, der, um ihm gerecht zu werden, in eine leicht rabelaisische Stimmung versetzt worden war: „Ich habe nie an das Nachthemd von Mrs. Brooks gedacht. Ich wusste nicht, dass sie eines trug – ich meine –"

Frau Altham machte etwas, was Kinder „ein Gesicht" nennen würden. Ihre Augen wurden plötzlich starr und kochten, und ihr Mund nahm einen säuerlichen Ausdruck an, als wäre er mit einer Fülle von Zitronensaft beträufelt. Das „Gesicht" war auf den Eintritt des Stubenmädchens mit dem Pudding zurückzuführen. Es war Gelee und wurde schweigend serviert. Mrs. Altham wartete, bis die Tür wieder leise geschlossen wurde.

„Es geht nicht um das Nachthemd von Mrs. Brooks", sagte sie, „da wir uns beide einig sind, dass sie nicht sechs Meter Suffragettenband anordnen würde, um es zu beschneiden." Ich habe sarkastisch gesprochen, Henry, und du hast mich wörtlich interpretiert, wie du es oft tust. So war es auch in Littlestone im August, als der Speck eines Tages so salzig war, dass ich zu Mrs. Churchill sagte, ein wenig Speck im Bad sei gleichbedeutend mit einem Bad im Meer. Daraufhin müssen Sie ihr am nächsten Morgen unbedingt sagen, sie solle Ihren Speck ins Badezimmer schicken, was sie auch tat, und auf dem Biskuittablett stand ein Teller Speck, so außergewöhnlich. Aber das ist alles nebensächlich, obwohl ich mir nicht vorstellen kann, was sie von dir gedacht haben soll. Schließlich kann Ihnen Ihre Gabe, wörtlich zu sein, jetzt helfen. Warum möchte Mrs. Brooks sechs Meter Suffragettenband und warum liegen zwei ähnliche Pakete auf Tapworths Ladentisch? Wenn ich einen Moment allein gehabt hätte, hätte ich mir sicherlich die anderen Adressen angesehen und gesehen, wohin sie geschickt wurden. Aber der junge Tapworth war die ganze Zeit da – der mit dem Zwicker und dem lächerlichen Kinn – und er legte sie in den Korb des Laufburschen und sagte ihm, er solle scharf sein. Ich hatte also keine Chance, es zu sehen."

„Vielleicht wären Sie hinter dem Jungen hergelaufen, um zu sehen, wohin er gegangen ist", schlug Herr Altham vor.

„Er ist mit dem Fahrrad gefahren", sagte Frau Altham, „und es ist unmöglich, mit dem Fahrrad hinter einem Jungen herzulaufen und zu hoffen, rechtzeitig dort anzukommen." Aber er ging die High Street hinauf. Ich würde mich nicht im Geringsten fragen, ob Mrs. Evans Suffragette geworden wäre, nachdem sie mir mitgeteilt hatte, dass sie keine Zeit hatte, an den Anti-Suffragetten-Treffen teilzunehmen."

„Vor allem, da es nur einen gab", sagte Henry in der wörtlichen Stimmung, die ihm aufgezwungen worden war, „und niemand kam dazu. Es hätte nicht viel von ihrer Zeit gekostet. Nicht, dass ich jemals gehört hätte, dass es wertvoll sei."

„Was sie mit ihrem Tag anfangen kann, kann ich mir nicht vorstellen", sagte Frau Altham, die von diesem neuen Thema völlig abgelenkt war. „Ihre Köchin erzählte Griffiths, dass sie morgens meist überhaupt nicht in die Küche geht und man sie kaum vor dem Mittagessen in der High Street einkaufen sieht, und das, wenn Elsie nach Dresden gegangen ist und sie Wenn ihr Mann den ganzen Tag auf seinen Runden ist, muss sie froh sein, wenn es Schlafenszeit ist. Und sie ist auch eine kleine Schläferin, denn sie hat mir selbst erzählt, dass sechs Stunden eine gute Nacht für sie sind, obwohl ich davon ausgehe, dass sie mehr schläft, als ihr bewusst ist, und ich vermute, dass sie auch nach dem Mittagessen ein Nickerchen macht. Meine Güte, worüber haben wir gesprochen? Ach ja, ich habe gesagt, dass ich mich nicht wundern sollte, wenn sie Suffragette geworden wäre, obwohl ich mich nicht erinnern kann, was mich dazu gebracht hat, das zu denken."

„Weil Tapworths Junge mit dem Fahrrad die Hauptstraße hinaufgefahren ist", sagte Herr Altham, der die große Gabe hatte, aus dem Wirrwarr der Gespräche seiner Frau einzelne Fäden herauszusuchen; „Obwohl die High Street schließlich zu anderen Häusern außer dem von Mrs. Evans führt. Der Bahnhof zum Beispiel."

„Sie scheinen an allem, was ich heute Abend sage, etwas auszusetzen, Henry. Ich weiß nicht, was dich so widerspenstig macht. Aber da ist es: Ich habe gesehen, wie achtzehn Yards Suffragettenband verschickt wurden, als ich heute Morgen zufällig bei Tapworth war, und ich wage zu behaupten, dass das nur ein Zehntel dessen ist, was bestellt wurde, obwohl ich dazu keine Aussage machen kann, es sei denn, Sie Erwarten Sie, dass ich den ganzen Tag in der High Street stehe und zuschaue. Und was das alles zu bedeuten hat, lasse ich Sie selbst erraten, denn wenn ich Ihnen sagen würde, was ich denke, würden Sie mir wahrscheinlich wieder widersprechen."

Es war kein Wunder, dass Frau Altham verärgert war. Sie war bis ins Mark von den Päckchen Suffragettenbandes begeistert gewesen, und als sie ihre Entdeckung mitteilte, hatte Henry, der sonst so mitfühlend war, nichts gesehen, worüber sie sich hätte freuen können. Aber er hatte nicht vorgehabt, unsympathisch zu sein, und machte seinen Fehler wieder gut.

„Ich bin sicher, mein Lieber, dass Sie eine sehr gute Vorstellung davon haben, was es bedeutet", sagte er. "Sag mir was du denkst."

„Nun, wenn Sie es wissen möchten", sagte sie, „ich denke, das alles deutet darauf hin, dass eine Demonstration geplant ist, und ich für meinen Teil sollte mich nicht wundern, wenn ich eines Morgens aus dem Fenster schaute und Mrs. Ames und … sah." Mrs. Brooks und der Rest marschieren mit Bändern und Bannern die High Street entlang. Sie haben zu allem sehr geschwiegen, zumindest ist mir kein Wort von dem, was sie getan haben, zu Ohren gekommen, und ich halte das für einen Beweis dafür, dass etwas vor sich geht und dass sie es geheim halten wollen."

Mr. Althams Rechtsverstand schrie ihn auf, den Einwand vorzutragen, dass das völlige Fehlen von Nachrichten nicht unbedingt ein Beweis dafür sei, dass aufregende Ereignisse stattfinden, aber er war zu Recht der Ansicht, dass eine solche Logik als Zeichen anhaltender „Widersprüchlichkeit" gewertet werden könnte ." Also stimmte er der Theorie seiner Frau unlogisch zu.

„Sicherlich ist es seltsam, dass man von all dem nichts mehr gehört hat", sagte er. „Ich frage mich, was sie planen. Die Wahl steht auch so bald bevor! Können sie in diesem Zusammenhang irgendetwas planen?"

Mrs. Altham stand auf und ließ ihre Serviette auf den Boden fallen.

„Henry, ich glaube, du hast es geschafft", sagte sie. „Was kann es nun sein? Lasst uns in den Salon gehen und es ausreden."

Aber die besten Dreschmaschinen der Welt können ihre Funktion nur dann erfolgreich erfüllen, wenn Material vorhanden ist, mit dem sie arbeiten können. Sie können nur durch ihre wirbelnden Räder und klappernden Geräte zeigen, dass sie dreschen können, wenn ihnen etwas zur Verfügung gestellt wird. Die armen Althams befanden sich einigermaßen in dieser Lage, denn ihre Klatschrationen wurden traurigerweise reduziert und ihre beiden Hauptquellen wurden von ihnen abgeschnitten. Denn seit die verlogene Mrs. Brooks als Kleopatra aufgetreten war, als sie so gut wie versprochen hatte, Hermine zu sein, war an die Stelle der Intimität zwischen den beiden Häusern kühle Höflichkeit getreten, da nicht abzusehen war, welchen Streich sie nicht als nächstes spielen würde. während die sehr entschiedene Linie, die Mrs.

Altham eingeschlagen hatte, als sie feststellte, dass von ihr erwartet wurde, Leute wie Handwerkerfrauen zu treffen, zu einem völligen Bruch in den Beziehungen zu den Ames geführt hatte. Dass Treffen der Suffragetten stattfanden, stand fest, denn sonst könnte jeder vernünftige Verstand dafür verantwortlich sein, dass es erst heute einen perfekten Strom von Menschen gab, von denen einige Mrs. Altham nicht einmal vom Sehen kannte und die daher wahrscheinlich von der niedrigsten Herkunft waren Man hatte gesehen, wie er aus Mr. Turners Lagerhaus kam, darunter auch Mrs. Ames und die Frau des Bahnhofsvorstehers. Es war lächerlich, „mir zu sagen", dass sie alle Einkäufe getätigt hatten (niemand hatte es ihr gesagt), und diese Annahme wurde durch die spätere Entdeckung, dass das fragliche Lagerhaus nur eine Menge Stühle enthielt, völlig widerlegt. All dies war jedoch zur Teezeit ausgedroschen worden, und die Schwungräder summten leer. Gegen die Wahrscheinlichkeit einer Wahldemonstration sprach die Tatsache, dass das Mitglied der Unionisten, auf das sich diese Aufmerksamkeit natürlich richten würde, Mrs. Ames' Cousine war, obwohl „Cousin" ein vages Wort war und Mrs. Altham sich nicht wundern würde, wenn er war in der Tat eine sehr entfernte Cousine. Dennoch würde es sich auf jeden Fall lohnen, Eintrittskarten für das erste Treffen von Sir James zu besorgen, bei dem der Präsident des Handelsausschusses sprechen würde, um sich einen guten Platz zu sichern. Soweit Frau Altham wusste, war *er nicht der Cousin von Frau Ames, obwohl sie nicht vorgab, die Verzweigungen der Familie von Frau Ames zu verstehen.*

Nachdem dieses dürftige Material gründlich gesiebt worden war, ließ man die Schwungräder noch eine Weile schweigend weiterlaufen, für den Fall, dass sich noch etwas anderes bot; dann schlug Herr Altham ein anderes Thema vor.

„Sie sagten, Sie hätten sich gefragt, wie Mrs. Evans ihre Zeit überstanden hätte", begann er.

Aber es bestand für ihn kein Grund, ein weiteres Wort zu sagen, es bestand keine Gelegenheit dazu.

Mrs. Altham beugte sich wie ein Falke über den Steinbruch.

„Sie meinen Major Ames", sagte sie. „Ich bin mir sicher, dass ich nie an dem Haus vorbeikomme, an dem er nicht reingeht oder rauskommt, und meiner Meinung nach geht er viel mehr hinein als bei den anderen."

Henry verstand die Bedeutung dieser merkwürdig klingenden Leistung und bestätigte sie.

„Er war heute Morgen dort", sagte er, „um elf Uhr, oder es könnte auch schon Viertel nach gewesen sein, auf der Türschwelle, mit einem Strauß Chrysanthemen, der groß genug war, um alle Dekorationen von Mrs. Ames in St. Barnabas zu zieren." . Was ist los, meine Liebe?"

Denn Mrs. Altham war buchstäblich von ihrem Stuhl aufgesprungen und zeigte mit einem Zeigefinger auf ihn, der vor namenloser Emotion zitterte.

„Um Viertel nach eins oder ein paar Minuten später", sagte sie, „lag dieser Blumenstrauß mitten auf der Straße. Sagen wir zwanzig Minuten nach eins, denn ich kam direkt nach Hause, nahm meinen Hut ab und war bereit für das Mittagessen. Es ähnelte eher einem Heuhaufen als einem Blumenstrauß: Ich bin sicher, wenn ich nicht darüber gestiegen wäre, wäre ich gestolpert und gestürzt. Und wenn ich bedenke, dass ich es dir gegenüber nie erwähnt habe, Henry! Wie sich die Dinge zusammenfügen, wenn man ihnen eine Chance gibt! Haben Sie tatsächlich gesehen, wie Major Ames es ins Haus getragen hat?"

„Die Tür wurde ihm gerade geöffnet, als ich ihm gegenüberstand", sagte Henry bestimmt, „und er ging hinein, mit Blumenstrauß und allem."

„Dann *muss* es jemand wieder weggeworfen haben", sagte Frau Altham.

Sie hielt eine Hand hoch und zählte die Namen an den Fingern ab.

„Wer war damals im Haus?" Sie sagte. "Frau. Evans, Dr. Evans, Major Ames. Sonst hätten die Dienstboten – wie sie in diesem Haus Arbeit für sechs Dienstboten finden können, ist mir nicht klar – und die Dienstboten nie Chrysanthemen auf die Straße geworfen. Wir brauchen also die Diener nicht zu zählen. Können Sie sich vorstellen, dass Mrs. Evans einen Blumenstrauß wegwirft, den Major Ames ihr mitgebracht hat? Wenn ja, beneide ich Sie um Ihre Vorstellungskraft. Oder--"

Sie hielt einen Moment inne.

„Oder kann es einen Streit gegeben haben, und hat sie ihm gesagt, dass sie zu viel von ihm und seinen Blumensträußen hat? Oder--"

"DR. Evans", sagte Henry.

Sie nickte bedeutungsvoll.

„Er und sein Blumenstrauß haben das Haus verlassen", sagte sie. "DR. Evans ist ein kräftiger Mann und Major Ames ist trotz seiner Größe größtenteils fett. Ich würde mich nicht wundern, wenn Dr. Evans ihn niedergeschlagen hätte. Henry, ich habe die Absicht, Mrs. Ames so zu behandeln, als hätte sie mich an diesem Tag nicht so beleidigt (und das ist schließlich nur christliches Verhalten), und ihr morgen nach dem Mittagessen das Buch zu bringen, das sie ihr gesagt hat wollte letzten Juli sehen. Ich habe sicher vergessen, was es war, aber jedes Buch reicht aus, denn sie möchte nur, dass man denkt, dass sie es liest. Schließlich würde es mir leid tun, wenn Mrs. Ames davon ausgehen müsste, dass alles, was sie tun kann, mich aus der Fassung bringen könnte, und ich würde gerne sehen, ob sie sich immer noch die Haare färbt.

Nach den Chrysanthemen auf der Straße sollte es mich nicht im Geringsten überraschen, wenn ich erfahre, dass Major Ames krank ist. Dann werden wir alles wissen. Meine Güte, es ist schon elf Uhr und ich hatte noch nie weniger Lust zu schlafen."

Henry ging nach all dem Gespräch und der Aufregung die Treppe hinunter, um einen milden Whisky mit Limonade zu trinken, aber während er noch halb ausgetrunken war, verspürte er den Drang, nach oben zu rennen und an die Tür seiner Frau zu klopfen.

„Ich komme nicht rein, Liebes", antwortete er auf ihre leidenschaftliche Ablehnung. „Aber wenn Sie feststellen, dass Major Ames nicht krank ist?"

„Niemand wird sich mehr freuen als ich, Henry", sagte sie mit enttäuschter Stimme.

Henry ging sanft wieder die Treppe hinunter.

Frau Ames war zu Hause, als die nachsichtige Frau Altham am folgenden Nachmittag eintraf und ein Exemplar eines Buches mitbrachte, von dem es bereits zwei Exemplare im Haus gab. Aber sie erinnerte sich deutlich daran, dass sie im vergangenen Juli ein Buch sehen wollte, über das sie gemeinsam gesprochen hatten, und es war sehr nett von Frau Altham, versucht zu haben, es ihr zu liefern. Zweifellos hatte sie aufgehört, ihr Haar zu färben, denn darin waren die üblichen grauen Strähnen zu sehen, ein Beweis (falls Mrs. Altham einen Beweis wollte, was sie nicht wollte), dass auf künstliche Mittel zurückgegriffen worden war. Und so wie Frau Altham mit ihrer scharfen Beobachtung den Unterschied in den Haaren von Frau Ames bemerkte, so bemerkte sie auch einen Unterschied bei Frau Ames. Sie wirkte nicht mehr überheblich: Sie hatte eine Freundlichkeit an sich, die völlig anders war als ihre übliche Herablassung, obwohl sie sich nur in den trivialen Vorkommnissen eines Nachmittagsbesuchs manifestierte, wie zum Beispiel darin, ein Kissen auf ihren Stuhl zu legen und zu fragen, ob sie das Zimmer gefunden hätte , mit seinem blühenden Feuer, zu heiß. Dies führte auch zu interessanten Informationen.

„Heute ist es kaum kalt genug für ein Feuer", sagte sie, „aber mein Mann hat einen leichten Hexenschuss."

„Es tut mir so leid, das zu hören", sagte Frau Altham fieberhaft. „Wann hat er es gefangen?"

„Er hat es gestern Abend vor dem Abendessen zum ersten Mal gespürt. Es ist enttäuschend, denn er erwartete, dass Harrogate ihn von solchen Tendenzen heilen würde. Aber es ist nicht sehr schlimm: Ich habe keinen Zweifel daran, dass er gleich zum Tee hier sein wird."

Mrs. Altham war davon überzeugt, dass er das nicht tun würde, und beeilte sich, weitere Aufklärung zu erlangen.

„Sie müssen sehr damit beschäftigt sein, an die Wahl zu denken", sagte sie. „Ich gehe davon aus, dass Sir James sicher reinkommt. Ich habe heute Morgen Karten für sein erstes Treffen bekommen."

„Das wird die Rede sein, bei der der Präsident des Handelsausschusses sprechen wird", sagte Frau Ames. „Mein Cousin und er essen zuerst bei uns."

Frau Altham entschied sich für direktere Fragen.

„Es muss wirklich Mut erfordern, heutzutage Politikerin zu sein", sagte sie, „vor allem, wenn man im Kabinett sitzt." Mr. Chilcot war in letzter Zeit kaum in der Lage, seinen Mund zu öffnen, ohne von einer Suffragette unterbrochen zu werden. Lieber Mensch, ich hoffe, ich habe nicht das Falsche gesagt! Ich habe Ihr Mitgefühl völlig vergessen."

„Es ist sicherlich ein Thema, das mich interessiert", sagte Mrs. Ames, „aber was das Falsche angeht, liebe Mrs. Altham, die Welt wäre ein sehr langweiliger Ort, wenn wir uns alle einig wären. Aber ich denke, dass es für eine Frau genauso viel Mut erfordert, bei einem Meeting aufzustehen und zu unterbrechen. Ich kann mir nicht vorstellen, mutig genug zu sein. Ich habe das Gefühl, ich sollte nicht in der Lage sein, auf die Beine zu kommen oder ein Wort zu sagen. Sie müssen es sehr ernst meinen und eine große Überzeugungskraft haben, um ihnen Mut zu machen."

Dies war nicht sehr zufriedenstellend; Wenn daraus etwas gelernt werden konnte, dann dies, dass Mrs. Ames nur eine laue Unterstützerin der Sache war. Aber was folgte, war noch ärgerlicher, denn das Stubenmädchen meldete Mrs. Evans.

„Es tut mir so leid, das mit Major Ames zu hören, liebe Cousine Amy", sagte sie. „Wilfred hat mir erzählt, dass er ihn besucht hat."

Mrs. Ames machte sozusagen eine Kussunterlage aus dem Gesicht ihrer kleinen Kröte, und Millie tupfte ihre Wange darauf.

„Liebe Millie, wie nett von dir, dass du anrufst! Parker, sagen Sie dem Major, dass der Tee fertig ist und dass Mrs. Evans und Mrs. Altham hier sind."

Doch als Major Ames eintraf, war Mrs. Altham nicht mehr da. Sie war zutiefst angewidert von der Verwandlung all des schönen Getreides, das sie in der Nacht zuvor herausgedroschen hatten, in Spreu. Sie brachte es ihrem Mann gegenüber kurz und bündig auf den Punkt, als er vom Golfspiel zurückkam.

„Ich glaube nicht, dass die Suffragetten überhaupt etwas unternehmen werden, Henry", sagte sie, „und ich sollte mich nicht wundern, wenn diese

Chrysanthemen mit niemandem etwas zu tun hätten. Das Einzige ist, dass ihr Haar gefärbt ist, weil es wieder so dicht mit Grau gesprenkelt war wie Ihres, und ich erkläre, dass ich *die Sicherheit des Rennens* hinter mir gelassen habe, anstatt es wieder zurückzubringen, wie ich es vorhatte."

Henry, der sein Golfspiel gewonnen hatte, war natürlich optimistisch.

„Dann haben Sie Major Ames also nicht wirklich gesehen?" er hat gefragt.

„Nein, aber es gab keinen Zweifel mehr an allem", sagte sie. „Ich glaube nicht, dass ich übermäßig leichtgläubig bin, aber es war klar, dass mit ihm außer einem leichten Hexenschuss nichts los war. Und all diese Suffragetten-Geschichten bedeuten überhaupt nichts, trotz der vielen Meter Bande. Sie können sich auf mein Wort verlassen."

„Dann hat es keinen Sinn, zu Sir James' Treffen zu gehen", sagte Henry, „obwohl der Präsident des Handelsausschusses sprechen wird."

„Nicht, es sei denn, Sie wollen hören, wie der größte Blödmann des Landes den größten Trottel des Landes mit Butter beschmiert. Es würde mir leid tun, meine Zeit damit zu verschwenden; und er speist mit den Ames, und ich nehme an, dass alles, was man sehen wird, die Reihe von ihnen auf dem Bahnsteig sein wird, die alle von einem der größten Abendessen von Mrs. Ames angeschwollen sind. Gestern Abend wären wir vielleicht zur gewohnten Zeit ins Bett gegangen, so nützlich unser Gespräch auch war. Und du hast die Chrysanthemen gesehen, von denen du so viel erwartet hast und es für lohnenswert gehalten hast, mir davon zu erzählen."

Und Henry war zu sehr deprimiert über die völlige Flachheit all dessen, was er zu einem so fairen Versprechen gemacht hatte, als dass er jemals Protest gegen die offensichtliche Ungerechtigkeit dieser Schlussfolgerungen eingelegt hätte.

Der Hexenschuss von Major Ames war von laodizeanischer Art, weder heiß noch kalt. Es hing umher, stach ihn gelegentlich scharfsinnig ein und zog sich manchmal in parthischer Manier zurück, so dass er ermutigt wurde, ein Glas Portwein zu trinken, woraufhin es erneut auf ihn schoss und er sich wieder seinem Eintopf aus schlampiger Ernährung widmen musste deprimierende Reflexionen. Vor allem die Beziehungen, in die er sich in Bezug auf Millie eingelassen hatte, erfüllten ihn mit einer ängstlichen, aber dennoch jubelnden Aufregung, aber er übertrieb sein Unwohlsein fast, wenn nicht ganz, um sich der Verantwortung zu entziehen, zu entscheiden, was sollte komm daraus. Das feuchte und stürmische Wetter machte es für ihn ratsam, im Haus zu bleiben, und sie besuchte ihn täglich. Hinter ihrer zurückhaltenden Stille erahnte er einen erwartungsvollen und sicheren Geist: Es gab keinen Zweifel an ihrer Sicht auf die Situation, die zwischen ihnen entstanden war. Sie hatte einmal zu oft mit den Gefühlen anderer gespielt und war in der Aufregung gefangen, die sie so oft hervorgerufen hatte, ohne daran teilzuhaben. Mrs. Ames war bei diesen Besuchen im Allgemeinen anwesend, aber wenn ganz sicher war, dass sie nicht hinsah, sah Millie ihn oft an, und hinter ihnen lauerte diese beunruhigende Überzeugung. Ihre Rede war ebenso beunruhigend, denn sie sagte immer: „Es wird schön sein, wenn es dir wieder gut geht", auf eine Weise, die den alltäglichen Worten völlig widersprach. Und diese Kraft, die dahinter lag, kontrollierte ihn seltsamerweise. Fast unwillkürlich antwortete er auf ihre Signale und gönnte sich das geliebte Privileg, den Anschein zu erwecken, als würde er alles verstehen, was nicht gesagt wurde. Er war sich auch immer darüber im Klaren, dass die Affäre einen schlechten Geschmack hatte – nämlich, dass eine Frau, die in ihn verliebt war und der er deutlichste Anzeichen dafür gegeben hatte, dass er sich auf ihrer Gefühlsebene befand, das auch tun sollte Er spiele diese ungespielten Szenen im Haus seiner Frau, komme dorthin, um seine arbeitsunfähigen Stunden zu verbringen, und er solle seinen Teil dazu beitragen. Es war alltäglich, und er konnte nicht umhin, diese Alltäglichkeit mit der Bewusstlosigkeit seiner Frau zu vergleichen. Gelegentlich neigte er zu dem Gedanken: „Arme Amy, wie wenig sie sieht", aber ebenso oft kam ihm der Gedanke, dass sie zu groß war, um sich solcher Kleinigkeiten bewusst zu sein, deren er und Milly sich schuldig gemacht hatten. Und in Wirklichkeit lag die Wahrheit zwischen diesen extremen Ansichten. Sie war nicht zu groß, um sich dessen bewusst zu sein; Sie war sich dessen durchaus bewusst, aber sie war groß genug, um zu groß zu wirken, um sich dessen bewusst zu sein. Sie schaute zu und verachtete sich selbst dafür, dass sie zusah. Sie ernährte sich von Verdächtigungen, war aber stark genug, sie wieder auszuspucken. Außerdem, und das ermöglichte es der robusteren Haltung, zu gedeihen, war sie mit einem eigenen Albtraum beschäftigt, der von Tag zu Tag lebhafter und unausweichlicher wurde.

Ein Jahrzehnt voller Streaming-Oktobertage verging in dieser schwierigen Atmosphäre des Misstrauens, der Unsicherheit und der Besorgnis. Von den dreien war es Major Ames, der sich am meisten unwohl fühlte, denn er hatte keine Inspiration, die es ihm ermöglichte, dieses schmutzige Martyrium zu ertragen. Er ahnte, dass Millie sich in einer Situation befand, in der von ihm erwartet wurde, dass er eine sehr wichtige Rolle spielen würde, und er hatte das Gefühl, dass die Begeisterung, die er besaß, nicht die richtige Temperatur hatte, und er blickte auf die friedlichen Tage zurück, als sein Garten ihn versorgte nicht nur mit Blumen, sondern auch mit den ergreifendsten Gefühlen, die sein Wesen kennt, fast mit Bedauern. Es war alles so friedlich und angenehm gewesen in diesem Binnenhafen, und jetzt schleppte sie ihn wie ein Dampfschlepper langsam am Pier vorbei in eine Einöde voller Brecher. Streng genommen war es ihm jederzeit möglich, das Schleppseil abzuwerfen und zu seinem ruhigen Ankerplatz zurückzukehren, aber er fürchtete, dass ihm dazu die moralische Kraft fehlte. Er hatte sie das Seil an Bord werfen lassen, er hatte dabei geholfen, es am Poller zu befestigen, und dabei sozusagen gedacht, er sei der Schlepper und sie das zerbrechliche kleine Fahrzeug. Aber dieses zerbrechliche kleine Fahrzeug hatte sich zu einem motorisierten Gerät entwickelt, und nun war er an der Reihe, hilflos und zumindest unwillig und völlig uninspiriert abgeschleppt zu werden. Die anderen hatten jedenfalls Inspiration, um ihr Unbehagen zu mildern: Mrs. Ames der Sinn für Gerechtigkeit und Schwesternschaft, der ihr kümmerliches Dasein bescherte, Mrs. Evans das Feuer, dessen Verbrennungen, so seltsam und unerlaubt sie auch sein mögen, so banal und trivial sie auch sein mögen Der Stoff, aus dem es entspringt, muss immer noch Liebe genannt werden.

Es war der Abend von Sir James' erstem Treffen, und Mrs. Ames überzeugte sich um sechs Uhr davon, dass bei den Vorbereitungen für das Abendessen nichts ausgelassen worden war. Die gedruckten Menükarten lagen bereit und kündigten alles an, was am üppigsten war; Auf der Anrichte befanden sich die nötigen Messer-, Löffel- und Gabelstaffeln; Die Teller aus opaleszierendem Glas für Eis standen bereit, und mit diesem schrecklichen Fest hatte nichts mehr zu tun, das für sie den Schrecken hatte wie das Frühstück eines Mörders am letzten Morgen seines Lebens, was dazu dienen konnte, ihre Gedanken noch mehr abzulenken . Millie sollte mit ihnen speisen und mit ihnen zu dem Treffen kommen, aber im Moment schien es überhaupt keine Rolle zu spielen, was Millie tat. Den ganzen Tag hatte Mrs. Ames nach problematischen Strohhalmen gesucht, die sie vielleicht retten könnten: Es war möglich, dass Mr. Chilcot von plötzlichem Unwohlsein befallen würde und das Treffen verschoben werden würde. Aber sie selbst hatte ihn in Cousin James' Motor vorbeifahren sehen und sah dabei besonders herzlich aus. Oder Cousin James könnte sich mit Grippe anstecken: Lady Westbourne hatte sie bereits und sie war angenehm ansteckend. Oder Lyndhurst könnte einen wirklich akuten Hexenschuss bekommen, aber stattdessen fühlte er sich heute wieder absolut wohl und hatte sogar ein wenig Garten-Rollen gemacht. Eine nach der anderen waren diese glänzenden Möglichkeiten ausgelöscht worden – jetzt war kein vernünftiger Anker mehr übrig, außer dass ihr das Abendessen völlig missfallen würde (und das war kaum wahrscheinlich, da sie sich unfähig fühlte, etwas zu essen) oder dass der Motor, der sie in die Stadt bringen sollte Die Halle würde zusammenbrechen.

Um halb sechs ging sie nach oben, um sich anzuziehen; Auf diese Weise würde sie sich eine Viertelstunde Zeit nehmen, bevor die eigentliche Deckungsarbeit begann, in der sie allein sein und sich wirklich mit dem auseinandersetzen konnte, was passieren würde. Es war sinnlos, sich der Sache am Stück zu stellen: Alles in allem hatte der kommende Abend den Schrecken und die Unwirklichkeit eines Albtraums, der über ihm brütete. Sie musste es von Moment zu Moment durchhalten, von der Zeit, in der sie ihre Gäste willkommen hieß, die sie, so schien es ihr, dann verraten würde, bis zu der Zeit, in der sie, vielleicht in vier Stunden, wieder hier sein würde in ihrem Zimmer, und alles, was passiert war, hatte sich in die wollige Textur der Vergangenheit eingewoben, anstatt in der stählernen, unmittelbar bevorstehenden Zukunft zu sein. Es gab ein Abendessen; Das war angesichts dessen, was folgen sollte, nur erträglich: An sich würde es ihr Freude bereiten, ihren Cousin und einen so bemerkenswerten Mann als Kabinettsminister zu bewirten. Es ist also klar, dass sie das Abendessen vom Rest trennen und es unabhängig genießen muss. Aber als sie zum Abendessen hinunterging, musste sie das kleine schwarze Samtsäckchen hier liegengelassen haben ... das war kein so angenehmer Gedanke. Doch der kleine schwarze Samtbeutel hatte noch nichts zu tun. Dann würde die Fahrt zum Rathaus folgen: Das würde nicht unangenehm sein; an sich würde sie lieber den Aufruhr und den Pomp ihrer Ankunft genießen. Sir James würde zweifellos zu dem prüfenden Türhüter sagen: „Diese Damen sind bei mir“, und sie würden unter Zeichen ihrer Ehrerbietung weitergehen. Wahrscheinlich würde es eine kleine Prozession zum Bahnsteig geben ... Der Bürgermeister würde höchstwahrscheinlich mit ihr, ihr und ihrem kleinen schwarzen Samtbeutel vorangehen ...

Und dann hatte die arme Frau Ames plötzlich das Gefühl, dass sie einen Nervenzusammenbruch erleiden würde, wenn sie noch mehr darüber nachdachte. Und bei diesem Gedanken streckte ihre Inspiration sozusagen eine kühle, feste Hand nach ihr aus. Um jeden Preis ließ sie diesen Albtraum um der Sache willen durchleben, die ihn inspirierte. Es hatte keinen Sinn zu sagen, dass es angenehm war, und es war auch nicht angenehm, einen Zahn ziehen zu lassen. Aber jede Frau mit der geringsten Selbstachtung ging, sobald sie davon überzeugt war, dass es besser sei, den Zahn herauszuziehen, zur vereinbarten Zeit zum Zahnarzt und lehnte das Benzin ab (Mrs. Ames hatte eine sehr entschiedene Meinung über diejenigen, die einen Aufstand wegen eines machten). kaum Schmerzen), öffnete den Mund und hielt die Armlehnen des Stuhls ganz fest. In diesen Momenten wollte man etwas, woran man sich festhalten kann. Sie fragte sich, woran sie sich heute Abend festhalten würde. Vielleicht würde das Festhalten jemand anders übernehmen – zum Beispiel ein Polizist.

Bevor sie sich anzog, musste sie sich noch um ein Detail kümmern und öffnete den kleinen schwarzen Samtbeutel. Darin befanden sich zwei Ketten – leicht, aber aus Stahl; man hatte sie mit der erfreulichen Empfehlung verkauft, dass jede von ihnen allein eine Dogge halten würde, was mehr war, als erforderlich war. Eine davon war so lang, dass sie eng um ihre Taille passte: Ein Karabinerschloss mit Karabiner, das durch das letzte Glied führte und mit einem inneren Druckknopf verschlossen wurde, machte einen Schlüssel überflüssig. Sie schlug vor, diesen unter dem leichten Umhang anzuziehen, den sie vor dem Start trug. Die zweite Kette war etwas länger, aber ansonsten ähnlich. Es sollte durch die bereits an ihrer Taille befestigte Schlaufe und um den Gegenstand herumgeführt werden, an dem sie sich befestigen wollte. Ein weiterer Schnappverschluss sorgte für die nötige Verbindung.

Sie sah, dass alles in Ordnung war, legte die große Suffragetten-Rosette auf den anderen Apparat und schloss den Beutel: Es war sinnlos, sich durch Hinsehen daran zu gewöhnen; Sie könnte genauso gut die Zange des Zahnarztes inspizieren und hoffen, so ihren Griff zu mildern. Sie würde den Umhang und die kleine Samttasche hier lassen und nach dem Abendessen heraufkommen, um sie abzuholen. Und schon war die Viertelstunde vorbei und es war Zeit, sich anzuziehen.

Zu diesem Anlass sollte die gewagte rosafarbene Seide getragen werden, und sie hoffte, dass sie keine grobe Behandlung erfahren würde. Doch es spielte kaum eine Rolle: Nach dieser Nacht würde sie es höchstwahrscheinlich nie wieder zu Gesicht bekommen, und Lyndhurst würde es voller unangenehmer Assoziationen finden. Und dann empfand sie plötzlich tiefes Mitleid mit ihm und wegen der Verwunderung und des Kummers, die er gleich verspüren würde. Er konnte nicht anders, als sich brennend für sie zu schämen und vor Wut und Demütigung zu ersticken. Vielleicht würde es zu einem weiteren Hexenschussanfall führen, den sie zutiefst bereuen würde. Aber sie rechnete nicht damit, dass sie sich auch nur im Geringsten schämen würde. Aber sie wünschte sich zutiefst, dass es nicht dazu gekommen wäre.

Und nun war sie fertig: Die rosafarbene Seide schimmerte sanft im elektrischen Licht, die „dazu passenden" rosafarbenen Satinschuhe steckten an ihren rundlichen, hübschen kleinen Füßen, die Granatreihe war um ihren Hals geschlungen. In ihrem Gesicht war viel Farbe, und sie war erfreut, dass sie so gut aussah. Das letzte Mal, dass sie all diese feinen Federn getragen hatte, war an dem Abend, als sie mit braunem Haar und gemilderten Falten von Overstrand nach Hause kam. Das war kein gelungener Abend: Es schien, als sei die rosafarbene Seide dazu bestimmt, bei ungünstigen Szenen zu glänzen. Aber jetzt war sie bereit: Dies war ihr letzter Moment allein. Und sie ließ sich neben dem Bett auf die Knie fallen, in einem plötzlichen Anfall von Verzweiflung über das, was vor ihr lag, und stellte fest, dass ihre Lippen unwillkürlich die Worte wiederholten, die in der größten und heiligsten Qual gesprochen wurden, die der Geist eines Menschen jemals erlebt hat, wenn denn Einen Moment lang hatte Er das Gefühl, dass nicht einmal Er der

Opferung seiner selbst oder dem Trinken aus dem Kelch standhalten konnte. Doch im nächsten Moment sprang sie wieder von den Knien auf, ihr Gesicht war voller Scham über ihre Erbärmlichkeit. „Du elender kleiner Feigling!" sagte sie sich. "Wie kannst du es wagen?"

Das Abendessen, dieses lange, teure Abendessen, brachte Ärger mit sich, mit dem Mrs. Ames nicht gerechnet hatte. Herr Chilcot war, wie es schien, stets ein Abstinenzler und aß nie etwas anderes als ein paar pochierte Eier, bevor er eine Rede hielt. Aufgrund der jüngsten Erfahrungen war er auch ein wenig nervös gegenüber Suffragetten und verlangte wiederholte Zusicherungen, dass unverantwortliche Frauen nicht gesehen worden seien.

„Es ist wahr, dass ich vor ein oder zwei Wochen einen Brief erhalten habe, in dem ich nach meiner Meinung gefragt wurde", sagte Sir James, „aber ich habe eine ziemlich knappe Antwort geschrieben und nichts mehr darüber gehört. Mein Agent ist ziemlich hellwach. Er hätte gewusst, ob es zu Störungen kommen würde. Nein danke, Major, ein Glas Champagner ist alles, was ich mir gönne, bevor ich eine Rede halte. Großartiger Wein, ich weiß; Ich sage immer, man schenkt einem das beste Glas Wein, das man in Kent trinken kann. Wie ist übrigens die Zeit? Ah, wir haben noch viel Zeit."

„Ich gönne mir gerne fünf Minuten Ruhe, bevor ich zum Bahnsteig gehe", sagte Herr Chilcot.

„Ja, das wird in Ordnung sein. Vielleicht könnten wir den Motor fünf Minuten früher haben, Cousine Amy. Nein, kein Kalbsbries, danke. Meine Güte, was für ein tolles Abendessen Sie uns bescheren."

Es herrschte eine schreckliche und düstere Atmosphäre. Während Mr. Chilcot über seine Rede nachdachte, blickte er stirnrunzelnd auf seine pochierten Eier und, als sie fertig waren, auf das Tischtuch. Cousin James lehnte ein Gericht nach dem anderen ab, Mrs. Ames fühlte sich außerstande, etwas zu essen, und Major Ames und Mrs. Evans, die praktisch Vegetarierin war, mussten sich um das Zechen kümmern. Die Weine blieben unberührt, das Schweigen wurde länger, und eine endlose Reihe von Gerichten lockte niemanden außer Major Ames an. Bei diesem Tempo wäre nicht nur eine, sondern eine ganze Reihe von Mittagspartys nötig, um die unberührten Köstlichkeiten dieses unglückseligen Abendessens zuzubereiten. Draußen prasselte heftiger Regen gegen die Fenster, und als der Wind aufkam, fing das Feuer an zu rauchen und Mr. Chilcot zu husten. Eine Neuausrichtung der Tür und des Fensters schaffte Abhilfe, aber Vetter James wurde von einem kühlen Luftzug überschwemmt. Mr. Chilcot hellte sich ein wenig auf, als der Kaffee kam, aber der Kaffee war die einzige Schwachstelle in einer bewundernswerten Mahlzeit, da er nur mäßig warm war. Er legte es nieder. Frau Ames hat versucht, diesen Fehler zu beheben.

„Ich fürchte, es ist nicht heiß genug", sagte sie. „Parker, sagen Sie ihnen, sie sollen es sofort anheizen."

Cousin James schaute auf seine Uhr.

„Wirklich, ich denke, wir sollten weg", sagte er. „Ich bin sicher, dass sie im Hotel eine Tasse Kaffee für Mr. Chilcot bekommen können. Wir gehen vielleicht alle zusammen, es sei denn, du hast etwas bestellt, Cousine Amy. Der Motor hält problemlos fünf."

Ein kräftiger, kühler Oktoberregen fiel, und sie fuhren durch verschwommene und trostlose Straßen. Ein paar Gestalten unter Regenschirmen gingen schnell über die trostlosen Bürgersteige, eine Menschenmenge von kleinster Größe, kaum zwei Personen hoch, auf dem Bürgersteig gegenüber dem Rathaus, beobachtete die Ankunft der Teilnehmer der Versammlung. Es gab eine unbedeutende Schlange von einem halben Dutzend Waggons, die auf ihre Ausschiffung warteten, aber als die Zeiger der Rathausuhr anzeigten, dass das Treffen noch nicht in zwanzig Minuten beginnen würde, konnte sich nicht einmal Mr. Chilcot über diese Möglichkeit aufregen einer Tasse Kaffee vor seiner Anstrengung. Durch die regennassen Fenster konnte Mrs. Ames sehen, wie dürftig die Versammlung der Karteninhaber war, was zweifellos an der trüben Nacht lag. Es war natürlich möglich, dass bald Menschenmassen eintrafen, aber Riseborough legte im Allgemeinen Wert darauf, rechtzeitig an ihrem Platz zu sein, und sie rechnete mit einem spärlich besuchten Raum. Mrs. Brooks eilte in Regenmantel und Goloschen vorbei, die fröhliche Familie Turner, die direkt hinter ihnen in einem Taxi saß, tauchte in die nasse Nacht und tauchte unter der Markise wieder auf. Mrs. Currie (Frau des Bahnhofsvorstehers) hatte mit ihrer Suffragettenrosette in einem Papierpaket ein freundliches Wort mit einem Polizisten an der Tür, und bei diesen Anblicken, da sie auf eine gewaltsame Versammlung der Liga hindeuteten, fühlte sie sich verwirrt wenig gefördert. Dann fuhr das Auto weiter und hielt erneut gegenüber der Markise, und ihre Gruppe stieg ab.

Ein geschäftiger Beamter verlangte ihre Eintrittskarten und wurde kurzerhand von einem anderen, ebenso geschäftigen, aber aufgeklärteren Beamten beiseite geschoben, der Sir James erkannt hatte, und führte sie alle zum Salon des Bürgermeisters, wo dieser Würdenträger sie empfing. Es gab bereits Kaffee, und alle diesbezüglichen Bedenken waren beseitigt. Herr Chilcot versteckte sich mit seiner Tasse und seinen Notizen in einer Ecke, während die anderen, insbesondere Sir James, sich mit jener Mischung aus gesellschaftlicher Herablassung und offizieller Ehrerbietung verhielten, die im Umgang mit Bürgermeistern die richtige Einstellung zu sein scheint.

Dann sagte die Bürgermeisterin: „George, mein Lieber, es ist schon eine halbe Stunde her; Werden Sie Mrs. Ames begleiten?"

George fragte Mrs. Ames, ob ihm die Ehre zuteil werden dürfe, und bemerkte:

„Ich fürchte, wir werden nur ein knappes Treffen haben. Äußerst ungünstig für Oktober."

Mrs. Ames zog ihren Umhang etwas enger um sich, um eine Kette zu verbergen, die bedeutender war als die des Bürgermeisters, und spürte, wie der kleine schwarze Samtbeutel im Takt ihrer Schritte gegen ihr Knie schlug.

Sie gingen durch die kargen, kahlen Gänge mit Steinböden, die im Einklang mit der Nässe des Abends kalte Feuchtigkeit ausströmten, und kamen plötzlich in einem hellen Lichtstrahl heraus.

Ein leiser Applaus von den fast leeren Bänken kündigte ihr Erscheinen an und sie ließen sich auf einer Reihe weicher Sessel hinter einem langen Eichentisch nieder. Der Bürgermeister saß in der Mitte, rechts und links von ihm saßen Sir James und Mr. Chilcot. Direkt gegenüber von Mrs. Ames befand sich ein großes Tischbein, das für sie die Bedeutung des Hinrichtungsschuppens hatte.

Sie legte ihre Tasche bequem auf die Knie und öffnete leise den Riegel, mit dem sie befestigt war. Es mussten noch keine weiteren Vorbereitungen getroffen werden, da die Kette bereits fertig war, und in einer merkwürdigen, unverantwortlichen Ruhe nahm sie ihre Umgebung weiter wahr. Alles in allem waren kaum hundert Leute da, und als sie ihren Blick über die Sitze schweifen ließ, war ihr Gesicht ein Gesicht nach dem anderen freundlich und vertraut. Mrs. Currie verneigte sich, und die Familie Turner strahlte in einem Zustand höchster Aufregung; Mrs. Brooks winkte ihr aufgeregt zu. Sie saßen alle in ermutigender Nähe zueinander, aber sie war allein, wie auf der unerbittlichen See, während sie auf dem Pier waren ... Dann räusperte sich der Bürgermeister.

Es war vereinbart worden, dass der Bürgermeister ununterbrochen angehört werden sollte, da er der örtliche Lebensmittelhändler war, und man hatte vielleicht stillschweigend geglaubt, dass er wegen der minderwertigen Qualität der späteren Zuckerlieferungen Vergeltungsmaßnahmen ergreifen würde. Er verwickelte sich in Sätze, die kein Ende hatten und wahrscheinlich ewig gedauert hätten, wenn er ihnen nicht mit lobenswerter Tapferkeit die Schwänze abgehackt hätte, als ihre Windungen ihn zu erwürgen drohten, und von neuem begonnen hätte. Der Sinn des Ganzen bestand darin, dass sie die Ehre hatten, den Präsidenten des Board of Trade und Sir James Westbourne begrüßen zu dürfen. Glücklicherweise bestätigten die Plakate, mit denen die Stadt in den letzten zwei Wochen Plakate angebracht hatte, die Information, und kein vernünftiger Mensch konnte mehr daran zweifeln.

Er freute sich, eine so überfüllte Versammlung zusammenkommen zu sehen – das war nicht sehr erfreulich, aber der Satz war sorgfältig durchdacht, und es war schade, ihn nicht wiederzugeben – und war überzeugt, dass sie alle eine äußerst interessante und unterhaltsame Zeit verbringen würden Abend, der sich sicherlich als epochal erweisen würde. Die Politik wurde in Riseborough ernst genommen, und es war erfreulich zu sehen, wie so viele Mitglieder des schönen Geschlechts an der Versammlung teilnahmen. Er hatte das Gefühl, dass er sie alle lange genug festgehalten hatte (nein) und dass er sie nicht länger festhalten würde (ja), sondern den ehrenwerten Mr. Chilcot anrufen würde (Prost).

Als Herr Chilcot aufstand, erhob sich auch Herr Turner und sagte mit klarer, fröhlicher Stimme: „Stimmen für Frauen." Er hatte eine Rosette, die etwas schief an seiner Schulter befestigt war. Sofort standen auch seine Frau und seine Tochter auf und sagten in einer Art gregorianischem Choral: „Frauenrechte", und das Rasseln von Ketten sorgte für eine angenehme, leichte Begleitung. Unter ihrem Sitz zog Frau Currie ein Banner hervor, das mit den entsprechenden Farben verziert war und auf dem „Stimmen für Frauen" gestickt war. Aber die Falten klebten entmutigend aneinander: Es gab nie ein niedergeschlageneres Banner. Zwei tapfere Träger, die sie mitgebracht hatte, standen ebenfalls auf, wischten sich mit dem Handrücken über den Mund und sagten mit leiser, heiserer Stimme: „Stimmen für Frauen."

Dies dauerte nur ein paar Sekunden und es herrschte wieder Stille. Es war unmöglich, sich eine weniger beeindruckende Demonstration vorzustellen: Es schien die Inkarnation der Ineffektivität zu sein. Mr. Chilcot hatte sich sofort hingesetzt, als es begann, und obwohl er Grund hatte, sich vor Suffragetten zu scheuen, schien er völlig ungestört zu sein; Er lächelte gutmütig und konsultierte für einen Moment noch einmal seine Notizen. Und dann wurde Mrs. Ames plötzlich klar, dass sie keinen Anteil daran gehabt hatte; Es hatte so schnell begonnen und so schnell geendet, dass sie eine Zeit lang nur zugesehen hatte. Aber dann kamen ihr Blut und ihr Mut zurück: Es sollte jedenfalls nicht ihre Schuld sein, wenn es dem Verfahren an Feuer mangelte. Die Idee, alles, was ihr in den letzten Monaten so viel bedeutet hatte, schien ihr zur Seite zu stehen und sie um Hilfe zu bitten. Sie öffnete den kleinen schwarzen Samtbeutel, steckte ihn an ihre Rosette, führte die zweite Kette (stark genug, um einen Mastiff zu halten) durch die erste und umrundete das Tischbein vor sich, hörte das Klicken des Schnappverschlusses und stand auf ihre Füße, winkt mit der Hand.

"Stimmen für Frauen!" Sie weinte. "Stimmen für Frauen. Hurra!"

Sofort drehten sich alle auf dem Bahnsteig zu ihr um: Sie sah Lyndhursts entzündetes und erstauntes Gesicht mit dem vor ungläubiger Überraschung geöffneten Mund, wie ein Fisch in einem Aquarium; sie sah Cousin James' Stirnrunzeln mit ausgeprägtem Entsetzen. Mrs. Evans sah aus, als würde sie gleich lachen, und die Bürgermeisterin sagte: „Herrgott!" Mr. Chilcot drehte sich auf seinem Sitz um, und sein gut gelauntes Lächeln verschwand und hinterließ ein wütendes, kämpfendes Gesicht. Aber all diese Feindseligkeit und dieses Erstaunen schüchterten sie nicht ein oder brachten sie zum Schweigen, sondern wirkten eher wie ein Schluck Wein. "Stimmen für Frauen!" sie weinte wieder.

Daraufhin wurde der Ruf ernst genommen: Mit einer verzweifelten Anstrengung entfaltete Mrs. Currie ihr Banner, so dass es frei schwebte, ihre Träger brüllten ihre Botschaft mit der Überzeugung, die sie in ihren Ansagen an einen haltenden Zug zum Ausdruck brachten, dass dies Riseborough sei. Die Turner-Familie schrie fröhlich zusammen: Mrs. Brooks, die nicht in der Lage war, ihre Rosette zurechtzurücken, wedelte wild damit, und eine feste Gruppe von Enthusiasten direkt unter der Plattform stieß laute und militante Schreie aus. Alles, was einen Moment zuvor flach und leblos gewesen war, war inspiriert und lebendig. Und Mrs. Ames hatte es getan. Einen Moment lang hatte sie nichts als Ruhm in ihrem Herzen.

Mr. Chilcot beugte sich über den Tisch zu ihr.

„Ich hatte keine Ahnung", sagte er, „als ich die Ehre hatte, mit Ihnen zu speisen, dass Sie mir gleich danach vorschlugen, mich mit solch grober Unhöflichkeit zu behandeln."

"Stimmen für Frauen!" schrie Mrs. Ames erneut.

Diesmal wurde der Schrei weniger vehement aufgenommen, denn es gab nichts, was ihn unterbrechen konnte. Mr. Chilcot beriet sich einen Moment lang ruhig mit Sir James, und Mrs. Ames sah, dass Lyndhurst und Mrs. Evans miteinander redeten: Ersterer stotterte vor Wut, und Mrs. Evans hatte ihre schlanke, weißbehandschuhte Hand auf sein Knie gelegt. offenbar in dem Versuch, ihn zu beruhigen. Derzeit schien das Unterfangen keinen nennenswerten Erfolg zu haben. Trotz ihrer Aufregung kam Mrs. Ames vor, wie lächerlich Lyndhursts Gesicht war; Er tat ihr auch leid. Außerdem hatte sie das Gefühl, dass das ein Riesenspaß war: Noch nie in ihrem Leben war sie so effektiv gewesen, noch nie hatte sie auch nur für einen Moment die Pläne anderer Menschen gelähmt. Aber das tat sie jetzt; Mr. Chilcot war hierher gekommen, um zu sprechen, und sie erlaubte es ihm nicht. Und wieder rief sie „Stimmen für Frauen!"

Ein Polizeiinspektor war auf den Bahnsteig gekommen und nach ein paar Worten mit Sir James sprang er in den Saal hinunter. Im nächsten Moment stapften einige Dutzend Polizisten von draußen herein, und unmittelbar darauf wurde die Familie Turner, immer noch strahlend, die Gangway hinuntergeschleppt und fest ausgeworfen. Verschiedene hohe Töne und gedämpftes Geschrei erklangen von draußen, aber nach ein paar Sekunden waren sie verstummt, als ob ein Wasserhahn zugedreht worden wäre. Etwas mehr Ärger gab es mit Mrs. Currie, aber ein paar geschickte Ruckbewegungen lösten das etwas dünne Holzgeländer, an dem sie sich befestigt hatte, und sie wurde in einer Art trippelnden Schritts, wie ein fröhlich tanzender Bär, mitgenommen Ketten klingelten um sie herum, hinter den Turners her, und gingen leise in die Nacht hinaus. Dann kam Sir James zu Mrs. Ames.

„Cousine Amy", sagte er, „Sie müssen uns bitte Ihr Wort geben, keine weiteren Unruhen zu verursachen, sonst werde ich ein paar Männern sagen, dass sie Sie mitnehmen sollen."

"Stimmen für Frauen!" schrie Mrs. Ames erneut. Aber die Aufregung, die sie beherrschte, ließ schnell nach, und aus dem Saal kam außer deutlich hörbarem Gelächter keine Reaktion.

„Es tut mir sehr leid", sagte Cousin James.

Und dann wurde ihr plötzlich die Sinnlosigkeit der ganzen Sache bewusst. Was hatte sie getan? Sie war ihren beiden Gästen gegenüber lediglich äußerst unhöflich gewesen, hatte ihren Mann ernsthaft verärgert und völlig berechtigtes Gelächter hervorgerufen. General Fortescue saß ein paar Reihen entfernt: Er sah sie durch seinen Zwicker an, und sein rotes, gut gelauntes Gesicht war voller Lächeln. Dann sprangen zwei Polizisten, von denen einer in der St. Barnabas Road feststeckte, auf den Bahnsteig, und mehrere Leute verließen ihre Plätze, um von einer günstigeren Position aus zuzusehen.

„Bitte um Verzeihung, Ma'am", sagte der Polizist von St. Barnabas und berührte mit unerschütterlicher Höflichkeit seinen Helm. „Sie ist auch angekettet, Bill."

Bill war ein langsamer, großer, väterlich aussehender Mann und untersuchte die Fesseln von Frau Ames. Dann breitete sich ein breites Grinsen über sein liebenswürdiges Gesicht.

„Es ist gerade erst um das Tischbein herumgereicht worden", sagte er. „Häng das Tischbein an, Kumpel, und zieh es ab."

Es war zu wahr ... Patentschloss und Kette, die den Mastiff hielt, wurden über das Tischbein geschoben, und Mrs. Ames wurde, während der väterlich aussehende Polizist höflich ihre Ketten und den kleinen Samtbeutel trug, sanft und unweigerlich durch das Tischbein geschleudert Sie ging durch die Tür, durch die sie vor einer Viertelstunde in Begleitung des Bürgermeisters eingetreten war, den steinernen Gang hinunter und hinaus auf die triefende Straße. Der Regen fiel heftig auf das rosafarbene Seidenkleid, und der väterliche Polizist legte ihren Umhang, der halb heruntergefallen war, noch schützender um sie.

„Nehmen Sie besser ein Taxi, Ma'am, und gehen Sie ruhig nach Hause", sagte er. „Sie werden sich erkälten, wenn Sie hier bleiben, und wir können Sie nicht wieder reinlassen, bitte um Verzeihung, Ma'am."

Mrs. Ames sah sich um: Mrs. Currie überquerte gerade die Straße, offenbar auf dem Heimweg, und eine Kutsche mit der Familie Turner fuhr davon. Ein Gefühl des völligen Versagens und der Sinnlosigkeit erfasste sie: Es war kalt und nass, und ein kühler Wind ließ die Markise flattern und blies einen Schauer tropfender Regentropfen auf sie herab. Die Aufregung und der Mut, die sie gerade besessen hatten, waren völlig verflogen: Es war nichts bewirkt worden, es sei denn, man konnte es als Leistung werten, sich lächerlich zu machen.

„Rufen Sie ein Taxi für die Dame, Bill", sagte ihr Polizist beruhigend.

Dieser wurde bald gerufen, und Bill berührte seinen Helm, als sie einstieg, und bevor er die Tür schloss, zog er das Fenster für sie hoch. Der Taxifahrer kannte sie auch, und es war nicht nötig, ihm ihre Adresse zu geben. Der Regen prasselte auf die Fenster und auf das Dach, und das Pferd planschte zügig durch die Pfützen auf der Fahrbahn.

Parker öffnete ihr die Tür und war überrascht, wie schnell sie zurückkam.

„Warum, gnädige Frau!" Sie rief: „Ist etwas passiert?"

„Nein, nichts, Parker", sagte sie und spürte, dass ihren Worten eine schreckliche Wahrheit zugrunde lag. „Sagen Sie dem Major, wenn er hereinkommt, dass ich zu Bett gegangen bin."

Sie schaute einen Moment ins Esszimmer. Es war so kurze Zeit vergangen, dass der Tisch noch nicht abgeräumt war: Die gedruckten Menükarten waren eingesammelt, aber der Kaffee, der nicht heiß genug gewesen war, stand noch ungeschmeckt in den Tassen, und die Ananasscheiben, geschnitten, aber nicht gegessen, waren ruinös zusammengestapelt. Der Gedanke an all die Mittagessen, die nötig sein würden, um all dieses teure Essen zu sich zu nehmen, verursachte ihr Übelkeit … Diese kleinen Dinge hatten in ihrem Kopf eine lächerliche Größe angenommen; das, was so groß gewirkt hatte, wurde jämmerlich geschrumpft. Sie fühlte sich schrecklich müde, kalt und einsam.

KAPITEL XII

„ UND was ist jetzt zu tun?" sagte Major Ames und hob seinen Speck hoch in die Luft über seinem Teller. „Wenn Sie mich nicht gehört haben, sagte ich: ‚Was ist jetzt zu tun?' Ich weiß nicht, wie Sie Riseborough noch einmal ins Gesicht sehen können, und, auf mein Wort, ich sehe auch nicht ein, wie ich das kann. Sie werden auf der Straße auf mich zeigen und sagen: „Das ist Major Ames, dessen Frau sich lächerlich gemacht hat." Das hast du getan, Amy. Du hast dich lächerlich gemacht. Und welchen Nutzen hatte das Ganze? Sind Sie der Wahl näher gekommen als zuvor, weil Sie ein Dutzend Mal „Stimmen für Frauen" gerufen haben? Sie haben nur umso mehr bewiesen, wie völlig ungeeignet Sie sind, überhaupt etwas Eigenes zu haben, geschweige denn eine Stimme. Ich habe eine schlaflose Nacht damit verbracht, an deine Torheit zu denken, und heute Morgen fühle ich mich höllisch unwohl."

Dies stellte eindeutig einen Höhepunkt dar, und Frau Ames nutzte die darauffolgende rhetorische Pause.

„Unsinn, Lyndhurst", sagte sie; „Ich habe dich schnarchen gehört."

„Es reicht aus, um einen Mann zum Schnarchen zu bringen", sagte er. „Schnarchen, tatsächlich! Warum konntest du mir nicht einmal sagen, dass du dich wie ein dummer Verrückter benehmen würdest, und wenn ich dich nicht zu einem vernünftigen Verhalten hätte überreden können, hätte ich stehen bleiben können, anstatt einer solchen Ausstellung zuzuschauen? Jeder wird annehmen, dass ich davon gewusst und Sie befürwortet habe. Ich habe gute Laune, dem *Kent Chronicle zu schreiben* und zu sagen, dass ich absolut keine Ahnung hatte, was Sie tun würden. Du hast uns blamiert; das hast du getan."

Er trank unvorsichtigerweise einen Schluck Tee, denn er war viel heißer, als er erwartet hatte.

„Und jetzt habe ich mir den Mund verbrannt!" er sagte.

Mrs. Ames legte ihre Serviette ab, verließ ihren Platz, kam und stellte sich neben ihn.

„Es tut mir leid, dass Sie so verärgert sind", sagte sie, „aber ich kann und werde nichts mit Ihnen besprechen, wenn Sie so reden. Du denkst nur an dich selbst, daran, ob du in Ungnade gefallen bist und ob du eine schlechte Nacht hattest."

„Sicherlich scheinen Sie nicht an mich gedacht zu haben", sagte er.

„Tatsächlich habe ich das getan", sagte sie. „Ich wusste, dass es dir nicht gefallen würde, und es tat mir leid. Aber glauben Sie, dass es mir gefallen hat?

Aber ich habe am meisten über den Grund nachgedacht, warum ich es getan habe."

„Sie haben es getan, um Bekanntheit zu erlangen", sagte Major Ames überzeugt. „Sie wollten Ihren Namen in den Zeitungen sehen, da er die Rede eines Kabinettsministers unterbrochen hatte. Ich bin froh, sagen zu können, dass Sie nicht einmal diese Befriedigung haben werden. Ihr Cousin James, der immerhin ein anständiger Kerl ist, hat gestern Abend mit den Reportern gesprochen und sie gebeten, jeglichen Bericht über die Störung wegzulassen. Sie stimmten zu; sie sind auch anständige Kerle; Sie wollten Ihre Torheit nicht an die Öffentlichkeit bringen. Sie hatten Mitleid mit dir, Amy; Und wie gefällt es Ihnen, wenn ein halbes Dutzend Reporter für ein Pfund pro Woche Mitleid mit Ihnen haben? Ihr Cousin James war ebenso großzügig. Er war mir gegenüber nicht böse, schüttelte mir die Hand und sagte, er habe gesehen, dass es dir schlecht ging, als er sich zum Abendessen setzte. Aber wenn ein Mann von Welt, wie Ihr Cousin James, sagt, dass er denkt, dass es einer Frau nicht gut geht, weiß ich, was er meint. Er dachte, du wärst betrunken. Tatsächlich betrunken. Das dachte er. Er dachte, du wärst betrunken. Meine Frau ist betrunken. Und es war die freundlichste Interpretation, die er hätte geben können. Verrückt oder betrunken. Er entschied sich für betrunken. Und er hoffte, dass ich nächste Woche irgendwann vorbeikommen und ihm beim Auslichten der Fasane helfen könnte. Sehr freundlich, wenn man bedenkt, was alles passiert ist."

Mrs. Ames entfernte sich leicht von ihm.

„Willst du gehen?" Sie fragte.

„Natürlich habe ich vor zu gehen. Er zeigt einen sehr großzügigen Geist, und ich denke, ich kann den größten seiner Raketentalente erklären. Er möchte die Dinge glätten, großzügig sein und all das – er streckt den Olivenzweig hin. Er erkennt, dass ich mit Ihrer Torheit leben muss, und wenn bekannt wird, dass ich mit ihm geschossen habe, wird uns das helfen. Verzeihen und vergessen, hey? Ich werde einfach da rübergehen, *en garçon* , und die Sache in Ordnung bringen. Ich wage zu behaupten, dass er Sie irgendwann noch einmal fragen wird. Er will nicht hart zu dir sein. Ich auch nicht, da bin ich mir sicher. Aber es gibt Dinge, die kein Mensch ertragen kann. Manchmal muss ein Mann sein Wort durchsetzen, auch wenn er es seiner Frau gegenüber antut. Und wenn ich gerade etwas grob zu dir war, musst du dir klar machen, Amy, du musst erkennen, dass ich stark, stark und richtig empfunden habe. Wir müssen mit dem leben, was Sie getan haben. Nun, ich bin bei dir. Wir werden es gemeinsam durchleben. Ich werde deinen Frieden mit deinem Cousin schließen. Du kannst mir vertrauen."

Diese großartigen Zusicherungen konnten Mrs. Ames nicht beeindrucken, und sie nahm sie nicht zur Kenntnis. Stattdessen kehrte sie ziemlich abrupt und unbequem zu einem früheren Thema zurück.

„Sagen Sie mir, dass Cousin James glaubte, ich sei betrunken", sagte sie. „Jetzt wusstest du, dass ich es nicht war. Aber du scheinst es durchgehen zu lassen."

Major Ames hatte das Gefühl, dass es möglicherweise großzügigere Zusicherungen geben könnte.

„Es gibt einige Dinge, die man besser ignorieren sollte", sagte er. „Lass schlafende Hunde liegen. Ich denke, je weniger wir über letzte Nacht reden, desto besser. Ich hoffe, ich bin großzügig genug, es dir nicht noch unangenehmer zu machen, als du bist, Amy."

Mrs. Ames setzte sich auf einen Stuhl am Kamin. Dort brannte ein riesiges Feuer, das in keinem Verhältnis zu dem Tag stand, und sie schirmte ihr Gesicht mit der Morgenzeitung vor der Flamme ab. Außerdem nahm sie sich vor, mit Parker darüber zu sprechen.

„Du fühlst mich wirklich sehr unbehaglich, Lyndhurst", sagte sie; „Indem du mir nicht sagst, was ich dich frage. Hast du es durchgehen lassen, als du sahst, dass James dachte, ich sei betrunken?"

"Ja; er hat es nicht mit so vielen Worten gesagt. Wenn er das gesagt hätte, dann hätte ich, glaube ich, eine Antwort geben sollen. Und wohlgemerkt, es war keine Anschuldigung, die er gegen Sie erhoben hat; Er hat eine Entschuldigung für dich gefunden!"

Das kleine, unbedeutende Gesicht von Mrs. Ames wurde plötzlich sehr fest und starr.

„Darauf müssen wir nicht näher eingehen", sagte sie. „Sie haben gesehen, dass er dachte, ich sei betrunken und sagte nichts. Und danach willst du rübergehen und seine Fasane schießen. Ist das so?"

„Sicherlich ist es das. Du machst einen Berg aus —"

„Ich mache aus nichts einen Berg. Ich persönlich glaube nicht, dass Cousin James so etwas gedacht hat. Wichtig ist, dass du es passieren lässt. Was zählt, ist, dass ich Ihnen sagen muss, dass Sie sich bei mir entschuldigen müssen, anstatt es selbst zu sehen."

Major Ames stand auf und schob seinen Stuhl heftig zurück.

„Nun, hier ist ein hübscher Stand der Dinge", rief er; „Dass du mir sagen solltest, ich solle mich für die erniedrigende Ausstellung gestern Abend entschuldigen!" Ich frage mich, was Sie als nächstes fragen werden? Ein

Dankesvotum des Bürgermeisters, das sollte mich nicht wundern, und eine beleuchtete Ansprache. Du bringst mir bei, was ich tun soll! Ich hätte gedacht, dass eine Frau ihrem Mann nur allzu gerne vertrauen würde, wenn er so freundlich gewesen wäre wie ich, sie aus den Folgen ihrer Torheit befreien zu wollen. Und jetzt müssen Sie dort vor einem Feuer sitzen, auf dem man einen Ochsen braten kann, und mir sagen, dass ich mich entschuldigen muss. Entschuldigung, verdammt noch mal! Dort! Es ist nicht meine Gewohnheit zu fluchen, wie Sie wissen, aber es gibt Gelegenheiten – Entschuldigung!"

Und einen Moment später bebte das Haus unter dem Donner der zugeschlagenen Haustür.

Mrs. Ames saß ein paar Minuten genau dort, wo sie war, und schützte ihr Gesicht immer noch vor dem Feuer. Sie spürte alle erschreckenden Auswirkungen der Reaktion, die auf die Aufregung folgt, ob die Aufregung nun überwältigend oder so widerlich war wie gestern Abend, aber sie bereute ihren Anteil an den Ereignissen des Vorabends oder der Fortsetzung nicht einen Moment lang von diesem Morgen. Die letzte Nacht hatte in einem völligen Fiasko geendet, aber sie hatte ihr Bestes gegeben; Das Gespräch heute Morgen hatte in einem ziemlich heftigen Streit geendet, doch wieder war es ihr unmöglich, ihren Anteil daran noch einmal zu überdenken. Menschlich fühlte sie sich geschlagen und verspottet und im Herzen krank, aber sie schämte sich nicht. Sie hatte eine schlaflose Nacht verbracht und war furchtbar müde, mit dieser Müdigkeit, die jeden Mut und jede Widerstandskraft zu schwächen scheint, und allmählich wurden ihre Augen trübe, und die schwierigen, dürftigen Tränen des mittleren Alters, die so bitter sind, begannen zu rollen über ihre Wangen, und die harten, unelastischen Schluchzer stiegen in ihrer Kehle auf ... Doch es hatte keinen Sinn, hier zu sitzen und zu weinen, Mittag- und Abendessen mussten bestellt werden, ob sie sich unglücklich fühlte oder nicht; Sie musste sehen, wie groß der Schaden war, den die nassen Gehwege letzte Nacht an ihren rosa Satinschuhen angerichtet hatten; Sie musste über dieses Ochsenbratenfeuer sprechen. Außerdem wurde für elf Uhr ein Suffragettentreffen im Haus von Herrn Turner anberaumt, bei dem vergangene Erfolge und Zukunftspläne besprochen werden sollten. Sie hatte kaum Zeit, sich das Gesicht zu waschen, denn es war undenkbar, dass Parker oder die Köchin sehen würden, dass sie geweint hatte, und ihre Hausaufgaben erledigen würden, bevor es an der Zeit wäre.

Sie trocknete ihre Augen und ging zum Fenster, durch das die blasse, safranfarbene Oktobersonne strömte. Alle stürmischen Unruhen der Nacht waren vorüber, und die Luft funkelte im „klaren Glanz nach dem Regen".

Aber der Frost von ein paar Nächten zuvor hatte die Herbstblumen geschwärzt, und der kalte Regen hatte die Pracht der Chrysanthemen ihres Mannes niedergedrückt, so dass die Gartenbeete verdorrt und zerzaust aussahen, wie diejenigen, deren Interesse am Leben erloschen ist, und die Es ist ihnen egal, wie sie aussehen. Das Interesse anderer an ihnen schien ebenfalls erschöpft zu sein; Es war hier nicht der Tag des Gärtners, denn er kam nur zweimal in der Woche, und Major Ames, der eifrig dabei sein sollte, die abgebrochenen Stängel zu verbinden, die Kranken zu ermutigen und die durch den Sturm angerichteten Verwüstungen zu beseitigen, war gegangen das Haus. Vielleicht war er in den Club gegangen, vielleicht versuchte er sogar jetzt, alles auf die leichte Schulter zu nehmen. Sie konnte ihn fast sagen hören: „Frauen haben seltsame Vorstellungen in ihrem Kopf, und die Vorstellungen gehen mit ihnen davon, Gott segne sie." Sie nehmen doch ein Glas Sherry mit, General, nicht wahr? Gehst du nächste Woche zufällig zum Shooting mit Sir James? Eines Tages werde ich dort drehen." Oder hat er woanders darüber gesprochen und es vielleicht nicht auf die leichte Schulter genommen? Sie wusste nicht; Sie wusste nur, dass sie allein war und jemanden wollte, der sie verstand, auch wenn er anderer Meinung war. Es schien keine Rolle zu spielen, dass Lyndhurst völlig anderer Meinung war als sie. Entscheidend war, dass er ihre Beweggründe so völlig missverstanden hatte, dass ihm die monströse Unterstellung, sie sei betrunken gewesen, wie eine Ausrede vorkam. Und es tat ihm nicht leid. Was konnte sie tun, da es ihm nicht leid tat? Es war ebenso schwierig, darauf zu antworten, wie leicht zu wissen, was man tun sollte, wenn es ihm leid tat. Dann wäre es tatsächlich unnötig, etwas zu tun; Die Versöhnung würde automatisch erfolgen und etwas mit sich bringen, nach dem sie sich sehnte, eine Gelegenheit, ihm klar zu machen, dass sie sich um ihn kümmerte, dass die Frau in ihr sich ihm zuwandte, auf eine andere Art und Weise, als sie es versucht hatte, zurückzuerobern der Anschein von Jugend und seine erwachte Bewunderung. Heute blickte sie beschämt auf diese Episode zurück. Sie hatte sich mit einem so dürftigen Ziel so viel Mühe gegeben. Und doch war diese unschuldige und natürliche Koketterie in ihr noch nicht ganz erloschen; Das Herz keiner Frau muss so alt sein, dass es sich nicht mehr darum kümmert, ob sie in den Augen ihres Mannes gefällt. Nur heute kam es Mrs. Ames so vor, als ob ihre Schmerzen ebenso unverhältnismäßig zu ihrem Ziel gestanden hätten wie zu dessen Ergebnis; Jetzt sehnte sie sich danach, sich Mühe zu geben, für einen Zweck, der etwas tiefer lag als der, für den sie ihre Falten glättete und die Farbe ihres Haars auffrischte.

Sie wandte sich vom Fenster und dem leeren Garten ab und wünschte sich, dass es erneut regnen würde, damit sie einen Vorwand hätte, in einem geschlossenen Taxi zu Mr. Turner zu fahren. So wie die Lage war, gab es keine solche Entschuldigung, und sie hatte das Gefühl, dass es eine Anstrengung erfordern würde, am Clubfenster vorbeizugehen und die gesamte Länge der High Street zu überqueren. Sie wusste, dass die Frau Riseborough an diesem warmen, sonnigen Morgen in großer Zahl da sein würde, in Läden ein- und ausgehen und auf dem Bürgersteig kleine Gespräche führen würde. Heute und noch viele Tage lang würde es nur ein Thema geben; Es würde lange dauern, bis die Herbstneuheit etwas von ihrer Frische verlieren würde. Sie fragte sich, wie ihr Erscheinen in der Stadt aufgenommen werden würde; Würden die Leute lächeln und sich zur Seite wenden, wenn sie sich nähert, und flüstern oder kichern, nachdem sie vorbeigegangen ist? Was war mit dem Bürgermeister, der wie ein ehrlicher Kaufmann oft an der Tür seines Ladens zu sehen war oder die „Verkleidung" seiner Schaufenster betrachtete? Am Ende der Straße stand immer ein Polizist und kontrollierte den Querverkehr von der St. Barnabas Road. Wäre er derjenige gewesen, der gestern Abend geholfen hatte, ihre Bewegungen voranzutreiben? ... Sie hatte fast das Gefühl, dass sie ihm danken sollte ... Und dann kehrte ganz plötzlich ihr Mut wieder zurück, oder es war ihr klar, dass sie es nicht tat. Im Vergleich dazu ist es für jeden einzelnen Kommentar oder Beigeschmack, der in der High Street stattfinden könnte, oder für dessen Gesamtgewicht zweierlei wert. Es gab andere Dinge, um die man sich kümmern musste. Sie kümmerten sich sehr um sie.

Die Hauptstraße erwies sich als mit Zwischenfällen gepflastert. Als sie schnell um die Ecke bog, wäre sie beinahe auf Bill gestoßen, den Polizisten, der um diese Zeit nicht im Dienst war und offensichtlich vor einem kleinen, amüsierten Kreis vor dem Wirtshaus eine Art humorvolles Konzert gab. Als sie erschien, wurde es abrupt abgebrochen, und sie hatte das Gefühl, dass das Interesse, das sein Publikum am sonnigen Oktoberhimmel entwickelte, den es mit einem schwachen Grinsen betrachtete, nach ihrem Tod von unterdrücktem Gelächter abgelöst werden würde. Ein paar Schritte weiter kontrollierte ihr zweiter Polizist Bill den Verkehr am Markttag und lächelte ihr freundlich und vertraut zu, als ob es sich um einen großen, privaten Scherz handelte. Zwanzig Meter weiter die Straße entlang stand der Bürgermeister und betrachtete sein Schaufenster; Er sah sie, und dringende Geschäfte schienen seine Anwesenheit im Haus zu erfordern. Danach kam General Fortescue zum Club gewankt; Er überquerte die Straße, um sie zu treffen, nahm seinen Hut ab und schüttelte ihr die Hand.

"Von Jove! „Mrs. Ames", sagte er, „ich habe ein Treffen noch nie so sehr genossen, und meine Frau ist wütend, dass sie nicht gegangen ist. Was für ein Spaß! Ich fühlte mich wieder ziemlich jung. Ich wollte auch schreien und ihnen sagen, sie sollen den Damen eine Stimme geben. Ungeheuer amüsant! Ich gehe einfach in den Club, um mich über alles zu unterhalten."

Und er ging seines Weges, sein dicker alter Körper zitterte vor Lachen. Dann fühlte sie sich von dieser Begegnung ziemlich unwohl, als sie schnelle Schritte hörte, die sie verfolgten, und Mrs. Altham gesellte sich zu ihr.

„Oh, Mrs. Ames", sagte sie. „Ich könnte vor Ärger sterben, weil ich nicht da war. Stimmt es wirklich, dass Sie Mr. Chilcot mit einem Glas Wasser beworfen und den Polizisten geschlagen haben? Stellen Sie sich vor, dass es eine so furchtbar nasse Nacht gewesen wäre und Henry und ich einfach zu Hause saßen und nie gedacht hätten, dass fünf Minuten in einem Taxi einen solchen Unterschied machen würden. Wir saßen da und spielten Geduld; Ich wäre höchst ungeduldig gewesen, wenn ich es gewusst hätte. Und was soll als nächstes passieren? Es war so dumm von mir, deiner Liga nicht beizutreten; Ich frage mich, ob es zu spät ist."

Das war ziemlich schrecklich; Frau Ames war auf die Wut ihres Mannes und auf den Stolz und die Abneigung von Menschen wie Frau Altham vorbereitet. Was völlig unerwartet und unwillkommen war, war, dass sie eine Art Volkserfolg erzielt haben sollte, dass Riseborough das schreckliche Fiasko der letzten Nacht als eine Errungenschaft betrachtete, etwas, worüber man nicht nur reden konnte, sondern eine Art neues Spiel, aufregender als Krocket oder Kritik. Anfangs hatte sie die Suffragettenbewegung als eine Herbstneuheit betrachtet, aber die Magerkeit kam ihr sehr nahe, als sie feststellte, dass sie nun für andere so erschien, wie sie es sich zuerst selbst vorgestellt hatte. Seitdem war sie gereist; sie hatte das *Hinterland* davon gesehen; die Idee, die dahinter aufstieg, streng, schön und weise. Alles, was diese anderen sahen, war nur der hysterische Dschungel, der die Küste begrenzte. Nach ihrer Erfahrung kam ihr heute Morgen der hysterische Dschungel vor – ein hysterischer Dschungel. Wenn nur auf diesem Weg die Höhen erreicht werden könnten, dann müsse dieser Weg beschritten werden. Sie war bereit, es noch einmal zu versuchen. Aber gab es nicht irgendwo und irgendwie einen besseren Weg?

Es war nicht nötig, besonders freundlich zu Mrs. Altham zu sein, und sie machte keine sichere Aussicht auf eine unmittelbare Wiederholung der Szenen von gestern Abend oder den Wunsch nach weiteren Rekruten. Doch auf diesem kurzen Spaziergang erwarteten sie weitere Prüfungen. Dr. Evans lenkte den hochtretenden Cob, drehte sich um, stieg ab und warf dem Pferdeknecht die Zügel zu.

„Ich muss dir nur gratulieren", sagte er, „denn Millie hat mir von letzter Nacht erzählt. Ich habe ihr gesagt, dass es ihr besser gehen würde, wenn sie nur die Hälfte deines Mutes hätte. Ich hoffe, du hast dich nicht erkältet; Eine schreckliche Nacht, nicht wahr? Lassen Sie mich wissen, wann es wieder soweit ist. Ich hasse Ihre Prinzipien, wissen Sie, aber ich liebe Ihre Praxis. Ich werde auch kommen und schreien!"

Das war absolut schrecklich. Niemand verstand; Sie hatten alle Mitleid mit ihr, aber es war ihnen völlig egal, was sie zu diesen sensationellen Dingen veranlasst hatte ... Sie mochten die sensationellen Dinge ... es machte ihnen Spaß. Aber es machte denen keinen Spaß, die an die Prinzipien glaubten, die ihnen zugrunde lagen. Sie betrachteten sie als einen Clown bei einer Pantomime; Sie wollten Dan Leno sehen.

Sie war einige Minuten zu spät, als sie Mr. Turners Haus erreichte, deprimiert und nicht ermutigt durch diesen verständnislosen Applaus, der alle Kundgebungen, die einem so ernsten Zweck gedient hatten, für einen hervorragenden Witz hielt. Was für sie tragisch und notwendig war, war für sie eine Farce von unterhaltsamer Qualität. Aber jetzt würde sie ihre Glaubensbrüder wieder treffen, diejenigen, die es wussten, diejenigen, deren Überzeugungen, von der gleichen Qualität wie ihre, so schwer waren, dass sie das Gefühl hatte, dass sogar ihr Streit mit Lyndhurst im Vergleich dazu gering war.

Die fröhliche Familie Turner, Vater, Mutter, Tochter, war im Salon und feierte sie als Heldin. Ohne sie hätte es überhaupt keine „Szene" gegeben. Haben die Polizisten wehgetan? Herr Turner hatte eine kleine Prellung am Knie, aber es war ziemlich zweifelhaft, ob er sich diese zugezogen hatte, als er herausgebracht wurde. Mrs. Turner hatte einen kleinen Perlenschmuck verloren, war sich aber nicht sicher, ob sie ihn vor dem Treffen angezogen hatte. Miss Turner hatte heute eine Erkältung, aber es war sicher, dass sie den Ausbruch gespürt hatte, bevor sie alle in den Regen gesetzt wurden. Keiner von ihnen hatte das Ende gesehen; Es wurde vermutet, dass Mrs. Ames einen Polizisten mit einem Glas Wasser beworfen und Mr. Chilcot geschlagen hatte. Sie waren alle bereit für Sir James' nächstes Treffen; Oder wäre er ein Feigling und würde diejenigen, die Zutritt wünschten, einer genauen Prüfung unterziehen?

Mrs. Brooks kam; Sie war letzte Nacht nicht draußen gewesen, hatte sich aber eine Erkältung zugezogen und glaubte nicht, dass viel erreicht worden sei. Herr Chilcot hatte seine offenbar sehr kluge Rede über die Zollreform gehalten, und Sir James war ohne Unterbrechung gefolgt und hatte den halb leeren, aber mitfühlenden Bänken vom House of Lords erzählt. Es gab keine Anspielung auf die Störung oder die Motive, die sie verursachten. Außerdem hatte sie ihre Suffragetten-Rosette verloren. Es musste ihr abgerissen worden sein, obwohl sie nicht spürte, wie es losging.

Frau Currie brachte mehr Leben in das Verfahren. Sie konnte vier Träger dazu bringen, zum nächsten Treffen zu kommen, ein weiteres Banner anzufertigen und dafür zu sorgen, dass das erste, das so unerklärlicherweise hängengeblieben war, richtig entfaltet wurde. Als sie es eine Stunde zuvor

ausprobiert hatte, hatte es ganz ordentlich gewinkt , und als sie es eine Stunde
später zu Hause noch einmal probierte, hatte es ganz ordentlich gewinkt
(denn es war ihr zurückgegeben worden, nachdem sie ausgeworfen worden
war). Zwei Banner, die sich richtig ausdehnen, wären eine ganz andere
Angelegenheit als eines, das sich überhaupt nicht ausdehnt. Ihr Mann hatte
gelacht, sich wegen ihres Berichts über das Verfahren selbst Schaden
zuzufügen.

Lediglich ein Dutzend weitere Mitglieder der Liga erschienen, denn
offensichtlich gab es eine Reaktion und eine Abkühlung nach dem
Flächenbrand von gestern Abend, aber alle zollten Mrs. Ames ihre
Anerkennung. Ihre kleinen Raketen hatten nur gezischt und gestottert, bis
sie ihnen „den Weg zeigte", wie Mrs. Currie es ausdrückte. Aber auch für sie
war es sozusagen das Ritual, die Störung, das Geschrei, das Gefühl, etwas zu
tun, und nicht der Glaube, der hinter dem Ritual stand, was ihre Fantasie
anregte. Könnte der Sache durch das Ausharren einer Stunde einsamer
Zahnschmerzen besser gedient werden, als durch das Schwenken von
Transparenten im Rathaus und den humanen Rauswurf durch wohlwollende
Polizisten, wäre die Leidensbereitschaft geringer gewesen. Und Mrs. Ames
hätte lieber viele Stunden mit körperlichen Schmerzen verbracht, als den
Kummer zu ertragen, der sie heute Morgen quälte. Und niemand schien es
zu verstehen; Mrs. Currie mit ihren vier Trägern und zwei Bannern, Mrs.
Brooks mit ihrer Erkältung im Kopf und dem Geruch von Eukalyptus, die
fröhlichen Turners, die es für eine gute Idee hielten, Zündpillen auf den
Bahnsteig zu werfen, waren alle genauso weit entfernt der Punkt als General
Fortescue, der im Club plaudert, oder sogar als Lyndhurst mit dem
angeschlagenen Speck und der zugeschlagenen Haustür. Für sie war es ein
Spiel, wie es ihr ursprünglich vorgestellt worden war, eine Herbstneuheit,
sagen wir, Donnerstagnachmittag von fünf bis sieben. Wenn nur die
gegenteilige Wirkung erzielt worden wäre; wenn sie es alle so ergreifend
aufgenommen hätten wie Lyndhurst und er so fröhlich wie sie!

In der Zwischenzeit war er, nachdem er die Haustür zugeschlagen hatte, mit
so aufrichtiger Leidenschaft die St. Barnabas Road hinaufgestürmt, dass er
fast den Club erreicht hatte, als ihm einfiel, dass er sein Frühstück kaum
angerührt oder einen Blick auf die Zeitung geworfen hatte. Da es keinen Sinn
hatte, sich selbst zu verhungern (das Verhungern bestand darin, nur die
Hälfte seines Frühstücks zu sich zu nehmen), ging er an die gastfreundlichen
Türen und bestellte sich ein Omelett. Noch nie in seinem Leben war er so
wütend gewesen, noch nie in der erstaunlichen Chronik der Ehe, so kam es
ihm vor, hatte ein Mann eine solche Provokation von seiner Frau erfahren.
Sie hatte die Gäste, die mit ihr gegessen hatten, beleidigt, sie machte einen
öffentlichen und großartigen Esel aus sich selbst, und als er am nächsten
Morgen, nachdem er solche Vorwürfe gemacht hatte, zu denen er moralisch

verpflichtet war, so edel großmütig war, ihr zu versichern dass er alles für sie in Ordnung bringen und es mit ihr ausleben würde, ihm war gesagt worden, dass es an ihm sei, sich zu entschuldigen! Kein Wunder, dass er geschworen hatte; Moses hätte geschworen; Es wäre absolut falsch von ihm gewesen, nicht zu schwören. Es gab Situationen, in denen es für einen Mann feige war, nicht zu sagen, was er dachte. Selbst jetzt, während er auf sein Omelett wartete, stieß er kleine Quietschgeräusche und explosive Ausrufe aus, fast ungläubig über sein Unrecht.

Er aß sein Omelett, was seine Wut nur noch weiter anheizte, und ging ins Raucherzimmer, wo er sich bei einer Clubzigarre, denn er hatte tatsächlich vergessen, sein eigenes Etui mitzubringen, praktischen Überlegungen zuwandte Einzelheiten. Es war nicht klar, wie er wieder in sein Haus eindringen konnte. Er war mit einem Knall hinausgegangen, der die Fenster zum Klirren brachte, aber es war kaum möglich, jedes Mal, wenn er ein- und ausging, weiterhin gegen die Tür zu schlagen, denn keine Schreinerei würde diesen wiederholten Stößen standhalten. Und was sollte getan werden, selbst wenn er einen wirksamen Wiedereintritt finden könnte? Wenn Amy sich nicht in seine Hände begab und vorbehaltlos alles zurücknahm, was sie gesagt hatte, war es ihm unmöglich, mit ihr zu sprechen. Irgendwie hatte er das Gefühl, dass es nur wenige Dinge gab, die weniger wahrscheinlich waren als diese. Sicherlich würde es nichts nützen, die Angriffsoperationen fortzusetzen, denn er hatte keine größeren Geschütze als die, die er bereits abgefeuert hatte, und wenn sie nicht von ausreichendem Kaliber waren, musste er sie einfach mit Schweigen bedrängen – würdevollem, unzufriedenem Schweigen.

Er blickte auf und sah, dass Mr. Altham ihn durch die Glastür betrachtete; Daraufhin zog sich Herr Altham schnell zurück. Nicht lange danach besetzte der junge Morton dasselbe Observatorium und zog sich von dort zurück. Eine kurze Überlegung ermöglichte es Major Ames, dieses einzigartige Verhalten zu interpretieren. Sie hatten vom Verhalten seiner Frau gehört und saugten gefräßig an einem so ungewöhnlichen Spektakel wie ihm zu dieser Zeit im Club teil und rekonstruierten in ihren Affenhirnen seine häuslichen Unruhen. Sie würden wahrscheinlich feststellen, dass er hier gefrühstückt hatte. Es war alles äußerst unangenehm; In ihren verdeckten Blicken lag kein Mitleid, nur Neugier.

Niemand, der kein Rohling ist, und das war Major Ames nicht, hat Freude an einem Streit mit seiner Frau, und niemand, der nicht völlig egozentrisch ist, und das war er auch nicht, versäumt es, bei einem solchen Streit Mitleid zu empfinden geschah. Er wollte jetzt Mitgefühl; Er wollte die Geschichte von Amys Missetaten und seiner eigenen Großmut in freundliche Ohren streuen und seine eigene Einschätzung seines Verhaltens von einer Frau bestätigt hören, die den Standpunkt der Frau ebenso gut verstand wie seinen.

Das Raucherzimmer mit diesen Spannern war unhaltbar, aber er glaubte zu wissen, woher er Mitleid bekommen konnte.

Millie war da und würde ihn sehen; Aus Gewohnheit schaute er beim Durchqueren des Flurs auf den Haken, an dem Dr. Evans seinen Hut und seinen Mantel aufhängte, und als er sah, dass sie nicht da waren, schlussfolgerte er, dass der Arzt nicht da war. Das gefiel ihm; Er wollte sich anvertrauen und mit ihm sympathisieren, und hatte das Gefühl, dass Evans' unbeschwerter Optimismus und sein Lebensstil im Freien nicht den Trost bieten würden, den er brauchte. Ihm wollte gesagt werden, dass er ein Märtyrer und ein sehr guter Kerl sei und dass Amy seiner unwürdig sei ...

Millie war im grünen, kühlen Salon, wo sie eines Tages nach dem Mittagessen gesessen hatten. Sie stand auf, als er eintrat, und kam mit einem zitternden Lächeln auf den Lippen und ausgestreckten Händen auf ihn zu.

„Lieber Lyndhurst", sagte sie. „Ich bin so froh, dass du gekommen bist. Hinsetzen. Ich denke, wenn Sie nicht gekommen wären, hätte ich anrufen und fragen sollen, ob Sie mich nicht sehen würden. Ich hätte vielleicht vorschlagen sollen, dass wir einen kleinen Spaziergang machen, denn ich glaube, ich hätte es nicht riskieren können, Cousine Amy zu treffen. Ich weiß, wie du dich fühlst, oh, so gut. Es war abscheulich und schändlich."

Sicherlich war er an der richtigen Stelle. Millie verstand ihn: Er hatte es erwartet. Sie setzte sich dicht neben ihn und hielt sich einen Moment lang die Hand vor die Augen.

„Ah, ich war heute Morgen so wütend", sagte sie; „Und es hat mir Kopfschmerzen bereitet. Wilfred lachte darüber; Er sagte auch, dass das, was Amy getan habe, enorm viel Mut gezeigt habe. Es war völlig herzlos. Ich wusste, wie sehr du leiden musst, und ich war so wütend auf ihn. Er hat es nicht verstanden. Oh nein, meine Kopfschmerzen sind nichts; es wird bald verschwunden sein – jetzt."

Sie betonte leicht das letzte Wort, streichelte es sozusagen, als wollte sie die Aufmerksamkeit darauf lenken.

„Es bricht mir das Herz", sagte Major Ames, was besser klang, als zu sagen: „Ich bin darüber in purpurner Wut." „Ich bin gebrochen im Herzen. Sie hat sich selbst und mich blamiert –"

"Nein, nicht du."

"Ja; Eine Frau kann so etwas nicht tun, ohne dass die Welt glaubt, dass ihr Mann davon wusste. Und das ist nicht alles. Ich bin mir ehrlich gesagt nicht sicher, ob das, was sie heute Morgen getan hat, nicht schlimmer ist als das, was Sie letzte Nacht gesehen haben.“

Millie beugte sich vor.

„Sag es mir“, sagte sie, „wenn es dir nicht zu sehr weh tut.“

Er entschied, dass es ihm nicht allzu sehr weh tat.

„Nun, ich bin heute Morgen hierhergekommen“, sagte er, „bereits und eifrig, aus meiner schlechten Arbeit das Beste zu machen.“ Wir alle auch: James Westbourne war gestern Abend genauso großzügig und bat die Reporter, nichts darüber zu sagen, und lud mich zu einem Drehtag nächste Woche ein. Sehr anständig von ihm. Wie gesagt, ich bin heute Morgen heruntergekommen, bereit, es so einfach wie möglich zu machen. Natürlich wusste ich, dass ich Amy gut zur Rede stellen musste: Wenn ich das nicht getan hätte, hätte ich meine Pflicht ihr gegenüber als Ehemann völlig verletzt. Ich habe sie verprügelt, allerdings nicht halb so viel, wie sie verdient hätte, sondern eine Verprügelung. Schon damals, als ich mein Wort gesagt hatte, sagte ich ihr, dass wir es gemeinsam ausleben würden, was meiner Meinung nach ausreichend großzügig war. Aber zu ihrem Wohl erzählte ich ihr, dass James Westbourne sagte, er habe gesehen, dass es ihr schlecht ging, und dass, wenn ein Mann das sagt, er damit meint, dass sie betrunken ist. Vielleicht meinte Westbourne das nicht so, aber so hörte es sich an. Und glauben Sie es, nur weil ich ihn nicht niedergeschlagen und ihm nicht ins Gesicht getreten habe, sagt sie mir, ich solle mich bei ihr dafür entschuldigen, dass ich einen solchen Vorschlag durchgehen ließ. Nun ja, ich bin darüber in Aufregung geraten: Welcher Mann von Geist wäre da nicht in Aufruhr geraten? Ich verließ sofort das Haus und beendete mein Frühstück im Club. Ich hätte ersticken sollen – auf mein Wort, ich hätte ersticken sollen, wenn ich dort angehalten hätte oder einen Schlaganfall bekommen hätte. So wie es ist, fühle ich mich teuflisch unwohl.“

Millie stand auf, blieb einen Moment schweigend stehen und blickte, weiß und schlank, aus dem Fenster.

„Ich kann Cousine Amy niemals verzeihen“, sagte sie schließlich. „Niemals!“

„Nun, es ist hart“, sagte Major Ames. „Und nach all diesen Jahren! Es ist vielleicht nicht gerade die Rendite, die man erwarten würde.“

„Es ist berüchtigt“, sagte Millie.

Sie kam und setzte sich wieder neben ihn.

„Was wirst du tun?“, fragte sie.

„Ich weiß nicht. Wenn sie sich entschuldigt, werde ich ihr vergeben und versuchen, zu vergessen. Aber das habe ich nicht von ihr gedacht. Und wenn sie sich nicht entschuldigt – ich weiß nicht. Man kann nicht von mir erwarten, dass ich meine Worte zurücknehme: das hieße, das zu billigen, was sie getan hat. Ich könnte es nicht tun: es wäre nicht aufrichtig. Ich bin ehrlich, hoffe ich: Wenn ich etwas sage, kann man davon ausgehen, dass ich es auch so meine."

Sie blickte mit erhobenem Kinn zu ihm auf.

„Ich finde es wunderbar, dass du überhaupt daran denken kannst, ihr zu vergeben", sagte sie. Wenn ich mich so verhalten hätte, hätte ich nicht erwarten können, dass Wilfred mir verzeiht. Aber dann bist du so groß, so groß. Sie versteht dich nicht: Sie kann eines an dir nicht verstehen. Sie weiß es nicht – ach, wie blind manche Frauen sind!"

Es war kein Wunder, dass sich Major Ames inzwischen als außerordentlich guter Mensch zu fühlen begann, und es war auch kein Wunder, dass er das warme Gefühl genoss, verstanden zu werden. Aber Millie hatte ihn vom ersten Moment an verstanden. Das spürte er besonders jetzt, in diesem Moment, als Amy ihn so abscheulich missachtet und ihm Unrecht getan hatte. Den ganzen letzten Sommer hindurch war die Situation von heute vorhergesehen worden; Er war immer eher in diesem Haus als in seinem eigenen willkommen geheißen und geschätzt worden. Er war der Architekt und Berater beim Shakespeare-Ball gewesen, während Amy zu Hause ihre absurden gedruckten Menükarten verteilte, ohne ihn zu konsultieren. Und der Garten, den er liebte – der so oft gesagt hatte: „Sind diese süßen Blumen wirklich für mich?" Wer hingegen hatte so oft gesagt: „Den Zuckererbsen geht es doch nicht so gut, oder?" Und dann betrachtete er Millies weiches, jugendliches Gesicht, ihre Augen, die ihn mit schüchternem, einfühlsamem Appell suchten, ihr trübes goldenes Haar, ihren kindlichen und geheimnisvollen Mund. Als Kontrast dazu gab es das kleine, kräftige Krötengesicht, die eher runden Augen und die Haare – grau oder braun, was war das? Außerdem verstand Millie; sie sah ihn so, wie er war – vielleicht überaus großzügig, aber groß, groß, wie sie es so richtig gesagt hatte. Sie sorgte dafür, dass er sich immer so wohl fühlte und so zufrieden mit sich selbst war. Das war der wahre Kern der Mission einer Frau: ihren Mann glücklich zu machen, ihn dazu zu bringen, sich ihr zu ergeben, anstatt im Rathaus für Unruhe zu sorgen und hinterher auf Entschuldigungen zu bestehen.

„Du hast mich aufgeheitert, Millie", sagte er; „Du hast mir das Gefühl gegeben, dass ich schließlich einen Freund habe, einen Freund, der mit mir fühlt. Ich bin dankbar; Ich bin mehr als dankbar. Ich bin ein harter alter Kerl, aber ich glaube, ich habe immer noch ein Herz. Was soll mit uns allen geschehen?"

Es waren Emotionen, echte und echte Emotionen, die Millie in diesem Moment klug machten. Ihr Verstand war nicht von hoher Qualität; Wenn sie über etwas nachdachte, konnte man ihr vielleicht zutrauen, dass sie nichts subtileres an den Tag legte als ein klares Gespür für das Offensichtliche. Aber jetzt dachte sie nicht mehr nach: Sie wurde von einem Instinkt angetrieben, der jede Leistung, zu der ihr Gehirn fähig war, bei weitem übertraf.

„Gehen Sie zurück zu Ihrem Haus", sagte sie, „und seien Sie bereit, dass Cousine Amy sich entschuldigt. Sehr wahrscheinlich wartet sie dort jetzt auf Sie. Oh, Lyndhurst –"

Er stand sofort auf: Diese wenigen Worte gaben ihm ein Gefühl völliger Edelmut; Sie gaben ihr ebenfalls das Gefühl, edel zu sein. Die Atmosphäre des Adels war fast erstickend....

„Du hast recht", sagte er; „Du bist immer alles, was richtig und gut und lecker ist? Ha!"

Es gab keinen Zweifel an den verwandtschaftlichen Beziehungen zwischen ihnen. Eine so natürliche und spontane Liebkosung brauchte keine Erklärung.

Das Haus war offenbar leer, als er zurückkam, aber er betrat den Salon lautstark genug, um dem Wohnzimmer auf jeden Fall mitzuteilen, dass er zurückgekehrt und persönlich bereit sei, da er nicht „voller Zorn" eintrat wie Hyperion , um Entschuldigungen anzunehmen. Schließlich ging er hinein, als wolle er nach einer Zeitung suchen, für den Fall, dass sie besetzt sei, und schlenderte unter dem gleichen Vorwand in das Wohnzimmer seiner Frau. Dann ging er, immer noch beiläufig, in sein Ankleidezimmer, in dem er letzte Nacht geschlafen hatte, und überzeugte sich davon, dass sie nicht in ihrem Schlafzimmer war. Ihre Reue, die sich natürlich dadurch manifestierte, dass sie mit trüben Augen auf seine Rückkehr wartete, war daher nicht von zwingender Natur gewesen.

Er ging in den Garten und begutachtete die Schäden, die der Regen der letzten Nacht angerichtet hatte. Es war nicht nötig, die Pflanzen zu bestrafen, denn Amy hatte sich eines Verhaltens schuldig gemacht, das ihr eigener Cousin für berüchtigt hielt: Er wollte außerdem etwas, mit dem er sich bis zur Mittagszeit beschäftigen konnte. Während seine Hände mechanisch arbeiteten, ein paar Chrysanthemenbüschel zusammenbanden, deren goldene Herzen noch ein paar Tage lang brannten, und Reste abgestorbener Blätter und abgefallener Zweige entfernten, war auch sein Geist beschäftigt und arbeitete nicht mechanisch, sondern eifrig und aufgeregt. Wie sehr unterschied sich das Mitgefühl, mit dem Millie ihn begrüßte und tröstete, von den Missverständnissen und Streitereien, die ihm das Gefühl gaben, er habe seine Jahre mit jemandem verschwendet, der ihm gegenüber überhaupt keine Wertschätzung zeigte. Doch wenn es Amy leid tat, war er bereit, sein Bestes zu geben. Aber er fragte sich, ob er wollte, dass es ihr leid tat oder nicht.

Um halb eins läutete die Mittagsglocke, und als er ins Wohnzimmer ging, stellte er fest, dass sie zurückgekehrt war und an ihrem Tisch eine Notiz schrieb. Sie blickte nicht auf, sondern sagte zu ihm, als wäre nichts geschehen:

„Wirst du reingehen und anfangen, Lyndhurst? Ich möchte meine Notiz beenden."

Er antwortete nicht, sondern ging ins Esszimmer. Nach kurzer Zeit gesellte sie sich zu ihm.

„Es scheint in der Nacht viel Regen gegeben zu haben", sagte sie. „Ich fürchte, deine Blumen haben gelitten."

Das sah sicherlich nicht nach Reue aus, und er hatte keine Antwort für sie. Auf seltsame Weise schien ihm dies der würdevolle und richtige Weg zu sein.

Dann sprach Frau Ames zum dritten Mal.

„Ich denke, Lyndhurst, wenn wir nicht reden", sagte sie, „werde ich sehen, welche Neuigkeiten es gibt. Parker, bitte hol mir die Morgenzeitung."

In diesem Moment hasste er sie.

KAPITEL XIII

DREI Tage später machte sich Major Ames mitten am Nachmittag auf den Heimweg und kehrte aus dem Haus zurück, in dem er in letzter Zeit einen so großen Teil seiner Zeit verbracht hatte. Aber dies war der letzte Tag, an dem er dorthin gehen würde, und er würde, außer noch einmal, die Schwelle seines eigenen Hauses nicht überschreiten. Der Höhepunkt war gekommen und innerhalb von ein oder zwei Stunden würden er und Millie gemeinsam Riseborough verlassen.

Nachdem ihre Entscheidung nun gefallen war, kam es ihm so vor, als sei sie von Anfang an unausweichlich gewesen. Seit dem Sommer, als er sich aus einer Mischung aus echter Zuneigung und falscher Galanterie dazu entschlossen hatte, eine Beziehung zu ihr einzugehen, war die Kraft, die ihn anzog und festhielt, immer stärker geworden, und heute hatte sie sich als unwiderstehlich erwiesen . Der entscheidende Faktor war zweifellos sein Streit mit seiner Frau gewesen; das gab den Impuls, der noch gefehlt hatte, den letzten Anstoß, der das Gleichgewicht dessen störte, was schwankte und zum Umfallen bereit war.

Die Szene heute Nachmittag war sowohl kurz als auch ruhig, wie solche Szenen eben sind. Dr. Evans war gestern Morgen geschäftlich in die Stadt gerufen worden und möglicherweise heute Abend zurückgekehrt, wahrscheinlicher jedoch morgen, und sie hatten alleine zu Mittag gegessen. Danach hatte Major Ames noch einmal von seiner Frau gesprochen.

„Die Situation ist untragbar", hatte er gesagt. „Ich kann es nicht ertragen. Wenn du nicht wärst, Millie, würde ich gehen."

Sie war ihm nahe gekommen.

„Ich bin auch nicht sehr glücklich", sagte sie. „Wenn du nicht wärst, glaube ich nicht, dass ich es ertragen könnte."

Und dann war es schon unausweichlich.

„Es ist zu stark für uns", sagte sie. „Wir können nichts dagegen tun. Ich werde alles mit dir meistern. Wir werden sofort gehen, Lyndhurst, und leben, anstatt so verhungern zu müssen."

Sie nahm beide Hände in ihre, zum ersten Mal in ihrem Leben völlig hingerissen von etwas außerhalb ihrer selbst. So verräterisch und gemein der Kurs auch war, den sie eingeschlagen hatte, war sie in diesem Moment höchster Illoyalität vielleicht eine bessere Frau als in all den Jahren ihres tadellosen Ehelebens.

„Ich habe noch nie geliebt, Lyndhurst", sagte sie leise, „und ich habe auch nie gewusst, was das bedeutet. Jetzt kann ich an nichts anderes mehr denken;

Es spielt keine Rolle, was mit Wilfred und Elsie passiert. Nichts zählt außer dir.“

Diesmal war es nicht er, der sie küsste; Sie war es, die ihren Mund auf seinen drückte.

Es gab nur wenig zu regeln, ihre Pläne waren vollkommen einfach und rücksichtslos. Sie würden noch in dieser Nacht nach Boulogne überqueren und, sobald das Gesetz sie freiließ, einander heiraten. Ein Zug nach Folkestone verließ Riseborough in etwas mehr als einer Stunde und verkehrte in Verbindung mit dem Boot. Sie könnten es leicht fangen. Aber es war klüger, nicht gemeinsam zum Bahnhof zu gehen: Dort würden sie sich treffen.

Als Major Ames an diesem strahlenden Oktobernachmittag nach Hause ging, war er sich weder eines Kampfes noch eines Bedauerns bewusst. Die Macht, die Millie all diese Monate über ihn gehabt hatte, sodass sie immer diejenige war, die wirklich die Führung übernahm und ihn einen Schritt vorwärts und dann noch einen weiteren drängte, ihn packte und ihn hierher bis zum letzten Schritt von allen führte. Er gehorchte immer noch und folgte dieser schlanken, zerbrechlichen Frau, die so bald ihm gehören würde; Es war hier ebenso notwendig, ihren Wünschen nachzukommen, wie es gewesen war, sie zu küssen, als sie zum ersten Mal unter dem Maulbeerbaum ihr Gesicht ihm zugewandt hatte. Diese letzten Tage schienen jegliches Gefühl von Loyalität und Männlichkeit in ihm zerstört zu haben; Er dachte überhaupt nicht an seine Frau und betrachtete Harry nur als Amys Sohn. Außerdem war er nicht verantwortlich: Obwohl er ein Mann war, war er völlig in den Händen dieser Frau. Sein ganzes Leben lang hatte er keine wirklichen Prinzipien gehabt, die ihn leiten konnten, er hatte nur deshalb ein anständiges Leben geführt, weil ihm nie wirklich die Versuchung gekommen war, anders zu leben, und selbst jetzt lag es keineswegs an der Bosheit dessen, was er vorhatte zog ihn zurück; es war bloße Scheu, einen unwiderruflichen Schritt zu tun.

Er wusste, dass Amy nicht da war: Beim Frühstück hatte sie ihm mitgeteilt, dass sie nicht damit rechne, vor dem Abendessen da zu sein, und er hatte ihr gesagt, dass er zum Abendessen draußen sein würde. Solche Sätze, die sich mit häuslichen Angelegenheiten befassten, waren die Summe ihrer Gespräche in den letzten Tagen gewesen, und sie wurden nicht so sehr untereinander als vielmehr in der Luft gesprochen, von jemandem gehört, statt an jemanden im Besonderen gerichtet zu sein.

Und doch erfüllte ihn die Aussicht auf das Leben, das sich ihm eröffnen sollte, wenn dieser unwiderrufliche Schritt getan war, nicht mit der unwiderstehlichen Sehnsucht, die den Schritt selbst zwar nicht entschuldigen, aber auf jeden Fall erklären kann. Millie hatte, obwohl sie ihn die ganze Zeit bis zum Erreichen des Höhepunkts geführt hatte, zumindest den echten Ansporn, der sie antreibt: Das Leben mit ihm schien ihr das wirkliche Leben zu sein: Sie wünschte sich leidenschaftlich danach. Aber bei ihm war es, abgesehen von der Kraft, mit der sie ihn beherrschte, vor allem die Flucht aus den sehr unangenehmen Verhältnissen zu Hause, die ihn anzog. In gewisser Weise liebte er sie; Er empfand für sie eine Wärme und Zärtlichkeit von stärkerer Qualität, als er es jemals zuvor erlebt hatte, und da es nicht allen Menschen zusteht, heftig zu lieben, kann man davon ausgehen, dass er das größte Feuer verspürte, das in seinem Wesen steckte fähig. Aber es war glühend genug, um in seinem Kopf den Müll von unbedeutenden Überlegungen und materiellen Erfordernissen zu verbrennen.

Taxis waren an diesem anderen Ende der St. Barnabas Road selten anzutreffen, und als er zufällig direkt vor seinem Haus auf eines traf, sagte er dem Fahrer, er solle warten. Dann öffnete er sich und ging direkt in sein Ankleidezimmer. Er hatte keine Zeit, seine gesamte Garderobe einzupacken, und ein mittelmäßiger Koffer wäre alles, was er wirklich brauchte. Und hier begannen die Nebensächlichkeiten gewaltig und fesselnd zu werden: Obwohl der Nachmittag warm war, würde es auf dem Boot zweifellos frisch, wenn nicht sogar kühl sein, und es wäre auf jeden Fall ratsam, seinen dicken Mantel mitzunehmen, der ihn im Moment noch nicht verlassen hatte Sommerquartier. Diese befanden sich in einem großen Schrank im Flur draußen mit Blick auf den Garten, wo sie vorbeugend mit kleinen Naphthalinkügelchen verpackt waren. Diese hatten es einigermaßen stark imprägniert, aber es war besser, geruchsintensiv zu sein, als unzureichend gekleidet zu sein. Als er am Fenster vorbeikam, sah er, dass die Chrysanthemen vor ein paar Morgen tapfer auf seinen Trost reagiert hatten: Wenn es keinen Frost mehr gäbe, würden sie noch vierzehn Tage fröhlich sein. Sollte er einen Strauß davon mitnehmen? Er sah nicht ein, warum er sie nicht genießen sollte. Doch es blieb kaum Zeit, sie zu pflücken: Er musste sich mit dem Packen seines kleinen Koffers beeilen, was endlose Probleme mit sich brachte.

Ein Panamahut sollte auf jeden Fall dabei sein; außerdem ein Paar weiße Tennisschuhe, in denen er sich selbst auf der Parade promenieren sah: Ein weißer Flanellanzug, obwohl es Oktober war, schien das Kostüm zu vervollständigen. Er brauchte sich nicht mit einem Frack zu beschweren; ein Smoking genügte. Sie hatte ihm erzählt, dass sie selbst sechshundert im Jahr hatte; er hatte noch drei weitere. Ärgerlich war, dass sein Schwamm ziemlich zerlumpt war; er hatte vorgehabt, heute Morgen ein neues zu kaufen. Vielleicht könnte Parker es mit etwas Faden zusammenfügen. Ein unordentlicher Schwamm ärgerte ihn immer: Er war unsolidarisch und schlampig. „Zeigen Sie mir einen Männerwaschtisch", hatte er einmal gesagt,

„und ich erzähle Ihnen von dem Besitzer." Sein eigenes lud mit seinem struppigen Schwamm nicht zum Betrachten ein.

Dann blieben für einen Moment alle diese Trivialitäten von ihm fern, und für eine Weile erkannte er, wo er stand und was er tat – die Gemeinheit, die Schmutzigkeit, die Vulgarität davon. Hohe Prinzipien und Adel des Lebens waren Themen, mit denen er sich bisher nicht viel beschäftigt hatte, und es wäre sinnlos zu erwarten, dass sie ihm jetzt zu Hilfe kommen würden, aber für diesen Moment waren seine Freundlichkeit, so wie sie war, seine Zuneigung zu seinem Seine Frau, wie sie auch war, aber vor allem war die kontinuierliche, ungebrochene, selbstgefällige Seriosität seiner Tage eine gewaltige Belastung für ihn. Was könnte er gegen eine solche Anschuldigung vorbringen? Keine unwiderstehliche oder zwingende Notwendigkeit der Seele, die Millie als sein Recht aus Liebe beanspruchte. Er wusste, dass sein Verlangen nach ihr nicht von dieser feurigen Art war, denn er konnte ungehindert und unverbrannt die Eigenschaften erkennen, die ihn anzogen. Er bewunderte ihre zerbrechliche Schönheit, die Jugend, die sie noch umgab, er nährte sich mit größtem Appetit von der Hingabe und Bewunderung, die sie ihm entgegenbrachte. Er liebte es, der Gott und Held dieser attraktiven Frau zu sein, und das war es, weit mehr als die Hingabe, die er ihr entgegenbrachte, die ihn beherrschte.

Seriosität schrie gegen ihn und seine Dummheit auf. Unter den sanften und ehrenhaften Männern, die dort verkehrten und zu ihm als einem Experten in Indien und im Gartenbau aufblickten, würde es im Club kein Herumstolzieren und Anschwellen mehr geben, und auch keine dieser pompösen und befriedigenden Abende mehr, an denen General Fortescue ihm versicherte, dass er dort sei Es gab in Kent kein so gutes Glas Portwein wie das, mit dem der Major seine Gäste versorgte. Als Major Ames bekannt zu sein, einem verstorbenen Angehörigen der indischen Armee, bedeutete Respekt; Nun, je weniger man ihn als Major Ames, den verstorbenen Riseborough, kannte, desto größer wären die Chancen, in Ansehen gehalten zu werden. Und zu welchem Leben würde er die Frau verurteilen, die ihm zuliebe eine ebenso hohe Würde hinterließ wie er selbst? Zur Gesellschaft von Menschen wie ihr selbst, zu den schmutzigen Tauben einer französischen Wasserstelle. Das wäre natürlich nur eine vorübergehende Behausung, aber was danach? Wo war die Gesellschaft, die sie aufnehmen würde und in der es eine Befriedigung geben würde, aufgenommen zu werden? Keiner von ihnen hatte den geringsten Anflug von Bohemien in seinem Wesen: Beide gehörten der Schule an, die an silberne Teekannen und das Leben in Häusern mit einem Garten dahinter gewöhnt ist. Einen Moment lang zögerte er, während er die Ärmel seines Smokings zurückschlug, dann überkam ihn erneut die Flut der Belanglosigkeiten, und er bemerkte, dass sich auf der Manschette ein Fleck verschütteten Wachses befand.

Neben anderen Verpflichtungen an diesem Samstagnachmittag war Mrs. Ames mit der Dekoration der St. Barnabas-Kirche für den Sonntagsgottesdienst am nächsten Tag beschäftigt, und sie war nach dem Mittagessen mit einer Verzierung aus im Oktober rot gefärbtem Laub dorthin gegangen, denn sie hatte sich nicht gefühlt war geneigt, Lyndhurst zu fragen, ob sie den Rest seiner Chrysanthemen pflücken dürfe. Auch sie empfand, genau wie er, die Unmöglichkeit der gegenwärtigen Situation, und während sie arbeitete, fragte sie sich, ob es in irgendeiner Weise in ihrer Macht stand, diese Parodie auf das häusliche Leben zu beenden. Jeden Tag hatte sie den Versuch unternommen, dieses lächerliche und äußerst unangenehme Schweigen, das zwischen ihnen herrschte, durch die Einführung gewöhnlicher Themen zu durchbrechen, in der Hoffnung, nach und nach die Lücke, die zwischen ihnen gähnte, wieder aufzubauen, aber jetzt hatte sie es geschafft er spürte nicht die geringste Anstrengung seinerseits, eine Antwort zu geben. Sowohl psychisch als auch gesprächig hatte er ihr überhaupt nichts zu sagen. Wenn er von den üblichen Höflichkeiten des täglichen Lebens nichts für sie übrig hatte, schien es müßig zu hoffen, weitere Aufnahmebereitschaft zu finden, wenn sie eine Diskussion über ihren Streit eröffnete. Außerdem versperrte ihr ein gewisser, ganz natürlicher Stolz den Weg: Er war ihr eine Entschuldigung schuldig, und als sie darauf hinwies, hatte er sie beschimpft. Es erschien nicht unvernünftig (selbst bei der Ausschmückung einer Kirche), von ihm den ersten Schritt zu erwarten. Was aber, wenn er es nicht täte?

Mrs. Ames seufzte leicht und ihr Mund und Hals bewegten sich unangenehm. Der Streit war so kindisch, und doch war er ernst, denn es war keine leichte Sache, Tage wie diese zu verbringen, ganz gleich, was ihre Provokation auch gewesen sein mochte. Ein halbes Dutzend Mal ging sie die Umstände durch, und ein halbes Dutzend Mal hatte sie das Gefühl, dass es nur gerechtfertigt sei, dass er ihr gegenüber vorrückte oder sich zumindest mit gewöhnlicher Höflichkeit als Reaktion auf ihre gewöhnlichen Höflichkeiten verhielt. Es stimmte, dass die ursprüngliche Meinungsverschiedenheit ihr zuzuschreiben war, aber sie glaubte von ganzem Herzen an die Sache, für die sie sie provoziert hatte. In all den letzten Monaten hatte sie gespürt, wie sich ihre Natur unter dem Einfluss dieser Idee erweiterte: Sie wusste, dass sie eine bessere und größere Frau war als zuvor. Sie glaubte an die Rechte ihres Geschlechts, aber hatten diese nicht auch ihre Pflichten? Es war fast fünfundzwanzig Jahre her, seit sie freiwillig eine bestimmte Pflicht übernommen hatte. Was wäre, wenn das an erster Stelle stünde, vor irgendwelchen Rechten oder Privilegien? Was wäre, wenn das, was sie damals als Pflicht übernommen hatte, an sich schon ein Recht wäre?

Doch was konnte sie selbst dann tun? An sich schämte sie sich bei weitem nicht für die Rolle, die sie übernommen hatte, doch war es möglich, dies unabhängig abzuwägen, ohne die Punkte zu berücksichtigen, in denen es mit Pflichten in Konflikt stand, die sie sicherlich nicht weniger beschäftigten? Sie konnte nicht hoffen, ihren Mann von der Gerechtigkeit der Sache zu überzeugen, noch von der Zweckmäßigkeit, sie auf solche Weise zu fördern. Sie selbst wusste um die Gerechtigkeit und sah kein anderes Mittel, um es zu fördern. Diejenigen, die jahrelang für die Sache gearbeitet hatten, sagten, dass alles andere versucht worden sei und dass nur dieser gewalttätige Kreuzzug übrig geblieben sei. Aber wurde sie nicht persönlich, wenn man bedenkt, was ihr Mann dazu empfand, von der Teilnahme am Kreuzzug ausgeschlossen? Sie hatte ihn zutiefst beleidigt und verärgert. Könnte etwas anderes als die Strenge des Sittengesetzes dies rechtfertigen? Nichts, was er getan hatte, nichts, was er tun konnte, außer der Verletzung der wesentlichen Grundsätze des Ehelebens, konnte sie von der Erfüllung eines Teils ihrer Pflicht ihm gegenüber entbinden.

Einen Moment lang lächelte Mrs. Ames trotz ihrer Verwirrung und der Schwierigkeit ihrer Entscheidung über sich selbst, weil sie bei einem so kleinen Vorfall all diese großen Worte wie Pflicht und Privileg im Geiste benutzte. Denn was war passiert? Nur ein einziges Mal war sie eine militante Suffragette gewesen, und beim Frühstück am nächsten Morgen hatte er sich in den daraus resultierenden Angelegenheiten erlaubt, sie zu beschimpfen. Dennoch kam es ihr so vor, als ginge es bei aller Kleinlichkeit und Bedeutungslosigkeit um große Gesetze. Denn das Gesetz der Güte wird durch die größte Zurschaustellung von Rücksichtslosigkeit gebrochen, das Gesetz der Großzügigkeit durch das kleinste Wort der Bosheit oder Verleumdung. Tatsächlich passieren diese Verstöße hauptsächlich in kleinen Dingen, da sich die meisten von uns nicht um große Dinge kümmern, und in Tassen mit kaltem Wasser werden sie erfüllt. Und ausnahmsweise beendete Mrs. Ames ihre Dekoration nicht ordentlich und präzise, eine Tatsache, die Mrs. Altham am nächsten Tag deutlich bemerkte.

Um vier Uhr fand ein Suffragettentreffen statt, aber sie war bereit, zu spät zu kommen oder, wenn nötig, ganz auszulassen. Auf jeden Fall würde sie auf dem Weg dorthin zu Hause vorbeischauen, in der Hoffnung, dass ihr Mann dort sein könnte. Sie machte keinen genauen Plan: Es war unmöglich, ihren Anteil an dem Interview vorherzusagen. Aber sie hatte beschlossen, zu versuchen, lange zu leiden, freundlich zu sein ... das Versprechen von vor fünfundzwanzig Jahren zu halten. Am Eingang hielt ein Taxi, und ihr kam der vage Gedanke, dass Millie hier sein könnte, denn sie hatte sie seit einigen Tagen nicht gesehen und es war möglich, dass sie angerufen hatte. Dennoch war es kaum wahrscheinlich, dass sie gewartet hätte, da die Diener ihr gesagt hätten, dass sie selbst erst zum Abendessen zu Hause erwartet würde. Oder gab Lyndhurst ihr Tee? Und Mrs. Ames wurde plötzlich wieder aufmerksam gegenüber Dingen, über die sie in den letzten Monaten kaum nachgedacht hatte.

Sie ging hinein und ging in den Salon: Es war niemand da, auch nicht in dem kleinen Raum daneben, wo sie sich an den Abenden, an denen sie eine Party gaben, vor dem Abendessen trafen. Aber direkt über sich hörte sie Schritte: Das war in Lyndhursts Umkleidekabine.

Sie ging dorthin, klopfte und ging als Antwort auf sein Einverständnis hinein. Der Koffer war fast voll, er stand in Hemdsärmeln daneben. In seiner Hand befand sich sein Schwammbeutel – er hatte mit dem genähten Schwamm auf Parkers Eintritt gehofft.

Sie schaute vom Koffer zu ihm und immer wieder hin und her.

„Gehst du weg, Lyndhurst?" Sie fragte.

Er unternahm einen schrecklichen Versuch, eine vernünftige Antwort zu finden, und glaubte, es sei ihm gelungen.

„Ja, ich gehe – ich gehe zu deinem Cousin, um zu schießen. Ich habe dir gesagt, dass er mich gefragt hat. Sie haben Einspruch dagegen erhoben, dass ich gehe, aber ich gehe trotzdem. Ich hätte dir eine Nachricht hinterlassen sollen. Morgen Abend zurück.

Dann hatte sie das Gefühl, alles zu wissen, so sicher, als hätte er es ihr gesagt.

„Seit wann veranstaltet Cousin James sonntags Schießereien?" Sie fragte. „Bitte lüg mich nicht an, Lyndhurst. Es macht es viel schlimmer. Du gehst nicht zu Cousin James und – du gehst nicht alleine. Soll ich dir noch mehr erzählen?"

Sie vermutete nicht: Alle Ereignisse des letzten Monats, der Shakespeare-Ball, Harrogate, ihr eigener Streit und obendrein diese dumme Lüge über eine Schießerei bildeten eine Reihe von Daten, die die Schlussfolgerung verkündeten. Und die Plötzlichkeit der Entdeckung, das Ausmaß der damit verbundenen Probleme trugen dazu bei, sie zu beruhigen. In ihrem Wesen lag echte Tapferkeit; So wie sie aufgestanden war, um die politische Versammlung zu unterbrechen, ohne auch nur im Traum daran zu denken, sich ihrer Rolle zu entziehen, so war ihr Innehalten nun nicht mehr ängstlich, sondern eher die Sammlung all ihrer Kräfte, die ihrem Ruf eifrig und unerschütterlich folgten.

Anscheinend wollte Lyndhurst nichts mehr erfahren; er verlangte jedenfalls nicht danach. In diesem Moment kam Parker mit dem reparierten Schwamm herein. Sie reichte es ihm, und er stand mit einem Schwammbeutel in der einen und einem Schwamm in der anderen Hand da.

„Soll ich Tee mitbringen, Ma'am?" sagte sie zu Frau Ames.

„Ja, bringen Sie es jetzt in den Salon. Und schick das Taxi weg. Der Major wird es nicht wollen."

Lyndhurst stopfte den Schwamm in seinen Beutel.

„Ich werde das Taxi wollen, Parker", sagte er. „Schick es nicht weg."

Mrs. Ames sauste mit erstaunlicher Geschwindigkeit auf Parker zu.

„Tu, was ich dir sage, Parker", sagte sie, „und sei schnell!"

Es war ein reiner Willenskonflikt, der in den nächsten fünf Sekunden lautlos zwischen ihnen tobte, aber so eindeutig und so hart wie jede Affäre um den Preisring. Und es war unmöglich, dass es ein anderes als ein Ende gab, denn Mrs. Ames widmete ihr ihre ganze Kraft und ihren ganzen Willen, während das Herz ihres Mannes von Anfang an nicht in der Schlacht war. Aber sie kämpfte für alles, und nicht nur für sie, sondern auch für seins und nicht nur für seins, sondern auch für Millie. Drei Existenzen standen auf dem Spiel und der Ruin zweier Häuser drohte. Und als er sprach, wusste sie, dass sie gewinnen würde.

„Ich muss gehen", sagte er. „Sie wird am Bahnhof warten."

„Sie wird vergeblich warten", sagte Mrs. Ames.

„Sie wird" – kein Wort schien angemessen – „wütend sein", sagte er. „Ein Mann kann eine Frau nicht so behandeln."

Jeder Schlag würde genügen: Er hatte keine Verteidigung, sie konnte ihn nach Belieben schlagen.

„Elsie kommt nächste Woche nach Hause", sagte sie. „Eine angenehme Heimkehr. Und Harry muss Cambridge verlassen!"

"Aber ich liebe sie!" er sagte.

„Unsinn, meine Liebe", sagte sie. „Männer ruinieren nicht die Frauen, die sie lieben. Männer, meine ich!"

Das tat weh; sie meinte, dass es so sein sollte.

„Aber Männer halten ihr Wort", sagte er. "Lass mich vorbei."

„Halten Sie Ihr Wort mir gegenüber", sagte sie, „und versuchen Sie, der armen Millie zu helfen, ihr Wort gegenüber ihrem Mann zu halten. Es ist keine schöne Sache, einem Mann die Frau zu stehlen, Lyndhurst. Es ist viel schöner, respektabel zu sein."

„Respektabel!“ er sagte. „Und wozu hat uns die Seriosität gebracht? Du und ich, meine ich?“

„Jedenfalls keine Schande“, sagte sie.

„Es ist zu spät“, sagte er.

„Gott sei Dank ist es nie zu spät“, sagte sie.

Mrs. Ames seufzte leicht. Sie wusste, dass sie gewonnen hatte, und ganz plötzlich schien ihre ganze Kraft sie zu verlassen. Ihre kleinen zitternden Beine weigerten sich, sie zu tragen, ein merkwürdiges Summen war in ihren Ohren und vor ihren Augen schwamm ein kräuselnder Nebel.

„Lyndhurst, ich fürchte, ich mache eine Gans aus mir und werde ohnmächtig“, sagte sie. „Bring mir einfach in mein Zimmer und hol Parker —“

Sie schwankte und schwankte, und er fing sie gerade noch auf, bevor sie fiel. Er legte sie auf den Boden und öffnete Tür und Fenster weit. In seinem Portmanteau befand sich eine Flasche Brandy, die oben abgelegt war und so gestaltet war, dass sie im Falle einer ungünstigen Überquerung des Ärmelkanals leicht zugänglich war. Er mischte einen Esslöffel davon mit etwas Wasser, und als sie sich bewegte und die Augen wieder öffnete, kniete er sich neben ihr auf den Boden und stützte sie.

„Nippen Sie einen Schluck davon, Amy“, sagte er.

Sie gehorchte ihm.

„Danke, meine Liebe“, sagte sie. "Ich bin besser. So dumm von mir.“

„Dann noch ein Schluck.“

„Du willst mich betrunken machen, Lyndhurst“, sagte sie.

Dann lächelte sie: Es wäre schade, die Gelegenheit für eine humorvolle Anspielung auf das zu verpassen, was damals so weit vom Humor entfernt gewesen war.

„Diesmal wirklich betrunken“, sagte sie. „Und dann sagst du Cousin James, dass er Recht hatte.“

Sie ließ sich länger ausruhen, als es körperlich nötig war, in seiner Armbeuge und hielt die Augen geschlossen, obwohl sie sie, wenn sie allein gewesen wäre, bestimmt geöffnet hätte. Aber diese ersten paar Minuten mussten irgendwie überwunden werden, und sie hatte das Gefühl, dass Schweigen sie besser überbrückte als Reden. Es war auch angemessen, dass sein Arm um sie gelegt wurde.

„Da geht es mir besser“, sagte sie schließlich. „Lass mich aufstehen, Lyndhurst. Vielen Dank, dass Sie sich um mich gekümmert haben.“

Sie stand auf, setzte sich dann aber wieder in seinen Sessel.

„Noch nicht ganz stabil?“ er sagte.

"Fast. Ich werde schon bereit sein, nach unten zu kommen und Ihnen Ihren Tee zu servieren, wenn Sie Ihren kleinen Koffer ausgepackt haben.“

Sie sah ihn nicht einmal an, sondern saß ihm und dem kleinen Koffer abgewandt da. Aber sie hörte das Rascheln von Papier, das Öffnen und Schließen von Schubladen und das Geräusch metallischer Toilettenartikel, die auf Frisiertisch und Waschbecken abgelegt wurden. Danach ertönte das Klicken einer Haspel. Dann stand sie auf.

„Jetzt lasst uns Tee trinken“, sagte sie.

„Und wenn Millie kommt?“ er hat gefragt.

Sie hatte beschlossen, dass er zuerst ihren Namen nennen sollte. Aber als er es erwähnt hatte, war sie mehr als bereit, die Fragen zu besprechen, die sich natürlich stellten.

„Du meinst, sie könnte hierher zurückkommen, um zu sehen, was mit dir passiert ist?“ Sie fragte. „Das ist gut durchdacht, Liebes. Lass uns sehen. Aber wir werden nach unten gehen.“

Sie dachte angestrengt nach, als sie die Treppe hinuntergingen, und beschäftigte sich mit der Teezubereitung, bevor sie zu ihrer Schlussfolgerung kam.

„Sie wird nach dir fragen“, sagte sie, „wenn sie kommt, und es wäre nicht sehr klug von dir, sie zu sehen.“ Andererseits muss ihr gesagt werden, was passiert ist. Dann werde ich sie sehen. So wäre es am besten.“

Major Ames stand auf.

„Nein, das kann ich nicht haben“, sagte er. „Das kann ich nicht haben!“

„Meine Liebe, du musst es haben. Du steckst in einem schrecklichen Schlamassel. Ich als deine Frau bin die einzige Person, die dich da rausholen kann. Ich werde auf jeden Fall mein Bestes geben.“

Sie klingelte.

„Ich werde Parker sagen, dass er Millie sagen soll, dass du zu Hause bist, wenn sie nach dir fragt, und sie hier hereinführen soll“, sagte sie. „Es gibt keinen anderen Weg, den ich sehen kann. Ich habe nicht vor, nichts mehr mit ihr zu tun zu haben. Zumindest möchte ich das nach Möglichkeit vermeiden, denn das ist ein schwacher Ausweg aus Schwierigkeiten. Ich werde sie auf jeden Fall einmal sehen müssen, und es hat keinen Zweck, es aufzuschieben. Ich fürchte, Lyndhurst, du solltest deinen Tee besser sofort austrinken oder ihn nach oben bringen. Nehmen Sie noch eine Tasse mit nach oben; Du hast nur eins getrunken und trinkst es in deinem Ankleidezimmer, in dem bequemen Sessel."

In dieser minutiösen Liebe zum Detail lag eine außergewöhnliche Weisheit, die es ihr ermöglichte, einem großen Anlass gewachsen zu sein. Es war notwendig, dass er spürte, dass ihre volle Absicht darin bestand, ihm zu vergeben und das Beste aus den vor ihnen liegenden Tagen zu machen. Sie hatte keine großartigen Worte und kein edles Gefühl, um diesen Eindruck zu vermitteln, aber in gewissem Maße konnte sie ihm ihre Meinung zeigen, indem sie sorgfältige Vorkehrungen für sein Wohlergehen traf. Aber er blieb unentschlossen.

„Du musst mir vertrauen", sagte sie. „Tu, was ich dir sage, mein Lieber."

Sie musste nicht lange warten, nachdem er nach oben gegangen war. Sie hörte das Klingeln der Glocke und im nächsten Moment kam Millie ins Zimmer. Ihr Gesicht war gerötet, ihr Atem ging beschleunigt, ihre Augen leuchteten vor Kummer, Spannung und Groll.

„Lyndhurst", begann sie. "Ich wartete--"

Dann sah sie Mrs. Ames und drehte sich verwirrt um, als wollte sie das Zimmer wieder verlassen. Aber Amy stand schnell auf.

„Komm und setz dich sofort, Millie", sagte sie. „Wir müssen reden. Machen wir es uns also so einfach wie möglich füreinander."

Millie hielt ihren Muff vors Gesicht und starrte sie von oben an, mit wilden Augen und voller Angst.

„Ich will nicht dich", sagte sie. „Wo ist Lyndhurst? Ich – ich hatte einen Termin mit ihm. Er war zu spät – wir – wir wollten zusammen eine Autofahrt machen. Was weißt du, Cousine Amy?" sie hätte fast geschrien; „Und wo ist er?"

„Setzen Sie sich, Millie, wie ich Ihnen sage", sagte Mrs. Ames sehr leise. „Es gibt nichts, wovor man Angst haben muss. Ich weiß alles."

„Wir wollten eine Autofahrt machen", begann Millie erneut und sah sich immer noch wild um. „Er kam nicht und ich hatte Angst. Ich kam, um zu sehen, wo er war. Ich habe Sie gefragt, ob Sie etwas über ihn wussten – wenn Sie nicht etwas über ihn wussten, nicht wahr? Warum sagst du, dass du alles weißt?"

Plötzlich sah Mrs. Ames, dass es hier etwas gab, das unendlich mehr Mitleid verdiente, als sie vermutet hatte. Es bestand kein Zweifel an der qualvollen

Ernsthaftigkeit, die dieser vergeblichen, kindischen Unsinnswiederholung zugrunde lag. Und damit wuchs in ihr ein größeres Maß an Verständnis für ihren Mann. Es war nicht so wunderbar, dass er dem Gesicht, das ihn angezogen hatte, nicht widerstehen konnte.

„Lasst uns wie vernünftige Frauen benehmen, Millie“, sagte sie. „Du bist vom Bahnhof heruntergekommen. Lyndhurst war nicht da. Möchtest du, dass ich dir noch etwas erzähle?“

Millie schwankte, wo sie stand, dann stolperte sie auf einen Stuhl.

„Hat er mich aufgegeben?“ Sie sagte.

„Ja, wenn Sie es so ausdrücken möchten. Es wäre wahrer zu sagen, dass er Sie und sich selbst gerettet hat. Aber er kommt nicht mit dir.“

„Du hast ihn gemacht?“ Sie fragte.

„Ich habe dabei geholfen, ihn zu erschaffen“, sagte Mrs. Ames.

Millie stand wieder auf.

„Ich möchte ihn sehen“, sagte sie. „Du verstehst es nicht, Cousine Amy. Er muss kommen. Es ist mir egal, ob es böse ist oder nicht. Ich liebe ihn. Du verstehst ihn auch nicht. Du weißt nicht, wie großartig er ist. Er ist zu Hause unglücklich; er hat es mir oft gesagt.“

Mrs. Ames ergriff die elende Frau mit beiden Händen.

„Du schaffst es, Millie“, sagte sie. „Du musst aufhören, hysterisch zu sein. Sie wissen kaum, mit wem Sie sprechen. Wenn Sie sich nicht zusammenreißen, werde ich Ihren Mann holen lassen und sagen, dass Sie krank sind.“

Millie keuchte plötzlich vor Lachen.

„Oh, ich bin nicht so dumm, wie du denkst!“ Sie sagte. „Wilfred ist weg. Wo ist Lyndhurst?“

Mrs. Ames ließ sie nicht los.

„Millie“, sagte sie, „wenn du nicht sofort vernünftig bist, sage ich dir, dass ich es tun werde. Ich rufe Parker an und gemeinsam setzen wir Sie in Ihr Taxi, und Sie werden direkt nach Hause gefahren. Ich meine es vollkommen ernst. Ich hoffe, Sie werden mich nicht dazu zwingen. Es wird viel klüger sein, wenn Sie sich zusammenreißen und mit uns reden. Aber eines ist mir ganz klar klar. Du wirst Lyndhurst nicht sehen.“

Die Spannung dieser großen, kindlichen Augen ließ langsam nach, und ihr Kopf sank nach vorne, und es kamen die schrecklichen und gesegneten Tränen in wildem Katarakt und strömendem Sturm. Und als Mrs. Ames sie ansah, spürte sie, wie ihre ganze Rechtschaffenheit nachließ; Sie hatte nur Mitleid mit dieser armen, mittellosen Seele, die durch die Kraft dieser geheimnisvollen Sehnsucht, die an sich so göttlich ist, für alles andere blind war, dass sie sich, obwohl sie das Schändliche und Unmögliche wünscht, nicht völlig abscheulich machen oder verurteilen kann sich seines Königtums. Etwas von der Wahrheit darüber, wenn auch nicht mehr als bloße Fragmente und gemauserte Federn, wurde Mrs. Ames jetzt klar, als sie dasaß und wartete, bis der Tränensturm nachgelassen hatte. Der Königsadler war über sie hinweggeflogen; Als Zeichen seines Vorbeigehens war diese Feder heruntergefallen, und sie verstand ihre Bedeutung.

Langsam hörten die Tränen auf und das Schluchzen verstummte, und Millie hob ihre trüben, geschwollenen Augen.

„Ich sollte besser nach Hause gehen", sagte sie. „Ich frage mich, ob du mir erlauben würdest, mein Gesicht zu waschen, Cousine Amy. Ich muss ein echter Schrecken sein."

„Ja, liebe Millie", sagte sie; „Aber es besteht keine Eile. Sehen Sie, soll ich Ihr Taxi zurück zu Ihrem Haus schicken? Darauf befindet sich Ihr Gepäck; Ja? Dann soll Parker damit gehen und ihnen sagen, sie sollen es zurück in Ihr Zimmer bringen, es auspacken und alles wieder an seinen Platz bringen. Wenn wir uns anschließend ein wenig unterhalten haben, gehe ich mit dir zurück."

Wieder empfand Millie den Trost, sich um kleine Dinge gekümmert zu haben, und das Gefühl, dass sie nicht ganz allein war. Sie war wie ein Kind, das unartig war und bestraft wurde, und es war ihr egal, ob sie unartig war oder nicht. Was sie in erster Linie wollte, war getröstet zu werden und die Gewissheit zu haben, dass nicht alle für immer böse auf sie sein würden. Als sie dann zurückkam, kochte Mrs. Ames ihr frischen Tee, und auch das tröstete sie.

„Aber ich sehe nicht, wie ich jemals wieder glücklich sein kann", sagte sie.

Das hatte etwas Kindliches und Kindliches.

„Nein, Millie", sagte die andere. „Keiner von uns dreien sieht das genau. Wir müssen alle sehr geduldig sein. Sehr geduldig und gewöhnlich."

Es herrschte langes Schweigen.

„Eines muss ich dir sagen", sagte Millie, „obwohl ich vermute, dass du mich dadurch noch mehr hassen wirst. Aber es war von Anfang an meine Schuld. Ich habe ihn weitergeführt – ich – ich habe nicht zugelassen, dass er mich küsst, ich habe ihn dazu gebracht, mich zu küssen. Das war die ganze Zeit so!"

Sie hatte das Gefühl, dass Mrs. Ames auf etwas mehr wartete, und sie wusste genau, was es war. Aber es erforderte eine größere Anstrengung, darüber zu sprechen, als sie sofort befehlen konnte. Schließlich richtete sie ihren Blick auf Mrs. Ames.

„Nein, niemals", sagte sie.

Frau Ames nickte.

„Ich verstehe", sagte sie barsch. „Jetzt müssen wir, wie gesagt, geduldig und normal sein. Wir, Sie und ich, müssen noch einmal von vorne beginnen. Du hast deinen Mann, ich auch. Männer sind so leicht zufriedenzustellen und glücklich zu machen. Es wäre schade, wenn wir scheitern würden."

Wieder erschien ein hilfloser, verwirrter Ausdruck auf Millies Gesicht.

„Aber ich weiß nicht, wie ich anfangen soll", sagte sie. „Morgen zum Beispiel, was soll ich morgen alles tun? Ich werde nur daran denken, was hätte passieren können."

Mrs. Ames ergriff ihre sanfte, widerstandslose und reaktionslose Hand.

„Ja, denken Sie auf jeden Fall darüber nach, was passiert sein könnte", sagte sie. „Völliger Ruin, völliges Elend und – und alles deine Schuld. Du hast ihn angeführt, wie du sagtest. Es war ihm egal wie dir. Er hätte nicht daran gedacht, mit dir wegzugehen, wenn er nicht so wütend auf mich gewesen wäre. Denken Sie an all das."

Ein Nachzügler dieser Schar von Schluchzern schüttelte Millie für einen Moment.

„Vielleicht würde Wilfred mich stattdessen mitnehmen", sagte sie. „Ich werde ihn fragen, wenn er nicht kann. Glaubst du, ich würde mich besser fühlen, wenn ich zwei Wochen weggehen würde, Cousine Amy?"

Das verzerrte kleine Lächeln von Mrs. Ames spielte um ihren Mund.

„Ja", sagte sie. „Ich denke, das ist ein ausgezeichneter Plan. Ich bin mir ziemlich sicher, dass es Ihnen in zwei Wochen besser gehen wird, wenn Sie so nach vorne schauen können und besser werden wollen. Und jetzt möchten Sie Ihr Gesicht waschen? Danach werde ich mit dir nach Hause gehen."

KAPITEL XIV

ES war ein frischer Morgen im November, und Herr und Frau Altham, die im Sommer um halb acht und im Winter um neun Uhr frühstückten, saßen beim Frühstück, und Herr Altham dachte darüber nach, wie ausgezeichnet der Geschmack war gegrillte Nieren. Aber er war sich nicht sicher, ob sie wirklich gesund waren, und er spielte heute Nachmittag ein wichtiges Golfspiel. Vielleicht sind zwei Nieren an die Grenzen der Weisheit gelangt. Außerdem sprach seine Frau von wirklich spannenden Dingen; Er sollte in der Lage sein, seinen Geist von den Nieren abzulenken, die er sich unter dem Stachel eines so mächtigen Gegeninteresses verweigern wollte.

„Und wenn man bedenkt, dass Mrs. Ames keine Suffragette mehr sein wird!" Sie sagte. „Ich habe Mrs. Turner gerade getroffen, als ich spazieren ging, und sie hat mir alles darüber erzählt."

Ein erklärendes Wort ist nötig. Tatsache war, dass schwedische Übungen und ein kurzer Spaziergang auf nüchternen Magen in Riseborough derzeit wunderbare Ergebnisse brachten, insbesondere bei den weiblichen Bewohnern. Anstatt sich vor dem Mittagessen in der Hauptstraße zu treffen, um auf dem Bürgersteig herumzustehen und Neuigkeiten auszutauschen, trafen sie sich jetzt dort vor dem Frühstück, als es an diesen frischen Herbstmorgen klüger war, nicht herumzustehen. Daher huschten sie gemeinsam in kurzen Röcken und Wanderstiefeln zügig die Straße auf und ab. Regen und sonniges Wetter waren ihnen in diesem ersten Schimmer der Begeisterung gleich, und danach nahmen sie ihr Bad. Diese Übungen machten einen erheblichen Appetit auf das Frühstück und erzeugten ein sehr angenehmes und angenehmes Gefühl der Müdigkeit. Aber diese Müdigkeit war ein legitimer, ja sogar erwünschter Effekt, denn ihr Organismus verlangte von Natur aus nach der Anstrengung Ruhe, und nach dem Frühstück wurde eine Stunde Ruhe empfohlen. Das frühere Aufstehen bedeutete also keine wirkliche Zeitersparnis, obwohl sich dadurch alle sehr beschäftigt fühlten und alle etwas früher zu Bett gingen.

Mr. Altham stellte fest, dass er ohne diese Gymnastik sehr gut zurechtkam, aber dann spielte er nach dem Mittagessen Golf. Es nützt nichts, der eigenen Gesundheit einen Streich zu spielen, wenn sie bereits ausgezeichnet ist: man kann genauso gut in den Werken einer Pünktlichkeitswache herumstöbern. In dieser Hinsicht hatte er bereits eine ziemlich scharfe Lektion erhalten, nämlich über den Verzehr von Sauermilch. Es hatte ihn außerordentlich unwohl gemacht, und er hatte seine Autofahrt danach für zwei Wochen unterbrochen. Gerade eben entwöhnte er seinen Geist von den Gedanken an die Nieren und widmete ihn in gerechten Hälften der Marmelade und dem

Gespräch seiner Frau. Um beides zu genießen, war seinerseits Schweigen erforderlich.

„Sie ist gestern zu einem Treffen gegangen", sagte Frau Altham, „das hat mir Frau Turner erzählt und gesagt, dass ihr der Erfolg der Sache zwar so sehr am Herzen liegt wie immer, sie aber nicht in der Lage sein wird, sich aktiv daran zu beteiligen." drin. Das ist eine sehr häufige Form der Sympathie. Ich nehme an, nach allem, was man über Mrs. Ames weiß, hätten wir so etwas erwarten können. Erinnern Sie sich an ihren törichten Plan, Frauen ohne Ehemänner und Ehemänner ohne Ehefrauen zu befragen? Ich habe dich damals gewarnt, Henry, dass du davon keine Notiz nehmen sollst, weil ich sicher war, dass es zu nichts führen würde, und ich glaube, ich darf sagen, dass ich berechtigt bin. Ich weiß nicht, was *du* denkst."

Durch einen glücklichen Zufall hatte Herr Altham in diesem Moment sein letztes Stück Toast gekaut und konnte nun antworten.

„Ich denke im Moment nicht darüber nach", sagte er. „Ich glaube, Sie haben völlig recht, aber warum?"

Mrs. Altham lachte leicht schrill. Die durch diesen frühen Spaziergang und die Übungen hervorgerufene Lebhaftigkeit beim Frühstück war sehr ausgeprägt.

„Ich erkläre", sagte sie, „dass ich vergessen hatte, es Ihnen zu sagen. Mrs. Ames schrieb uns und bat uns beide, am Samstag zu Abend zu essen. Ich hatte es ganz vergessen! Vor dem Frühstück liegt etwas in der Luft, das Kleinigkeiten vergessen lässt. So steht es in der Broschüre. Sorgen und häusliche Sorgen verschwinden und es wird zur Freude, am Leben zu sein. Ich glaube nicht, dass wir irgendeine Verlobung haben. Bete, trink nicht eine dritte Tasse Tee, Henry. Tannin vereint die Wirkung von Stimulanzien und Narkotika. Jetzt eine Tasse heißes Wasser – Sie werden es nie bereuen. Lassen Sie mich sehen! Ja, Abendessen bei den Ames am Samstag, und sie ist keine Suffragette mehr. Wie gesagt, das hätte man vermuten können. Ich vermute, dass ihr Mann sie nach der Nacht, in der sie den Polizisten mit Wasser beworfen hatte, gut unterhielt. Ich würde mich nicht wundern, wenn in der Familie Wahnsinn herrschte. Ich glaube, ich habe gehört, dass die Mutter von Sir James vor ihrem Tod sehr seltsam war!"

„Sie lebte bis neunzig", bemerkte Herr Altham.

„Das ist bei geistesgestörten Menschen oft der Fall", sagte Frau Altham. „Verrückte sind bekanntermaßen langlebig. Das Gehirn wird nicht belastet."

„Und sie war keine Verwandte von Mrs. Ames", fuhr Henry fort. "Frau. Ames ist mit den Westbournes verwandt. Sie hat mit Sir James' Mutter nicht mehr zu tun als ich mit Ihrer. Ich nehme Tee, meine Liebe, kein heißes Wasser."

„Du willst mich einholen, Henry", sagte sie, „und beweisen, dass ich irgendwie falsch liege. Ich habe nur gesagt, dass es in Mrs. Ames' Familie höchstwahrscheinlich Wahnsinn gibt, und ich wollte hinzufügen, dass ich hoffe, dass er bei ihr nicht zum Vorschein kommt. Aber man muss zugeben, dass sie sehr flüchtig war. Man hätte meinen können, dass eine solche ältere Frau sich ein für alle Mal über die Dinge entscheiden könnte, bevor sie sich zur Schau stellt. Sie denkt, sie sei wie eine königliche Person, die einen Basar eröffnet und dann nichts mehr damit zu tun hat, sondern nach Leeds oder irgendwohin eilt, um ein Denkmal zu enthüllen. Sie denkt, dass es ausreicht, wenn sie am Anfang hilft, die ganze Werbung bekommt und dann alles fallen lässt wie kalte Kartoffeln."

„Heiß", sagte Henry.

„Heiß oder kalt: Das ist genau wie sie. Sie spielt heiß und kalt. An einem Tag ist sie Suffragette und am nächsten Tag nicht mehr. Höchstwahrscheinlich wird sie am Samstag Vegetarierin sein, und wir bekommen Kohlköpfe serviert."

„Major Ames ging zu Sir James, um zu schießen – sie wurde nicht gefragt", sagte Henry und kam auf ein früheres Thema zurück.

"Da bist du ja!" rief Frau Altham aus. „Das wird der Grund dafür sein, dass sie diese Mann-Frau-Theorie aufgibt. Ich bin mir sicher, dass ihr das nicht gefiel, da sie eine Verwandte von Sir James war und nicht gefragt wurde. Aber ich konnte die Beziehung nie ganz verstehen, obwohl ich vermute, dass Mrs. Ames es erkennen kann. Es gibt Leute, die sagen, sie seien Cousins, weil die Nichte einer Großmutter den Neffen der anderen Großmutter geheiratet hat. In diesem Fall können wir alle Nachkommen von Königin Elisabeth oder Karl dem Zweiten sein."

„Es wäre einfacher, ein Nachkomme von Karl dem Zweiten zu sein als von Königin Elisabeth, meine Liebe", bemerkte Henry.

Mrs. Altham schürzte für einen Moment die Lippen.

„Ich glaube nicht, dass wir darauf eingehen müssen", sagte sie. „Ich habe Sie gefragt, ob Sie die Einladung von Frau Ames für Samstag annehmen möchten. Sie sagt, sie erwartet Sir James und seine Frau, also erfahren wir vielleicht noch mehr über diese wunderbare Beziehung und über Dr. Evans und seine Frau und ein oder zwei andere. Meiner Meinung nach sieht es eher so aus, als ob der Plan des Ehepaares nicht ganz ihren Erwartungen entsprach. Und auch jede aktive Teilnahme an der Suffragettenbewegung aufzugeben! Aber ich wage zu behaupten, dass sie ihr Alter spürt, obwohl

Gott weiß, was es ist. Allerdings wird es am Samstag eindeutig eine große Party geben, und der Kellner vom Crown wird da sein, um Parker zu helfen, indem er herumgeht und allen ein wenig Schaum ins Glas gießt. Ich weiß nicht, woher Major Ames seinen Champagner bekommt, aber ich bekomme nie etwas anderes als Schaum. Aber ich möchte sicher nicht unfreundlich sein, und dem armen Major Ames geht es ganz bestimmt nicht gut. Ich gehe davon aus, dass er Sorgen hat, von denen wir nichts wissen, und natürlich gibt es keinen Grund, warum er mit uns darüber sprechen sollte. Die Evans auch! Ich habe mich nie darüber im Klaren, warum sie im Oktober verschwunden sind. Sie müssen fast drei Wochen weg gewesen sein, denn erst gestern sah ich sie vom Bahnhof herunterfahren, mit so viel Gepäck auf dem Dach des Taxis, dass ich mich wundere, dass es nicht umgefallen ist."

„Es kann nicht gestern gewesen sein, meine Liebe", sagte Herr Altham, „denn Sie haben mir vor zwei Tagen davon erzählt."

„Du sollst es auf deine Art haben, Henry", sagte sie. „Wenn Sie möchten, bin ich durchaus damit einverstanden, dass Sie denken, dass es zwölf Monate her ist. Aber ich nehme an, Sie werden nicht bestreiten, dass sie im Oktober verreist sind, was für einen Urlaub eine sehr seltsame Zeit ist. Natürlich war Mrs. Evans den ganzen August über hier, sagt sie zumindest, und sie könnte antworten, dass sie eine kleine Abwechslung brauchte. Aber ich für meinen Teil denke, dass da noch etwas anderes gewesen sein muss, auch wenn ich, wie gesagt, nicht erraten kann, was es ist. Zum Glück geht es mich nichts an, und ich muss mir darüber keine Gedanken machen. Aber ich habe immer gedacht, dass Mrs. Evans alles andere als stark aussah, und es kommt mir merkwürdig vor, dass die Frau eines Arztes nicht robuster sein sollte, wenn sie doch aus all seinem Labor wählen kann."

Henry zündete sich seine Zigarette an und schlenderte zum Fenster. Der Rasen war noch weiß vom ungeschmolzenen Raureif, und der Gärtner war damit beschäftigt, die Beete für den Winter aufzuräumen. Dabei wurde alles, was pflanzlichen Ursprungs war, gepflückt und in einer Schubkarre weggetragen. Somit waren die Beete bereit für die ersten ausgepflanzten Pflanzen im nächsten Mai.

„Ich erinnere mich, meine Liebe", sagte Henry, „dass Sie einmal dachten, es hätte einiges gegeben – ein gewisses Verständnis zwischen Mrs. Evans und Major Ames und ein gewisses Missverständnis zwischen Major Ames und Dr. Evans."

Mrs. Altham zog ihre Augenbrauen zusammen und legte ihren Finger auf ihre Stirn.

„Ich erinnere mich an eine lächerliche Geschichte von dir, Henry, über einen Strauß Chrysanthemen auf der Straße vor Dr. Evans' Haus, wie du gesehen hast, wie Major Ames sie aufgenommen hat, und da waren sie hinterher auf der Straße. Ich erinnere mich, dass Sie davon so begeistert waren, dass ich am nächsten Tag mit einem Buch zu Mrs. Ames ging. Ich glaube, dass ich Sie damals – korrigieren Sie mich, wenn ich falsch liege – davon überzeugt habe, dass überhaupt nichts darin war ... Oder haben Sie seitdem etwas gesehen oder gehört, das Sie anders denken lässt?" fügte sie etwas forscher hinzu.

„Nein, meine Liebe, überhaupt nichts", sagte er.

Frau Altham stand auf.

„Ich bin froh, sehr froh", sagte sie. „Jedenfalls wissen wir in Riseborough, dass wir vor so etwas sicher sind. Ich erkläre, als ich letzte Woche nach London ging, habe ich kaum geschlafen, weil ich an die schrecklichen Dinge gedacht habe, die um mich herum passieren könnten. Meine Güte, es ist fast zehn Uhr. Ich weiß nicht, ob die Stunden oder die Tage am schnellsten vergehen! Es ist immer eine halbe Stunde später, als ich erwarte, und wir sind bereits im November. Ich werde mich eine Stunde ausruhen, Henry, und vor dem Mittagessen werde ich Mrs. Ames schreiben und sagen, dass wir uns freuen werden, am Samstag zu kommen. Auch der zwölfte November! Bis dahin wird fast die Hälfte des Novembers vorbei sein, und dann bleiben uns nur noch sechs Wochen bis Weihnachten, und das wird so viel sein, wie wir schaffen können, um alles zu schaffen, was bis dahin zu tun ist. Aber ich erkläre, dass ich mich mit diesen Schwedischübungen von Tag zu Tag jünger fühle und alles besser bewältigen kann. Du solltest sie mögen, Henry; Um elf Uhr sind sie fertig und Sie haben sich ausgeruht. Mit ein wenig Management würde man für alles Zeit finden."

Henry saß am Kaminfeuer im Esszimmer und dachte darüber nach. Wie bereits erwähnt, wollte er an seinem hervorragenden Gesundheitszustand nichts ändern, aber andererseits wäre eine kleine Ruhepause nach dem Frühstück angenehm, und wenn das vorbei wäre, wäre es fast Zeit, in den Club zu gehen.

Aber es war unmöglich, eine solche Frage ohne weiteres zu klären. Nachdem er die Zeitung gelesen hatte, würde er darüber nachdenken.

Mrs. Altham eilte zurück ins Zimmer.

„Henry, du würdest nie erraten, was ich gesehen habe!" Sie sagte. „Auf dem Weg zu meinem Zimmer warf ich einen Blick aus dem Fenster im Flur und da wackelte Mrs. Ames auf einem Fahrrad über die Straße. Major Ames hielt es mit beiden Händen aufrecht, und es schien, als wäre es mehr, als er schaffen konnte. Dennoch hat sie keine Zeit für Suffragetten! Es würde mir leid tun, wenn ich dachte, ich würde jemals eine so hohle Ausrede vorbringen. Und das in ihrem Alter! Ich hatte keine Zeit, Sie anzurufen, aber ich wage zu behaupten, dass sie bald zurück sein wird, wenn Sie zusehen möchten. Der Fensterplatz im Flur ist recht bequem."

Henry brachte seine Arbeit dorthin.

DAS ENDE